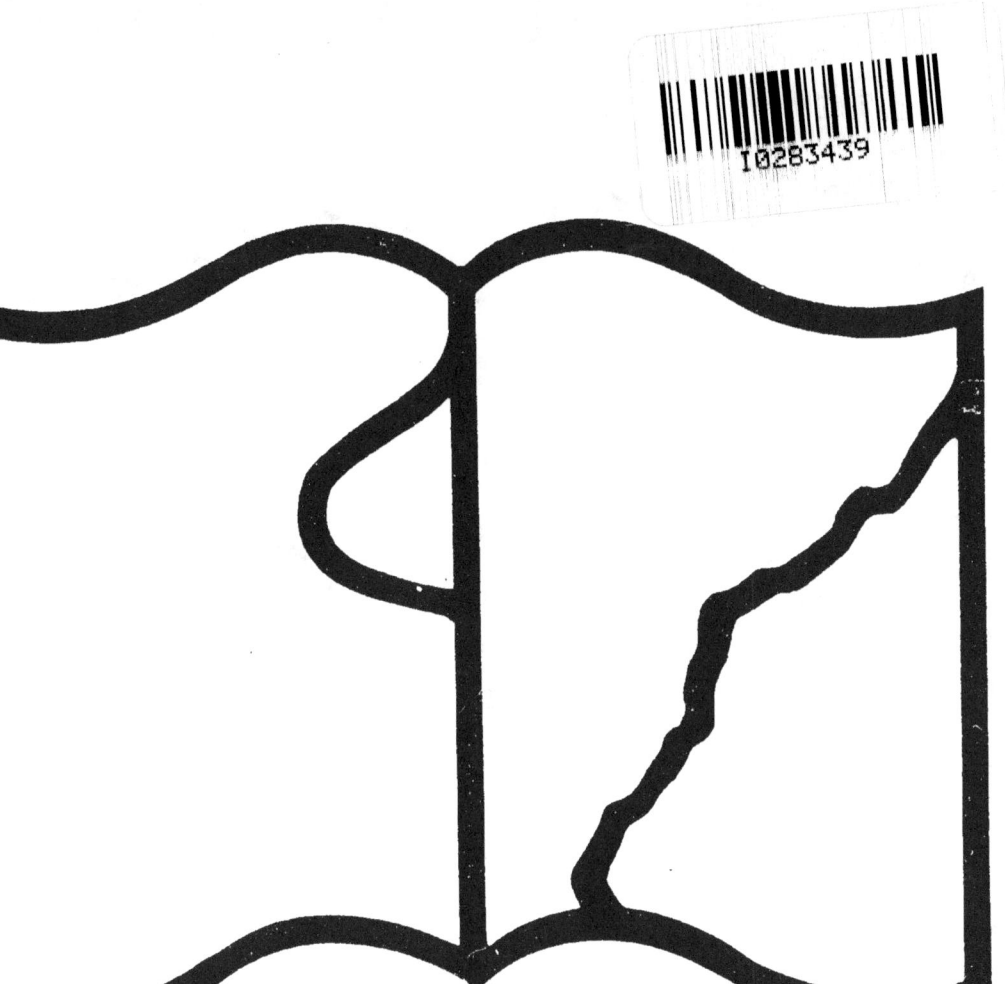

Texte détérioré — reliure défectueuse

NF Z 43-120-11

Contraste insuffisant

NF Z 43-120-14

Y 1207.
C.a.1

Y c

6798

LES
METAMORPHOSES
D'OVIDE.

FRONTISPICE.

Assemblée des Dieux.

TRADUCTION EN VERS
DES
MÉTAMORPHOSES
D'OVIDE,

POËME EN QUINZE LIVRES,

AVEC DES COMMENTAIRES;

Par F. DESAINTANGE, Professeur de Belles-Lettres aux Ecoles centrales de Paris.

AVEC XVI FIGURES.

TOME PREMIER.

DE L'IMPRIMERIE DE CRAPELET.

A PARIS,

Chez DETERVILLE, Libraire, rue du Battoir, n° 16, quartier de l'Odéon.

AN IX — 1800.

PRÉFACE.

Servius prescrit, comme une loi, aux savans qui discutent sur les anciens auteurs, de n'examiner leurs ouvrages, qu'après avoir donné quelques particularités sur leur vie et sur leur personne. Je commencerai donc par un exposé de ce que nous savons sur la vie d'Ovide, ou, pour mieux dire, de ce que ses écrits nous apprennent sur ce qui le touche.

Publius Ovide Naso naquit à Sulmone, ville de l'Abruze, dans le pays des Péligniens, l'an de la fondation de Rome 711, sous le consulat d'Hirtius et de Pansa, époque fameuse par la mort de ces deux consuls, qui périrent la même année, en combattant contre Antoine qui assiégeait Modène [1]. Sa famille était riche et distinguée. Il des-

---

[1] Le poète nous apprend lui-même ces circonstances dans la dixième élégie des Tristes, livre quatrième.

Sulmo mihi patria est, gelidis uberrimus undis,
Millia qui novies distat ab urbe decem.
Editus hîc ego sum, nec non, ut tempora noris,
Cum cecidit fato consul uterque pari.

PRÉFACE.

cendait d'une longue suite de chevaliers romains [1]. Il parle de ses possessions et de son patrimoine, et d'une maison qu'il avait à Rome assez voisine du Capitole [2]. Il avait un frère plus âgé que lui d'une année, né comme lui le 14 des calendes d'avril, jour où l'on célébrait à Rome une des fêtes en l'honneur de Minerve [3]. Il donna dès son

---

[1] Si genus excutias, equites ab origine primâ
Usque per innumeros invenientur avos.
Ep. 8, liv. 4 des Pontiques.

On sait qu'après les Sénateurs, l'ordre des Chevaliers était le premier de la république. A seize ans, Ovide fut revêtu de la robe appelée *laticlave*,

Induiturque humeros cum lato purpura clavo,

qui se donnait aux enfans des Chevaliers distingués, et qui était une espèce d'assurance que dans la suite ils seraient reçus dans l'ordre des Sénateurs.

[2] Non meus amissos animus desiderat agros,
Ruraque Peligno conspicienda solo;
Nec quos piniferis positos in collibus hortos
Spectat Flaminiæ Claudia juncta viæ.
Ep. 8, liv. 1 des Pontiques.

Hanc ego suspiciens et ab hac Capitolia cernens,
Quæ nostro frustrà juncta fuêre Lari.
Elég. 3, liv. 1 des Tristes.

[3] Nec stirps prima fui: genito jam fratre creatus
Qui tribus ante quater mensibus ortus erat.
Lucifer amborum natalibus adfuit idem:

PRÉFACE.

enfance des marques précoces de son esprit, et promettait en vers de ne plus versifier, lorsqu'on le châtiait pour avoir fait des vers. On cultiva avec soin ses talens naturels. Il eut pour maîtres, ainsi que son frère, les plus habiles grammairiens de Rome. Il déclama sous le célèbre rhéteur Arellius Fuscus. La déclamation était à Rome l'apprentissage des orateurs. Elle était instituée pour disposer à l'action sérieuse du barreau, dont elle devait être une fidelle expression. On faisait composer aux jeunes gens des espèces de plaidoyers, et cette composition renfermait toutes les parties et toutes les beautés d'un discours oratoire [1].

Una celebrata est per duo liba dies.
Hæc est armiferæ festis de quinque Minervæ.
Elég. 10, liv. 4 des Tristes.

On appelait Quinquatries ces fêtes, que l'on célébrait à Rome le treizième des calendes d'avril, et qui duraient cinq jours.

[1] Protinus excolimur teneri, curâque parentis
   Imus ad insignes urbis ab arte viros.
 Frater ad eloquium viridi tendebat ab ævo,
   Fortia verbosi natus ad arma fori.
 At mihi jam puero cœlestia sacra placebant,
   Inque suum furtim musa trahebat opus.
 Sæpe pater dixit : studium quid inutile tentas ?
   Mæonides nullas ipse reliquit opes.

PRÉFACE.

A seize ans, il fut envoyé à Athènes, où il étudia les finesses de la langue et de la littérature grecque. Ses talens déjà développés se perfectionnèrent dans cette patrie du goût et des arts. La lecture des poètes grecs, et sur-tout d'Homère, fortifia son penchant naturel pour la poésie. Son père ne vit qu'avec peine cette inclination décidée pour un talent dont la première séduction dégoûte des occupations qu'on nomme plus sérieuses, c'est-à-dire, plus lucratives. Il essaya de le détourner des sentiers stériles de la poésie, pour le faire entrer dans la carrière de l'éloquence, qui était encore à Rome le chemin des honneurs et de la fortune. Ovide, par complaisance, fit quelque tems violence à son goût. Il s'appliqua à l'étude des loix, fréquenta le barreau, et plaida même quelques causes avec succès[1]. Mais il était né poète : il le fut malgré son

---

[1] Motus eram dictis, totoque Helicone relicto,
Scribere conabar verba soluta modis.
Sponte suâ carmen numeros veniebat ad aptos;
Et quod tentabam dicere, versus erat.
Elég. 10, liv. 4 des Tristes.

Non malè commissa est nobis fortuna reorum,
Lisque decem decies inspicienda viris.
Elég. 3, liv. 2 des Tristes.

père. A peine la mort de celui-ci lui eut-elle permis de se réconcilier avec les Muses, il les courtisa avec une passion que les malheurs qu'il éprouva dans la suite n'affaiblirent jamais. Il renonça à une profession incompatible avec son penchant, et laissa sans regret à son frère les honneurs du barreau, qui lui furent enlevés avec la vie à l'âge de vingt-trois ans.

Le génie maîtrise ceux qu'il enflamme avec non moins de tyrannie que l'amour. Comme l'amour, il enchaîne à sa suite des malheureux qui se font une jouissance de leurs tourmens : comme lui, il aime à marcher à travers les difficultés et triomphe de tous les obstacles. Né avec un cœur sensible, cette passion impérieuse le domina presque autant que celle des vers. Peu touché des distinctions attachées aux grands emplois, il n'eut d'autre ambition que celle des lettres; et ses plaisirs furent une des occupations importantes de sa vie.

Sollicitæque fugax ambitionis eram.

Les Muses et les Belles le dédommagèrent des sacrifices d'ambition et d'intérêt qu'il avait pu leur faire. Chéri de Corinne et de l'empereur, il fut l'ami des meilleurs écrivains de ce beau siècle. Il eut un commerce intime avec Emilius Macer, Battus, Ponticus, Properce, Gallus, et Tibulle. Il composa une élégie très-touchante sur la mort de ce poète aimable. Elle fait honneur à l'un et à l'autre. Elle porte l'empreinte d'une belle ame; on y reconnaît un cœur sensible à l'amitié.

Horace lui-même voulut l'avoir pour ami et pour confident de ses vers. Ovide parle du plaisir qu'il goûtait à en entendre la lecture.

> Detinuit nostras numerosus Horatius aures,
> Dum ferit ausoniâ carmina culta lyrâ.

Mais on a remarqué comme une singularité, que le nom d'Ovide ne se trouve pas une seule fois dans les écrits d'Horace. Il ne paraît pas qu'il ait eu aucune liaison avec Virgile : il ne fit que le voir, comme il le dit lui-même :

> Virgilium vidi tantùm.

Quoiqu'Ovide ne fût le courtisan que des Muses, Auguste sut reconnaître et récompenser son mérite. Il l'honora de quelques distinctions civiles, et l'éleva à la dignité

de décemvir, dont un des priviléges était d'avoir une place marquée dans les jeux publics. On peut juger quelle fut sa renommée de son vivant même, s'il est vrai que des chevaliers romains lui firent l'honneur de porter des anneaux où sa tête était gravée sur des pierres précieuses [1].

Ovide était heureux : il n'était ni jaloux, ni envieux. Il s'était abstenu de la satire; et la satire avait respecté ses écrits.

> Nec, qui detrectat præsentia, livor iniquo
> Nullum de nostris dente momordit opus.

Tout le monde l'aimait à cause de la douceur et de l'agrément de son commerce. Mais comme si je ne sais quelle fatalité condamnait les hommes de génie à expier leurs talens par des disgraces, il eut le malheur d'encourir l'animadversion de l'empereur, et fut exilé à Tomes, ville de la Scythie

---

[1] « He acquired the friendship of many, such as were great in learning and nobilitie; among whom not a few of consular dignitie : and honored by divers that, they wore his picture in rings cut in precious stones ». Vie d'Ovide, par George Sandys, auteur d'une traduction des Métamorphoses en vers anglais, dédiée à l'infortuné Charles Ier, roi de la Grande-Bretagne.

européenne sur le Pont-Euxin, vers l'embouchure du Danube. Quelles furent les causes de cet exil? on l'ignore. Ovide en apporte deux : ce sont, dit-il, mes vers et une erreur.

Perdiderint cùm me duo crimina, carmen et error.

On voit assez que ses vers n'étaient pas le plus grave de ses crimes, et qu'ils ne furent que le prétexte de sa disgrace : il le fait bien entendre.

Utque hoc, sic utinam defendere cætera posses,
Scis aliud quod te læserit esse magis.

Voltaire, car quelque matière qu'on traite il faut citer cet écrivain qui a laissé partout des traces de sa plume universelle, Voltaire soupçonne qu'Ovide était coupable d'avoir surpris Auguste dans un inceste avec sa fille Julie [1]. Mais si cela était, aurait-il osé en parler si souvent dans ses

---

[1] Ceux qui admettent cette explication se fondent sur ce que Suétone, dans la Vie de Caligula, dit que celui-ci publiait que sa mère était née de l'inceste d'Auguste avec Julie. Mais Suétone ne dit pas que ce crime fût réel, qu'il fût même appuyé sur quelque preuve un peu fondée ; il dit seulement que Caligula répandait ce bruit : *prædicabat*

PRÉFACE.

vers ? eût-il osé une seule fois, quoiqu'en termes couverts, rappeler un secret si honteux au souvenir d'un empereur, dont il n'était occupé qu'à fléchir la colère ? C'est donc une énigme historique que ce crime. Tous les efforts des érudits pour la deviner ont été inutiles. Ovide déclare lui-même qu'il n'en donnera jamais le mot.

Alterius facti causa silenda mihi.

Il espérait par ce silence rentrer en grace auprès d'Auguste : mais il ne put jamais en obtenir son rappel. Son exil dura neuf ans, c'est-à-dire, jusqu'à sa mort, qui arriva la troisième année du règne de Tibère.

Ovide avait près de soixante ans lorsqu'il mourut. Il avait laissé à Rome ce qu'il avait de plus cher, ses amis, sa famille, une épouse chérie. Il avait eu deux femmes avant celle-ci : il dit lui-même qu'il était très-jeune lorsqu'il se maria pour la première fois, et que cette première femme

---

matrem suam ex incesto, quod Augustus cum Juliâ filiâ commisisset, procreatam. Mais quel fond peut-on faire sur le témoignage d'un prince aussi justement décrié que Caligula, qui ne craignit pas de chercher à déshonorer Auguste, pour se vanter d'en être sorti en droite ligne ?

PRÉFACE.

n'était pas de son choix [1]. Il ne la garda pas long-tems, et en prit une seconde qu'il répudia de même; mais la troisième conserva son estime et son cœur. Il avait desiré, au cas qu'il finît sa vie dans le lieu de son exil, que ses cendres fussent portées à Rome, et que l'on mît sur son tombeau l'épitaphe suivante qu'il avait composée :

> Hîc ego qui jaceo, tenerorum lusor amorum,
> Ingenio perii Naso poëta meo.
> At tibi, qui transis, ne sit grave, quisquis amasti,
> Dicere, Nasonis molliter ossa cubent !

Ce qui veut dire :

> Chantre né des amours, et poète du cœur,
> Le crime de mes vers a causé mon malheur.
> O passant! si ton cœur fut amoureux et tendre,
> Dis; que d'Ovide au moins repose en paix la cendre!

Mais il ne paraît pas que ses desirs aient été remplis [2].

---

[1]   Penè mihi puero nec digna, nec utilis uxor
   Est data, quæ tempus per breve nupta fuit.
Illi successit, quamvis sine crimine, conjux,
   Non tamen in nostro firma futura toro.
Ultima quæ mecum seros permansit in annos,
   Sustinuit conjux exulis esse viri.
         Elég. 10, liv. 4 des Tristes.

[2] Quelques savans ont prétendu que son tombeau fut

PRÉFACE.

Sa disgrace fit voir en lui une pusillanimité de caractère, indigne également et d'un poète et d'un chevalier romain. On lui reproche d'avoir avili ses vers, en prodiguant à Octave des louanges poussées jusqu'à l'idolâtrie, sans que l'heureux tyran voulût même les entendre. On ne sait ce qu'on doit le plus blâmer ou de la servile opiniâtreté du poète à flatter lâchement l'empereur, ou de l'inflexible indifférence de l'empereur, qui fut obstinément sourd aux prières du poète.

> Ovide ; c'est à tort que tu veux mettre Auguste
>   Au rang des immortels :
> Ton exil nous apprend qu'il était trop injuste
>   Pour avoir des autels.
>
> En t'éloignant de lui sans cause légitime,
>   Il t'a désavoué ;
> Et les dieux l'ont souffert pour te punir du crime
>   De l'avoir trop loué.
>   *Elégie de* LINGENDES *sur* OVIDE.

---

trouvé en Bulgarie en 1508, avec cette inscription, qui, selon Jouvency, bon juge en cette matière, ne paraît pas digne du siècle d'Auguste :

> Hîc situs est vates quem divi Cæsaris ira
> Augusti patriâ cedere jussit humo.
> Sæpe miser voluit patriis occumbere terris ;
> Sed frustrà : hunc illi fata dedêre locum.

Quelle que fût la faute d'Ovide, ses grands talens devaient l'en absoudre : son pardon eût honoré l'empereur, qui n'a pu, sans injustice, priver Rome d'un génie qui en faisait la gloire, les délices et l'ornement. De tous les poètes qui illustrèrent le siècle d'Auguste, Ovide est, sans aucune exception, le plus ingénieux, le plus varié, le plus fécond. On admire Virgile : on aime Ovide. L'un est un modèle de perfection qu'on étudie avec plus de soin : l'autre enchante par une aisance inimitable, et par je ne sais quelle grace plus belle encore que la beauté. Tous ses vers sont faits comme d'eux-mêmes : toutes ses transitions sont heureuses. Un style vif, brillant et naturel, des tours faciles et variés, une élocution poétique, abondante et serrée, tantôt pleine et tantôt légère, et toujours éloquente, tel est le caractère distinctif de ce génie heureux et singulier.

Si l'on cherche dans tous les siècles et dans tous les pays où les talens ont fleuri, un poète que l'on puisse comparer à Ovide, on ne trouvera que Voltaire. L'époque où ils écrivirent tous deux peut être rappro-

PRÉFACE. xiij

chée. L'un a eu dans Despréaux et dans Racine des modèles de perfection que l'autre avait eus de son tems dans les écrits d'Horace et de Virgile. L'un a pu dire aussi bien que l'autre :

> Au sortir du berceau, j'ai bégayé des vers.

Comme Voltaire, Ovide fut doué de cette étonnante facilité du génie, qui toujours affranchi des entraves du travail, embrasse tous les sujets, et se plie à tous les genres. Si Voltaire offre au monde littéraire le prodige unique d'un poète, rival à-la-fois de Sophocle et d'Homère, qui manie avec la même aisance la trompette de l'Epopée et le luth d'Erato, qui tour-à-tour chante le boudoir de Ninon, et pleure sur la cendre de le Couvreur et de Genonville, qui décrit en vers le système de Neuton et les passe-tems du mondain ; qui, sous la dictée de Momus, enjolive de lacs d'amour ce badinage si original des *vous* et des *tu*, de la même plume dont les traits mâles et hardis retracent au grand Frédéric les principes de la loi naturelle et de la morale : comme lui, Ovide exprime avec un égal succès les soupirs de l'Héroïde et les tragiques fureurs de Médée [1] ; prescrit l'observance du culte et des rites religieux, après avoir dicté les leçons de l'amour ; peint les mystères secrets de la volupté, et le débrouillement du chaos, les Muses en pleurs autour du tombeau de Tibulle, et les Graces à la toilette de Corinne. Comme Ovide enfin, Voltaire a passé les dernières années de sa vie, sinon exilé, du moins relégué loin de la capitale, dont son nom faisait la gloire, et ses écrits les délices [2].

Nul ne fut plus capable qu'Ovide d'embellir des couleurs poétiques les fictions merveilleuses de la mythologie. La poésie

---

[1] Tous les ouvrages d'Ovide ne nous sont point parvenus : nous en avons perdu qui méritent d'être regrettés, et en particulier une tragédie de Médée, que l'on représentait encore du tems de Vespasien, et qui a été louée par Quintilien et par Pline. Ovide lui-même semble faire allusion à cette tragédie, dans le deuxième livre des Tristes, où il parle ainsi :

  Et dedimus tragicis scriptum regale cothurnis,
  Quæque gravis debet verba cothurnus habet.

[2] Ce paragraphe se trouve en entier tel qu'on vient de le lire dans le discours préliminaire de la seconde édition des trois premiers livres de cette traduction, publiée en 1785.

PRÉFACE.

était son élément; et si elle n'eût pas été inventée avant lui, on sent qu'il l'aurait créée. Quelle imagination féconde! quelle verve facile! quel charme de coloris! quelle grace! quelle délicatesse dans tous ses écrits! Je me borne, comme je le dois, à l'examen des Métamorphoses. C'est le chef-d'œuvre du poète [1].

Ce grand monument de poésie est un ouvrage unique, et par son sujet, et par son genre. C'est le seul poëme cyclique qui soit parvenu jusqu'à nous. Si le poète cyclique n'a pas besoin de cet art si difficile de déplacer les événemens, pour les faire naître les uns des autres avec plus de merveilleux, et les rapporter à une action principale; on ne doit pas croire que les Métamorphoses

---

[1] Je m'étends sur les beautés d'Ovide, et je ne dis rien de ses défauts. Il en a pourtant. L'esprit précède toujours sa plume : mais, comme il en a beaucoup, il en met partout, et quelquefois à l'excès. Quelquefois encore on peut lui faire un reproche plus grave. Il abandonne son beau naturel à des jeux de mots, et à des caprices d'imagination qui vont jusqu'à badiner dans une circonstance sérieuse. On dirait qu'il s'amuse de son sujet, de son lecteur et de lui-même : mais ces défauts se rencontrent rarement dans les Métamorphoses; et toutes les fois qu'il y a lieu, je les remarque dans mes commentaires.

ne soient qu'un amas confus de descriptions, ou un recueil froidement didactique des fables inventées autrefois dans l'Egypte et dans la Grèce. C'est une série poétique de fictions, toutes liées entre elles d'une chaîne non interrompue, qui embrasse tous les siècles, dont Ovide a su faire un poëme, où tout marche et se suit, et dont l'univers entier est la scène. On le voit toujours guidé par le fil de la chronologie, alors qu'il semble n'obéir qu'à la baguette de l'imagination, courir de merveille en merveille depuis l'origine du monde jusqu'au siècle d'Auguste [1]. Il fallait un art non moins difficile que celui de l'épopée pour passer sans cesse d'une fable à une autre dans cette suite innombrable de tableaux allégoriques, qui forment l'ensemble du poëme. Il semble que ce soit une magie. On croit parcourir dans l'optique du génie la galerie de l'Olympe.

La fable est le patrimoine des arts. Elle a plu, et doit toujours plaire, non parce que l'esprit humain et le faux sympathisent

---

[1] Ce paragraphe se trouve dans le discours préliminaire de la première édition du premier livre de cette traduction, publiée en 1778.

extrêmement, comme l'a dit Fontenelle, mais parce qu'elle flatte délicieusement l'imagination, de toutes les facultés de l'ame, pour ainsi dire, la plus sensuelle.

> On aimera toujours les erreurs de la Grèce:
> Toujours Ovide charmera.
> Si nos peuples nouveaux sont chrétiens à la messe,
> Ils sont païens à l'opéra.

Je sais bien que la philosophie, qui usurpe aujourd'hui le domaine des arts imitateurs, tend à faire évanouir les prestiges de la féerie antique. Elle n'en est pas moins une source inépuisable d'allusions aimables et d'allégories charmantes, dont l'application plus ou moins heureuse dépend du génie et du goût. L'esprit philosophique n'en doit proscrire que l'abus: et pour me servir d'une idée fabuleuse, la philosophie elle-même, toutes les fois qu'elle parlera le langage des vers, peut se parer des charmes de la fiction, comme Junon dans Homère s'embellit de la ceinture de Vénus. Ces fictions qui ont survécu au culte qui les a consacrées jadis, ne peuvent jamais vieillir. On peut, a dit Voltaire, détruire les objets de la crédulité, mais non ceux du plaisir [1]. Les poètes anciens, aussi bien que les modernes, n'ont jamais regardé les divinités fabuleuses que comme des êtres d'imagination, attribués à un art dont le privilége est de tout animer.

> Tout prend une ame, un corps, un esprit, un visage.
> Despréaux, *Art poétique*.

En vain prétend-on qu'il suffit au génie de contempler la nature et de la peindre, que ses grands phénomènes, et les nouvelles découvertes dues aux progrès des sciences offrent plus de ressources à l'imagination que des fictions usées et invraisemblables. L'expérience prouve assez qu'on ne peut décrire en poète les merveilles de la nature sans leur associer les merveilles de la fable. Corneille, ce génie si mâle et

---

[1] La philosophie coupera la gorge à la poésie, disait Despréaux dans son humeur chagrine. Non : elle est immortelle. Son culte ne peut jamais être aboli chez un peuple ami des arts. C'est le feu sacré qui ne s'éteint jamais. D'autres sciences, comme plus récentes, peuvent avoir quelque tems plus de vogue. L'intérêt de la curiosité se mêle alors à celui d'une instruction nouvelle. Mais elles ne diront jamais rien au cœur, ce premier mobile de l'homme, et cette première base de l'art du poète. Voilà sur quoi se fonde la prérogative de la poésie ; et certes elle n'est pas chimérique.

PRÉFACE.

si profond, en sentait le charme. Il en a pris la défense en vers ; et personne, que je sache, ne s'est exprimé sur cela avec plus de vivacité, de force et de verve.

>Qu'on fait d'injure à l'art de lui voler la fable !
>C'est interdire aux vers ce qu'ils ont d'agréable,
>Anéantir leur pompe, éteindre leur vigueur,
>Et hasarder la Muse à sécher de langueur.
>O vous qui prétendez qu'à force d'injustices
>Le vieil usage cède à de nouveaux caprices !
>Donnez-nous par pitié du moins quelques beautés
>Qui puissent remplacer ce que vous nous ôtez ;
>Et ne nous livrez pas aux tons mélancoliques
>D'un style estropié par de vaines critiques !

>Quoi ? bannir des enfers Proserpine et Pluton,
>Dire toujours le diable, et jamais Alecton,
>Sacrifier Hécate et Diane à la lune,
>Et dans son propre sein noyer le vieux Neptune ?
>Un berger chantera ses déplaisirs secrets
>Sans que la triste Echo répète ses regrets ?
>Les bois autour de lui n'auront point de dryades ?
>L'air sera sans zéphyrs, les fleuves sans naïades ?
>. . . . .
>Otez Pan et sa flûte, adieu les pâturages.
>Otez Pomone et Flore, adieu les jardinages.
>Des roses et des lys le plus superbe éclat
>Sans la fable en nos vers n'aura rien que de plat.
>Qu'on y peigne en savant une plante nourrie
>Des impures vapeurs d'une plante pourrie ;
>Le portrait plaira-t-il, s'il n'a pour ornement
>Les larmes d'une amante, ou le sang d'un amant ?

PRÉFACE.

Qu'aura de beau la guerre, à moins qu'on ne crayonne
Ici le char de Mars, là celui de Bellone,
Que la Victoire vole, et que les grands exploits
Soient portés en cent lieux par la nymphe aux cent voix?

Qu'ont la terre et la mer, si l'on n'ose décrire
Ce qu'il faut de tritons à pousser un navire?
Cet empire qu'Eole a sur les tourbillons,
Bacchus sur les coteaux, Cérès sur les sillons?
Tous ces vieux ornemens, traitez-les d'antiquailles :
Moi, si je peins jamais Trianon et Versailles,
Les Nymphes malgré vous danseront alentour,
Cent demi-dieux badins leur parleront d'amour ;
Du Satyre caché les brusques échappées
Dans les bras des Sylvains feront fuir les Napées ;
Et si le bal s'ouvrait en ces aimables lieux,
J'y ferais malgré vous trépigner tous les Dieux.

Rien de plus rempli d'instructions utiles et de vérités que les fictions de la poésie antique. L'allégorie et la morale ont été l'objet de ceux qui les ont inventées. Cela est si vrai que si l'on examine bien les fables, on reconnaîtra qu'elles contiennent ce qu'il y a de plus excellent dans les plus nobles sciences, l'histoire, l'astronomie, la géographie, et les plus beaux secrets de la nature et de la morale. C'est ce qui a fait dire à Platon que les sages de l'antiquité avaient voulu qu'elles fussent le premier lait que l'on fît sucer aux hommes, qui devaient les considérer comme un aliment qui passe dans l'esprit sans peine, et qui le prépare à une nourriture plus solide.

Quelle est la nation qui ne s'est pas empressée à traduire les Métamorphoses d'Ovide? Les Grecs eux-mêmes, qui se vantaient d'être les précepteurs des Romains, et des autres peuples qu'ils traitaient de barbares, n'ont pas dédaigné de mettre en vers dans leur langue ce merveilleux ouvrage [1].

Ce poëme n'est pas seulement un livre classique où l'on puise à sa source la connaissance de la mythologie; c'est encore un magasin de narrations et de descriptions, pour les poètes; et pour les peintres, une immense galerie de tableaux, dont la variété égale la richesse. C'est pour les orateurs, un répertoire de monologues et de

---

[1] Nec injuriâ Græci, quamvis se omnibus aliis nationibus disciplinas tradidisse, ac nullius ipsi auxilio indigere videri velint, hoc tamen opus, propter maximam rerum cognitu pulcherrimarum copiam, è latinâ linguâ in suam omni studio interpretandum, vertendumque curarunt.

Raphaëlis Regii præfatio ad Metamorphoses.

harangues, modèles admirables d'une éloquence à-la-fois pathétique et ingénieuse.

Daniel Heinsius, savant plein d'esprit et de goût, fait un éloge remarquable d'Ovide, dans son Traité de la Tragédie. Après avoir exalté comme des chef-d'œuvres les narrations d'Hérodote et de Thucydide, où ces deux grands historiens ont eu l'art de mêler le dramatique ; après avoir vanté les récits tragiques de Sophocle, il ajoute : Ovide les surpasse tous, soit qu'il faille donner de la vraisemblance à ce qu'il y a de plus invraisemblable, comme dans le récit d'une métamorphose ; soit qu'il faille répandre de la clarté sur ce qu'il y a de plus obscur, comme dans l'exposition des secrets de la nature et de la physique, ou des dogmes de Pythagore ; soit enfin qu'il faille exposer les choses les plus petites avec une simplicité élégante. Par-tout il est peintre des passions et des mœurs : toujours inimitable, lors même que, dans un style presque familier, il s'abandonne avec indulgence aux jeux et aux caprices de son imagination. Il dit avec aisance tout ce qu'il veut ; et tout ce qu'il enseigne se comprend sans peine.

Son expression est si heureuse, si désespérante, que personne ne peut se flatter de la rendre; non, personne, si ce n'est quelque génie extraordinaire. Par-tout de belles sentences, par-tout des lieux communs admirables. Ce ne sont pas toujours des aventures fabuleuses qu'il raconte : il expose souvent des histoires véritables. Quoi de comparable à cette simplicité exquise que les lecteurs vulgaires ne savent pas goûter assez, et qui fait l'admiration et le désespoir de ceux qui savent en sentir le prix? Ses vers sont si purs, si naturels, si coulans, que je ne sais pas, et ceux-là sans doute ne savent pas eux-mêmes ce qu'ils veulent dire, qui pensent qu'on pourrait y changer quelque chose. Par-tout la latinité est des plus belles; et c'est avec grande raison que Muret, l'homme qui depuis la renaissance des lettres a écrit en latin sans affectation avec le plus d'élégance, déclare que le critique qui voudrait y trouver à redire, devrait être regardé comme un sacrilége : Joseph Scaliger est du même avis [1]; et Jules

---

[1] Voici comme il s'exprime à l'article Ovide :
« Jam verò ad eum pervenimus locum in quo et ingenii

Scaliger, dans ses leçons de rhétorique, avait coutume de recommander les écrits d'Ovide comme des modèles accomplis, et de s'appuyer de l'autorité et des exemples de ce grand poète pour confirmer ses préceptes : ce que je me souviens d'avoir entendu dire plus d'une fois à son illustre fils. Mais le beau naturel du génie d'Ovide, cette netteté, cette grace ingénue, cette beauté simple qui brille sur-tout dans ses narrations, est au-dessus de tout. Sachons donc les sentir, et les apprécier à leur juste valeur. Ses critiques l'accusent de redondance : sans doute il surabonde ; mais comme l'Océan auquel vous voudriez en vain opposer des digues ; comme les grands fleuves, qui, plus ils sont pleins, plus ils sont impatiens des rivages et des ponts qui les asservissent. Ce sont les petites sources et les étangs qui ne se débordent jamais.

» magnitudo, et acumen judicii exercenda sunt. Quis enim » de Ovidio satis dignè dicere possit, nedùm ut eum audeat » reprehendere » ?

Nous voilà arrivés au chapitre le plus propre à exercer l'esprit et le goût ; car qui pourrait parler assez dignement d'Ovide, bien loin que l'on ose y rien reprendre ?

« Omnes Ovidius transcendit : sive falsa
» probabiliter, sive obscura perspicuè, sive
» utraque ornatè, sive omnia simpliciter
» exponenda. Falsa, ut in metamorphosi;
» obscura, ut mathematica et antiquitatis
» arcana : quæ ad mores pertinent, ubique.
» Etiam cum ludit et lascivit; idque verbis
» et oratione vulgari. Ut et dicat quæ velit,
» et doceat quæ quisque intelligat. Tàm
» admirabili felicitate, ut cùm quivis idem
» posse videatur, nemo possit; nemo, nisi
» magni et excitati animi, tentare idem
» ausit : sapientes etiàm desperent. Ubique
» sententiæ, ubique loci communes. Neque
» semper falsa narrat. Plurimas historias
» exponit. Quid autem cum simplicitate
» illâ comparandum, quam indocti et rus-
» tici fastidiunt, urbani et ingenui sine
» ullâ imitationis spe adorant. Numerorum
» autem tanta puritas, simplicitas, ac invi-
» denda suavitas, ut quid magni viri ve-
» lint, cum mutari quosdam posse existi-
» ment, neque ipsi, nisi fallor, neque nos
» intelligamus [1]. Ubique latinitas vel inter

---

[1] Daniel Heinsius désigne sans doute Joseph Scaliger, qui, sans s'embarrasser de contredire son admiration pour

» prima : ut non temerè Muretus, quo, post
» litteras renatas, nemo sine affectatione
» elegantiùs scripsit, quemdam qui autori
» tanto hanc detraheret, prodigii instar,
» ovis ac sulphure lustrandum meritò exis-
» timet : ut et Josephus Scaliger. Julium
» autem in rhetoricis, tanquàm absolutum
» et perfectum ex omni parte exemplum,
» scripta ejus commendasse, neque aliâ au-
» toritate, quæ doceat, ibi confirmasse,
» non semel ex divino ejus filio audire me-
» mini. Sed natura ejus viri, candor, inge-
» nuitas, simplicitas, quæ in narrationi-
» bus potissimùm elucet, suprà votum est.
» Proximum est ergò, ut de iis justè judi-
» cemus. Aiunt redundare critici. Et sit sanè
» hoc verum. Idem Oceano quoque evenit,
» cui frustrà ponas legem. Idem fluviis,
» quorum quisque quò generosior est, eò
» minus ripas agnoscit ac pontem. Fontes
» et stagna intrà se consistunt ». D. HEINSIUS,
de Tragœdiæ constitutione.

Ovide, critique avec une morgue pédantesque plusieurs passages excellens de notre poète, en particulier l'exposition des Métamorphoses, et va même jusqu'à proposer des corrections de sa façon.

Selon Rapin, Ovide prodigue les trésors de l'élocution et de la pensée; et on ne saurait assez en conseiller la lecture aux disciples de l'éloquence et de la poésie, pour exciter la vivacité de leur esprit, et pour féconder leur imagination [1].

Le poète qui, dans la Métromanie, a si bien peint l'enthousiasme de son art, se mit à relire les Métamorphoses dans les dernières années de son extrême vieillesse. Son ami Dussaulx, traducteur en prose de Juvénal, fut curieux de savoir quelle impression cette lecture avait faite sur le cerveau du vieux poète. « O mon ami ! s'écria Piron, c'est-là qu'on boit la poésie à pleine coupe ». Piron, pour faire sentir le génie d'Ovide, traduisait, sans le savoir, avec son énergie originale, une pensée d'Ovide même, qui a dit en parlant d'Homère :

> A quo, ceu fonte perenni,
> Vatum Pieriis ora rigantur aquis.

Un écrivain connu par un goût sûr, et par une saine critique, La Harpe, dans son Cours de Littérature ancienne et mo-

---

[1] Réflexions sur la poétique.

derne, n'en porte pas un jugement moins favorable, et il le motive. Ce paragraphe, qui renferme ce qu'il y a de mieux à dire à ce sujet, et ce qu'on ne peut mieux dire, trouve ici sa place naturelle.

« Ovide a été un des génies les plus heureusement nés pour la poésie ; et son poëme des Métamorphoses est un des plus beaux présens que l'antiquité nous ait faits. C'est dans ce seul ouvrage, il est vrai, qu'il s'est élevé fort au-dessus de ses autres productions ; mais aussi quelle espèce de mérite ne remarque-t-on pas dans les Métamorphoses ? et d'abord quel art prodigieux dans la texture du poëme ! Comment Ovide a-t-il pu de tant d'histoires différentes, le plus souvent étrangères les unes aux autres, former un tout si bien suivi, si bien lié, tenir toujours dans sa main le fil imperceptible, qui, sans se rompre jamais, vous guide dans ce dédale d'aventures merveilleuses, arranger si bien tant d'événemens, qu'ils naissent tous les uns des autres, introduire tant de personnages, les uns pour agir, les autres pour raconter, de manière que tout marche et se développe sans interruption, sans embarras, sans désordre, depuis la séparation des élémens qui remplace le chaos jusqu'à l'apothéose d'Auguste [1]. Ensuite quelle flexibilité d'imagination et de style pour prendre successivement tous les tons, suivant la nature du sujet, et pour diversifier par l'expression tant de dénouemens dont le fond est toujours le même, c'est-à-dire, un changement de forme ! C'est-là sur-tout le plus grand charme de cette lecture ; c'est l'étonnante variété de couleurs toujours adaptées à des tableaux toujours divers, tantôt nobles et imposans jusqu'à la sublimité, tantôt simples jusqu'à la familiarité, les uns horribles, les autres tendres, ceux-ci effrayans, ceux-là gais, rians et doux.

» Toutes ses peintures sont riches, et aucune ne paraît lui coûter. Tour-à-tour il vous élève, vous attendrit, vous effraie; soit qu'il ouvre le palais du Soleil, soit qu'il chante les plaintes de l'amour, soit qu'il peigne les fureurs de la jalousie et

---

[1] Il fallait dire de Jules-César : C'est une erreur légère. Ovide, à la fin de son poëme, fait des vœux pour Auguste; mais il ne fait point son apothéose.

les horreurs du crime. Il décrit aussi facilement les combats que les voluptés, les héros que les bergers, l'Olympe qu'un bocage, la caverne de l'Envie que la cabane de Philémon. Nous ne savons pas au juste ce que la mythologie lui avait fourni, et ce qu'il a pu y ajouter [1] : mais combien d'histoires charmantes ! Que n'a-t-on pas pris dans cette source qui n'est pas encore épuisée ? Tous les théâtres ont mis Ovide à contribution.

» Je sais qu'on lui reproche, et avec raison, du luxe dans son style, c'est-à-dire,

---

[1] Beaucoup de savans, dit Scaliger, ont cru qu'Ovide avait trop de génie pour avoir rien emprunté des Grecs : mais comme son poëme est un tissu composé des fables de ceux-ci, je ne doute point qu'il n'en ait tiré plusieurs sujets, d'autant plus qu'ils avaient publié divers recueils sous le titre de Métamorphoses ; mais il paraît, par ce qui nous reste des anciens sur cette matière, qu'il les a infiniment surpassés.

« Ovidii ingenium multis majus est visum, quam ut
» quicquam de Græcis mutuaretur. Cùm tamen ille trans-
» mutationum libros è Græcorum fabulis contexuerit ; non
» dubito quin eorum adjutus argumentis, etiàm si quid exta-
» ret illustrius, suis inseruerit : præsertim cum $\mu\varepsilon\tau\alpha\mu o\rho\varphi\omega$-
» $\sigma\varepsilon\omega\nu$ titulo ab illis quoque sint editi libri ». *Ovidii cum Græcis comparatio*, Poëtices, cap. 8, lib. 5.

PRÉFACE.

trop d'abondance et de parure : mais cette abondance n'est pas celle des mots, qui cache le vide des idées ; c'est le superflu d'une richesse réelle. Ses ornemens, même quand il en a trop, ne laissent voir ni le travail ni l'effort. Enfin l'esprit, la grace, la facilité, trois choses qui ne l'abandonnent jamais, couvrent ses négligences, ses petites recherches ; et l'on peut dire de lui, bien plus véritablement que de Sénèque, qu'*il plaît même dans ses défauts.*

» Quelqu'un a dit de nos jours :

> J'étais pour Ovide à vingt ans ;
> Je suis pour Horace à quarante.

S'il a voulu dire qu'Horace a le goût plus sûr qu'Ovide, cela est incontestable : mais je crois qu'à tout âge on peut aimer, et beaucoup, l'auteur des Métamorphoses. Voltaire avait une grande admiration pour cet ouvrage ; et l'on sait qu'il ne prodiguait pas la sienne. Sans doute on ne peut comparer le style d'Ovide à celui de Virgile : mais peut-être fallait-il que Virgile existât, pour que l'on sentît bien ce qui manque à Ovide [1] ».

---

[1] Si la poésie d'Ovide est moins continuellement noble,

PRÉFACE.

Voilà le poëme que j'ai tâché d'approprier tellement à l'idiôme français, qu'il devînt un de nos grands monumens en poésie. Une traduction fidelle en vers est de tous les genres d'écrire le plus difficile. « L'extrême difficulté de suivre son modèle à pas inégaux et contraints, cette difficulté d'être en même tems fidèle à la pensée, à l'expression, et à la mesure, rend le succès si pénible et si rare, qu'on peut assurer que, dans tous les tems, il y aura plus de bons poètes que de bons traducteurs en vers ». MARMONTEL, *article* Traduction.

Un ancien philosophe tenait pour maxime qu'on ne devait aller prendre de l'eau dans le puits de son voisin, qu'après avoir fouillé

---

moins soutenue, moins majestueuse que celle de Virgile, elle est plus amusante, plus variée; elle a je ne sais quoi de plus vif et de plus facile. *Questo facile è quanto difficile!* Voilà ce qui rend le poëme des Métamorphoses bien plus difficile à traduire en français que l'Enéïde. « Dans toutes les langues, observe Marmontel, le style noble, élevé se traduit; et le délicat, le léger, le simple, le naïf est presque intraduisible. Toutes les langues ont les couleurs entières de l'expression, et n'ont pas les mêmes nuances. Rien de plus difficile à imiter, d'une langue à une autre, que le familier noble ». *Elémens de Littérature*, *article* Traduction.

son propre terrein jusqu'à l'argile. Il semble qu'une opinion à-peu-près semblable ait fait croire long-tems qu'on ne devait traduire que lorsqu'on était incapable de produire. C'était croire que pour reproduire les beautés originales des plus grands génies d'Athènes et de Rome, on n'avait pas besoin de génie. Si une traduction n'était que l'application judicieuse des termes correspondans d'une langue à une autre; si la force, la beauté du style existait dans les mots pris séparément, et non dans leur combinaison savante; si le vrai sens était toujours bien rendu par la version littérale, une bonne traduction ne serait jamais qu'un ouvrage subalterne : mais si pour rendre, avec tout leur effet, les tableaux d'un grand poète, il faut posséder sa palette et ses pinceaux, et savoir employer ses couleurs avec autant d'habileté que lui-même; s'il est nécessaire de sentir avec énergie, avec délicatesse, et d'exprimer avec précision et avec grace; si l'on considère qu'à l'intelligence parfaite de la langue qu'on traduit, il faut joindre toutes les perfections du style dans celle où l'on écrit; on sera forcé de convenir qu'il y a dans l'art de traduire des difficultés qui passent les forces des écrivains ordinaires, et qui ne sont pas toujours susceptibles d'être surmontées par les plus grands talens. Il n'y a jamais eu de bons traducteurs dépourvus des talens nécessaires pour des compositions originales, tandis qu'on voit beaucoup de génies originaux qui ont échoué dans la traduction [1]. Cette vérité est aujourd'hui reconnue; et l'art de traduire est sorti de l'espèce de roture, où il avait été condamné par la faute des écrivains vulgaires qui l'ont dégradé si long-tems.

On a donné d'excellentes observations sur la manière de bien traduire. La règle

---

[1] Des exemples bien propres à la confirmer peuvent être allégués à l'appui de cette assertion. Despréaux qui a traduit en vers les passages d'Homère et des tragiques grecs cités par Longin, Despréaux lui-même, dans beaucoup de ces endroits, n'est resté au-dessous d'eux, que parce qu'il se trouve au-dessous de lui-même. La Bruyère, auteur si original et si inimitable, n'est qu'un écrivain vulgaire dans la traduction des Caractères de Théophraste. La plume si ferme et si exercée de d'Alembert, la plume si mâle et si éloquente du philosophe de Genève, n'est qu'une plume faible et gênée dans les fragmens qu'ils ont traduits de Tacite.

principale, fondée sur la diversité du génie des langues, consiste à ne pas trop s'asservir à la lettre, et à sacrifier plutôt le mot à l'image ou à la pensée, que les pensées aux mots.

> Nec verbum verbo curabis reddere fidus
> Interpres.

Car c'est ici plus qu'ailleurs que l'esprit vivifie, et que la lettre tue. « Il n'en est pas de la traduction, dit la savante Dacier dans la préface de l'Iliade, comme de la copie d'un tableau, où le copiste s'assujettit à suivre les traits, les couleurs, les proportions, les contours, les attitudes de l'original qu'il imite. Cela est tout différent. Un bon traducteur est tout au plus comme un statuaire qui travaille d'après l'ouvrage d'un peintre, ou comme un peintre qui travaille d'après l'ouvrage d'un statuaire : il est comme Virgile qui peint le Laocoon, d'après l'original de marbre, ouvrage admirable qu'il avait devant les yeux. Dans cette imitation comme dans toutes les autres, il faut que l'ame pleine des beautés qu'elle veut imiter, et enivrée des heureuses vapeurs qui s'élèvent de ces sources fécondes, se laisse ravir et transporter par cet enthousiasme étranger ; qu'elle se le rende propre, et qu'elle produise ainsi des expressions et des images très-différentes, quoique semblables ».

Bien traduire, c'est donc créer avec plus d'entraves que l'auteur qui imagine. Traduisez avec une exactitude littérale le fameux *Medea superest* de Sénèque le tragique, « il me reste Médée », vous ôtez toute l'énergie. Mais si vous dites avec le grand Corneille :

Que vous reste-t-il ? moi.

je retrouve la pensée latine dans toute sa fierté. Voilà une traduction à-la-fois semblable et différente, à-la-fois exacte et originale. Ce double mérite de la fidélité originale se trouve encore dans ce vers de Marmontel :

Et la montre répond au doigt qui l'interroge,

qui est une traduction exacte de celui-ci du cardinal de Polignac :

Digitusque premens interrogat horam.

Omettre ou ajouter, abréger ou paraphraser, ce n'est pas traduire. Mais sans abréger, on peut tout rendre en moins de mots. En voici un exemple :

> Labor omnia vincit
> Improbus, et duris urgens in rebus egestas.

> Tout cède aux longs travaux, et sur-tout aux besoins.
> DELILLE.

On peut aussi employer un plus grand nombre de mots, sans tomber dans le vice de la paraphrase.

> Hoc quod loquor inde est.

> Le moment où je parle est déjà loin de moi.

Le vers entier de Boileau est plus rapide et aussi précis que l'hémistiche de Perse. Ce n'est point paraphraser non plus, que de développer quelquefois par une expression interprétative certains traits de l'original, qui étaient si généralement connus dans le tems où il écrivait, qu'il n'avait besoin que d'un mot pour se faire entendre. Mais si l'on doit se soustraire à la tyrannie de la lettre, on n'en est pas moins asservi à copier les formes du style. En un mot, plus une traduction conservera les traits particuliers et distinctifs de l'original, plus elle aura de mérite. Toute imitation, quelque belle qu'elle puisse être, n'est jamais qu'un aveu authentique de l'impuissance de traduire.

Nous avons une vieille traduction en vers des Métamorphoses d'Ovide. Elle est de Thomas Corneille, écrivain savant, laborieux et estimable, mais sans génie et sans goût. Ce n'est autre chose qu'une paraphrase rimée, lâche et diffuse, où l'on ne trouve pas une seule fois trois vers de suite que l'on puisse lire, et où l'on reconnaisse l'auteur de la touchante tragédie d'Ariane. Ovide y parle d'un bout à l'autre une langue rude, grossière et surannée. Elle est oubliée depuis long-tems. Mais je me suis fait un devoir de la lire, et d'en faire mon profit : elle m'a été utile quelquefois ; et j'ai cru pouvoir en recueillir quelques hémistiches, sans que l'on puisse m'accuser de plagiat : car enfin l'art du style ne se pille pas. C'est ramasser de vieux haillons pour en faire de belles étoffes [1].

---

[1] « Il n'appartient qu'à un vrai génie, observe un aristarque moderne, de vaincre les difficultés que présente

PRÉFACE.

Une nouvelle traduction en prose a paru cette année, sous le nom de Malfilâtre. Ce nom promet un bon ouvrage : mais c'est une supercherie typographique. Le pré-

---

une traduction en vers. Virgile lui-même disait qu'il était plus aisé d'arracher à Hercule sa massue, qu'un vers à Homère ; et nous savons quelles peines donnaient à Despréaux les vers qu'il imitait d'Horace. C'est créer, en effet, que d'enrichir la poésie nationale d'ornemens qui ne semblaient pas faits pour elle, d'introduire dans la langue des tours qui lui manquent, et de naturaliser si bien ces fleurs étrangères, qu'elles semblent nées sur le sol même où on les a transplantées. Ces conquêtes sur le génie et la langue des anciens font autant d'honneur à un écrivain que l'usage le plus heureux de son propre génie.

» Il est encore une autre espèce d'imitation moins glorieuse à la vérité, parce qu'elle est moins difficile, et qu'elle suppose plus de goût que d'invention dans le style, mais qu'on ne saurait blâmer justement : c'est la découverte et le choix qu'on peut faire des beautés enterrées dans de vieux ouvrages écrits dans la même langue, lorsqu'elle était encore rude et grossière. Les lecteurs qui ne cherchent que du plaisir, et qui ne veulent point, avec raison, dévorer l'ennui de plusieurs pages pour rencontrer quelques beaux traits, savent gré à celui qui a pris la peine de déterrer, de repolir ces brillans mal enchâssés, et de les mettre habilement en œuvre. C'est un bien conquis légitimement : car ce qui n'est pas lu n'est pas censé avoir été écrit ; et c'est même faire honneur à ces beautés ignorées, que de les retirer de l'oubli poudreux où elles étaient reléguées, pour les reproduire dans un ouvrage où elles tiennent

tendu Malfilâtre mutile Ovide, et l'atténue dans sa version en prose, à-peu-près comme Clément le critique a tronqué le Tasse, et l'a exténué dans ses vers sans poésie.

Nous avions déjà deux traductions des Métamorphoses d'Ovide : l'une de Fontanelles, qui ne passe rien et qui cherche à tout rendre; mais qui, sans parler des contresens dont sa version fourmille, n'a pas senti qu'une fidélité littérale, froide, diffuse et traînante, est la plus grande des infidélités: l'autre, de Bannier, est la plus connue; elle a été réimprimée avec luxe, et se trouve dans toutes les bibliothèques : ce qui prouve que les livres ont, aussi bien que les hommes, leur destinée heureuse ou malheureuse.

Et habent sua fata libelli.

La célébrité qu'elle a eue est fort au-dessus de son mérite. Elle est savante et instructive dans les explications mythologiques;

---

un rang distingué. C'est ainsi que Virgile trouvait des paillettes d'or dans le fumier d'Ennius. C'est ainsi que Despréaux, Racine, La Fontaine, Molière faisaient d'excellentes récoltes chez nos vieux auteurs ».

mais elle est écrite avec pesanteur et sans graces. La fleur de l'esprit et de l'imagination n'y entre pour rien. On y cherche en vain cette élégance harmonieuse que la prose comporte, et qui est au moins une faible image du style et du nombre poétique [1]. Le poëme des Métamorphoses était donc encore à traduire.

J'ai fait tous mes efforts pour que cette traduction en vers fût digne de plaire aux amateurs délicats et savans de la poésie latine et française : *doctis utriusque linguæ*. Si le sentiment des difficultés et l'obstination à les vaincre, si l'ambition moins de réussir que de faire bien, et d'éprouver tout ce que peut notre versification dans un genre où, jusqu'à ce jour, le célèbre Delille a seul obtenu un très-grand succès, avaient pu suppléer à la médiocrité de

---

[1] On dit que l'ingénieuse Sévigné comparait les traductions à des domestiques qui vont faire un message, et qui, en disant quelquefois le contraire de ce qu'on leur a ordonné de dire, prêtent à leurs maîtres des expressions grossières et vicieuses. Il faut convenir qu'il y a bien peu de traductions auxquelles ce bon mot ne soit applicable. A peine en distingue-t-on quelques-unes d'estimables parmi le nombre immense des mauvaises qui existent.

mes talens, j'ose dire qu'elle ne serait pas médiocre. Commencée il y a plus de vingt ans, j'en ai fait paraître successivement les six premiers livres, et ces essais furent assez favorablement accueillis pour m'obliger à ne pas la laisser imparfaite. Elle a été continuée dans des alternatives d'occupations et de loisirs, de courage et de lassitude, et elle aurait été beaucoup plutôt achevée, si la situation du poète eût été plus tranquille. On se plaint de la décadence des talens, et on les néglige. L'existence d'un homme de lettres sans parti est comptée à-peu-près pour rien. On le laisse seul avec son art lutter contre la fortune et contre l'envie : heureux si, réduit à partager ses forces pour combattre à-la-fois l'une et l'autre, ses efforts redoublés ne sont point accusés d'inaction [1] !

---

[1] J'ai cru ne pouvoir rien faire de mieux que de garder plusieurs années la traduction de ce grand ouvrage, afin d'être plus en état d'en connaître les imperfections, de corriger les négligences qu'on se pardonne dans la chaleur de la composition, et de vaincre des difficultés qu'on ne vient à bout de surmonter qu'après avoir lutté contre elles à plusieurs reprises. Dans une composition originale, un vers n'est bien que quand il ne peut pas être mieux : dans

Enfin la voilà finie; et ma santé souffrante et délabrée m'avertit qu'il en était tems. Je puis dire avec l'éloquent philosophe de Génève: « Lecteur, si vous l'accueillez avec indulgence, vous accueillerez mon ombre[1] ». J'y ai joint des commentaires qui étaient un relief nécessaire à ce grand ouvrage. Attaché par ma profession à l'enseignement public, j'ai eu pour but d'être utile aux maîtres et aux disciples de l'éloquence et de la poésie. J'ai tâché d'expliquer et de faire sentir les secrets de la composition savante et ingénieuse d'Ovide, dans les diverses parties et dans l'ensemble de son poëme. En un mot, j'ai voulu faire sur Ovide, à la manière de Rollin, autant que

---

une traduction, un vers qui ne peut pas être mieux, n'est bien que quand il ne peut pas être une copie plus fidelle. J'ai composé près de cent mille vers pour en publier à-peu-près quinze mille. Je ne crains point d'être démenti en affirmant qu'une tâche si longue et si pénible, en supposant au poète qui se la serait imposée, un talent requis et déjà tout formé, un loisir absolu, et une fortune indépendante, ne pourrait être achevée avec succès en moins de dix années d'un travail assidu et opiniâtre.

[1] Préface de sa Lettre sur les Spectacles.

j'en étais capable, ce que Lacerda a fait en latin sur Virgile [1].

Comme les Métamorphoses, quelque bien liées qu'elles soient entre elles, peuvent être considérées comme autant d'épisodes ou de tableaux différens, qui veulent être vus séparément et étudiés de près, je les ai divisées par fables, où le lecteur peut s'arrêter au hasard, sans qu'il soit obligé d'avoir lu ce qui précède ou ce qui suit, pour prendre du plaisir à ce qu'il va lire.

Je regrette que le texte latin ne se trouve pas à côté du texte français, d'autant plus que le plaisir de la comparaison est ce qui rend la lecture d'une traduction plus attachante que toute autre. Mais cette édition, plus volumineuse, eût été beaucoup plus dispendieuse. Je la remets à un tems plus favorable au débit d'un ouvrage en vers, et plus propre à trouver des facilités pour les frais d'impression. D'ailleurs l'original est

---

[1] On ne trouve dans les notes aucune de ces longues transcriptions qui remplissent plusieurs pages de suite, et dans lesquelles un auteur n'a d'autre but que de vendre de l'encre et du papier, et de grossir son volume.

PRÉFACE. xlv

entre les mains de tout le monde; et dans tous les cas, celle-ci était toujours nécessaire pour le très-grand nombre des lecteurs qui se soucient peu du latin, et sur-tout pour les femmes qui doivent lire Ovide, ou ne rien lire.

Je ne peux finir sans avertir que toutes les fois que j'ai trouvé ailleurs, et même dans les poètes les plus connus, des vers exactement traduits des Métamorphoses, je ne me suis point fait scrupule de les prendre, et de les restituer à Ovide. En user ainsi, ce n'est pas être plagiaire. Je dis plus: le traducteur qui s'impose la loi d'une fidélité scrupuleuse, se met par-là même dans l'impossibilité d'être plagiaire. Il marche non sur la ligne qu'il se trace, mais sur la ligne qui lui est tracée, et ne peut se détourner de son sentier pour ramasser des vers mutilés, ou des parcelles de phrases: mais si, par hasard, il rencontre en son chemin ce qu'il cherche, il profite de la trouvaille, et reprend son bien où il le trouve.

LES
MÉTAMORPHOSES
D'OVIDE.

Les quatres âges.

LES MÉTAMORPHOSES D'OVIDE.

LIVRE PREMIER.

EXPOSITION.

J'ENTREPRENDS de chanter comment dans la nature
Tant d'êtres différens ont changé de figure.
O vous qui fîtes seuls ces changemens divers [1],
Grands dieux, dans ce projet encouragez mes vers;
Et du berceau des temps descendant d'âge en âge,
Jusqu'au siècle où j'écris conduisez mon ouvrage.

---

[1] L'exposition est presque toujours ce qu'il y a de plus difficile dans la traduction d'un poëme. Celle-ci avait des difficultés particulières. *Les formes* et *les corps*, pris dans le sens générique qu'Ovide leur donne, sont des termes de physique, exclus du Dictionnaire poétique. Des critiques même ont prétendu que le texte latin n'est pas irréprochable. C'est ce que nous ne pouvons décider; mais ce que nous sentons, ce que nous pouvons juger, c'est qu'Ovide a voulu que son début fût simple; et c'est pour me conformer à ce ton de simplicité, que j'ai préféré cette façon de le rendre à beaucoup d'autres, où de bons juges trouvaient une verve plus brillante.

PREMIÈRE FABLE.

Le Cahos.

Avant la terre, et l'onde, et l'océan des airs,
Et le ciel étoilé, voûte de l'univers,
La nature sans vie, indigeste, uniforme,
N'était qu'un tout confus, où rien n'avait sa forme.
On l'appela Chaos, mélange ténébreux
D'élémens discordans et mal unis entr'eux.
Le dieu dont la clarté donne la vie au monde,
N'épanchait point les feux de sa chaleur féconde;
Et le cours de Phœbé ne réglait point les mois.
La terre dans le vide, où la soutient son poids[1],
N'était point suspendue; et pressée autour d'elle,
Thétis n'embrassait point les longs flancs de Cybèle.
L'air, et la terre, et l'onde, et les cieux confondus,
Dans un amas informe au hasard répandus,
Rassemblaient en désordre et le plein et le vide,
Le froid avec le chaud, le sec avec l'humide,

---

[1] Nec circumfuso pendebat in aëre tellus
Ponderibus librata suis. . . . .

Ce beau vers d'Ovide donne à croire que les anciens philosophes ont soupçonné la gravitation que Newton a démontrée.

Les atômes pesans, les atômes légers,
L'un de l'autre ennemis, l'un à l'autre étrangers.

II. *Les Élémens.*

Un dieu, de l'univers architecte suprême [1],
Ou la nature enfin se corrigeant soi-même,
Sépara dans les flancs du ténébreux Chaos,
Et les cieux de la terre, et la terre des eaux,
Et l'air moins épuré de la pure lumière.
Quand il eut débrouillé la confuse matière,
Entre les élémens séparés à jamais,
Il établit les nœuds d'une éternelle paix.
Le feu brille et s'élève à la première place.
L'air, voile diaphane, enveloppe l'espace.
La terre au-dessous d'eux pose ses fondemens;
Elle entraîne l'amas des plus lourds élémens,
S'affermit par son poids; et l'onde qui l'embrasse,
Entoure mollement sa solide surface.

---

[1] Ovide suppose une matière préexistante et confuse qui fut débrouillée par une cause intelligente. Il se conforme à l'idée commune aux philosophes anciens, qui n'ont jamais pu comprendre que de rien on pût faire quelque chose. Ce n'est pas que la formation du monde soit plus facile à concevoir que la création.

III. *Formation du Monde.*

Quand ce dieu, quel qu'il fût, en des lieux différens,
Aux élémens divers eut assigné leurs rangs,
Il façonna la terre encor brute, inégale ;
Et sa main l'arrondit en un immense ovale.
Autour d'elle à sa voix roulent les vastes mers ;
Les vents soulèvent l'onde ; ils épurent les airs.
Aux fleuves, aux ruisseaux entraînés par leur pente,
Il traça les détours où leur onde serpente :
Répandus sur la terre, ils fécondent son sein,
Courent au fond des mers se perdre en leur bassin ;
Et fiers de n'être plus resserrés dans des rives [1],
Roulent en liberté leurs eaux long-tems captives.
Il creuse encor les lacs, les étangs, les marais,
D'une immense verdure ombrage les forêts,
Abaisse les vallons, applanit les campagnes,
Et de rocs sourcilleux couronne les montagnes.

---

[1] *Pro ripis littora pulsant.* On peut inférer du contraste de ces deux mots, pris dans leur signification rigoureuse, que dans la langue latine, comme dans la nôtre, il n'y a point de vrais synonymes. On dit, selon la propriété grammaticale, les rives du Lignon, les rivages de la mer. L'Océan et les grands fleuves ont seuls des rivages, si ce n'est en poésie. Les rivières, les ruisseaux, toutes les eaux courantes ont des rives. On en donne quelquefois improprement à la mer.

IV. *Les Zônes.*

Ainsi qu'il a tracé d'un compas immortel
Cinq zônes partageant les régions du ciel;
Cinq zônes sur la terre, aux mêmes intervalles,
Partagent ses climats en mesures égales.
L'une par la chaleur dévorée en tout tems [1],
Ceint le milieu du globe, et n'a point d'habitans.
Un éternel amas de neige et de froidure,
Des deux pôles glacés hérisse la ceinture;
Et du froid et du chaud variant le degré,
Sur deux zônes encor règne un ciel tempéré.

---

[1] Les anciens ont cru que les zônes glaciales, ainsi que la torride, étaient inhabitées, et même inhabitables. On sait aujourd'hui que la longueur des nuits, la fraîcheur des rosées, les vents réglés et continuels, la hauteur des montagnes, et le grand nombre des vapeurs que le soleil tire incessamment de la mer, et qui se convertissent en pluies légères, concourent à établir dans la zône torride une température supportable. On sait de même, que dans la partie des zônes glaciales la plus voisine des cercles polaires, la longue présence du soleil sur l'horizon, dans les six mois d'été, compense son peu de hauteur, et donne assez de chaleur à la terre pour la rendre susceptible de productions. Mais ces régions froides ne sont pas, à beaucoup près, aussi habitées que la zône torride.

C'est là que la nature, et plus riche, et plus belle,
Signale avec orgueil sa richesse éternelle.

Poëme des Saisons.

V. Les Vents.

Moins léger que le feu, mais plus léger que l'onde,
Le fluide des airs environne le monde.
C'est là qu'il suspendit les nuages mouvans,
La foudre, effroi de l'homme, et l'empire des vents.
Mais celui qui des airs leur a livré les plaines,
Asservit à des lois leurs bruyantes haleines ;
Et rendant leur discorde utile à l'univers,
Relégua chacun d'eux en des climats divers.
L'impétueux Borée envahit la Scythie ;
L'Eurus oriental régna sur l'Arabie :
Les bords où le soleil éteint ses derniers feux,
Échûrent à Zéphyre ; et l'Autan nébuleux
Souffla sur le Midi la pluie et les orages.
Par-delà le séjour des vents et des nuages,
S'étend dans l'empyrée un espace azuré
Où nage de l'Ether le fluide épuré.

VI. Les Astres.

Lorsque le grand arbitre eut prescrit ces limites,
A des astres sans nombre il traça leurs orbites.
Tout le ciel rayonna de flambeaux éclatans,
Dans la nuit du chaos obscurcis trop long-tems.
La région d'azur de mille astres peuplée,
Fut des dieux immortels la demeure étoilée ;

Et les hôtes des bois, les poissons, les oiseaux,
Peuplèrent et la terre, et les airs, et les eaux.

VII. *L'Homme.*

Mais la nature encore attend un nouvel être[1],
Plus noble, plus auguste, un roi digne de l'être.
L'homme naît; soit qu'un dieu, par un souffle divin,
L'ait animé d'un germe émané de son sein;
Soit que la terre encor de jeunesse parée,
Des rayons de l'Ether à peine séparée,
Eût imprégné de vie un limon plus parfait;
Et qu'alors un Titan, savant fils de Japet,
A l'image des dieux modérateurs du monde,
Eût pétri sous ses doigts cette argile féconde.
Détrempé dans les eaux, le limon sous ses mains
Reçut ainsi les traits du premier des humains :
Et lorsque de l'instinct la brute tributaire
Courbe une tête esclave et regarde la terre;
Doué de la raison et presque égal aux dieux,
L'homme élève un front noble et regarde les cieux.

---

[1] Ce que dit Ovide d'un dieu qui débrouille le chaos, et de la formation de l'homme, est sublime. Il s'en faut bien que Moïse et Hésiode se soient exprimés avec cette sublimité élégante. VOLTAIRE.

VIII. L'Age d'Or.

L'Age d'or, âge heureux du monde en son enfance[1],
Sans règle et par instinct observa l'innocence ;
Et sans que le pouvoir des consuls ou des rois
Eût gravé sur l'airain la menace des lois,
Sans que le châtiment servît de frein au vice,
Par amour du devoir on suivait la justice.
De crainte et de respect un juge environné,
N'effrayait point le crime à ses pieds prosterné.
L'homme, simple en ses mœurs, simple dans sa droiture,
Pour juge avait son cœur, et pour loi la nature.

---

[1] On trouve dans les Géorgiques une description épisodique des premiers âges du monde. C'est une esquisse tracée par un grand maître. La peinture d'Ovide est plus détaillée, et devait l'être. Tour-à-tour riante et gracieuse dans l'âge d'or, sombre et mélancolique dans l'âge d'argent, terrible dans l'âge de fer, elle est plus vivante, plus riche, plus variée. J'ai vu néanmoins des maîtres habiles, en comparant ces deux descriptions, préférer la précision de Virgile à la richesse brillante d'Ovide. Ne devaient-ils pas plutôt faire sentir à leurs élèves que ces deux grands poètes avaient traité le même sujet, chacun selon la convenance et le genre de son ouvrage : que le mérite d'un épisode didactique est la brièveté ; mais que dans une galerie poétique de tableaux qui forment chacun un sujet à part, et qui veulent être vus séparément et de près, le mérite essentiel est dans la richesse des détails, et que c'est là sur-tout que le superflu est le nécessaire ?

Le pin, qui de ses monts descendu sur les mers,
Court voyager au loin dans un autre univers,
Se plaisait à vieillir au lieu qui le vit naître.
Chacun bornait le monde à son vallon champêtre.
On n'avait point forgé les casques ni les dards,
Ni de fossés profonds entouré des remparts.
La trompette aux combats n'appelait point encore,
Ni du clairon guerrier l'airain courbe et sonore ;
Et ce siècle innocent, sans guerre, sans procès,
Goûtait les doux loisirs d'une éternelle paix.

La terre, vierge encor, sans culture féconde,
Ne sentait point du soc la blessure profonde.
Heureux de ses présens, nés sans soins, sans apprêts,
L'homme sur les buissons cueillait ses plus doux mets,
Les fruits de l'arboisier, la fraise montagneuse,
Et la mûre attachée à la ronce épineuse :
Des glands tombés du chêne il se nourrît long-tems.
Ce fut le règne heureux d'un éternel printems.
Les zéphirs échauffaient de leurs tièdes haleines
Mille fleurs sans semence écloses dans les plaines.
L'épi, sans laboureur, jaunissait les guérets[1].
Des sources d'un lait pur, des sources d'un vin frais,
Serpentaient en ruisseaux, jaillissaient en fontaines ;
Et le miel distillait de l'écorce des chênes.

---

[1] Ovide s'abandonne quelquefois à l'extrême facilité

IX. L'Age d'Argent.

Vainqueur du vieux Saturne, un dieu moins indulgent
Soumit bientôt le monde à son sceptre d'argent.
Jupiter en saisons partageant les années,
De l'antique printems abrégea les journées.
L'été brûla les champs glacés par les hivers,
Et l'automne inégal attrista l'univers.
L'air s'allume embrasé de chaleurs dévorantes,
Et le froid aiguisa ses flèches pénétrantes.
On chercha des abris : un antre, des buissons,
Furent nos premiers toits, nos premières maisons.
Pour la première fois un long travail commence.
Il fallut enfouir une ingrate semence :
Et le bœuf attelé pour la première fois,
Connut du joug gênant la fatigue et le poids[1].

---

qu'il avait de reproduire la même idée sous une expression différente.

> Mox etiam fruges tellus inarata ferebat ;
> Nec renovatus ager gravidis canebat aristis.

L'un ou l'autre de ces vers est une surabondance. C'est le dernier que j'ai choisi de préférence, parce qu'il fait image.

[1] Nous n'avons point d'accent prosodique, comme dans les vers grecs et latins; mais nous avons un accent expres-

X. *L'Age d'Airain et l'Age de Fer.*

L'Age d'airain vit naître une race nouvelle,
Farouche, belliqueuse, et non pas criminelle.
Ce fut au siècle affreux, nommé siècle de fer,
Que triompha le crime échappé de l'enfer.
La vérité s'enfuit, la pudeur, la justice.
A leur place ont régné la fraude, l'artifice,
Et l'envie, et l'orgueil, la soif de posséder,
Et plus coupable encor la soif de commander.

---

sif, qui consiste dans le rapport des sons avec les images qu'ils rappellent. Despréaux, dans ces vers:

> Le blé pour se donner, sans peine ouvrant la terre,
> N'attendait pas qu'un bœuf, pressé de l'aiguillon,
> Traçât à pas tardifs un pénible sillon.

a donné un exemple de cette harmonie imitative qu'on appelle onomatopée. J'avais à rendre le même effet sous une autre image. On voit bien que si je n'ai pu en approcher, je l'ai essayé du moins. L'emploi des *n* redoublées et des dentales *g* et *j* occasionne une prononciation gênée et pénible, d'où résulte l'onomatopée. Changez ainsi le premier hémistiche, *sentit du joug pesant;* le vers ne sera pas dépourvu d'harmonie: mais quelle différence ! Telle est la vertu d'un mot mis à sa place. Que Lamotte, pour peindre la mélodie de la flûte, dise:

> Mais écoutons ; ce berger joue.

Cette double articulation dentale est désagréable à l'oreille, et même ridicule.

Le hardi nautonnier, sur la foi des étoiles,
A des vents mal connus osa livrer ses voiles;
Et la mer vit les pins, avec orgueil flottans,
Insulter la tempête, et braver les autans.
La terre, ainsi que l'air, long-tems libre et commune,
Connut de l'arpenteur la limite importune :
Un long sillon traça la borne des enclos.
Ce ne fut point assez des biens pour nous éclos,
Des tributs exigés de ses plaines fécondes;
On osa déchirer ses entrailles profondes,
Des veines de ses flancs arracher ces métaux,
Ces trésors corrupteurs, alimens de nos maux,
Trésors que la nature, avec prudence avare,
Cacha loin de nos yeux aux confins du Ténare.

A peine eut-on connu le fer coupable et l'or,
L'or, métal plus funeste, et plus coupable encor ;
Soudain parut la Guerre, amante du carnage[1],
Qui de l'or et du fer fait un barbare usage,
La Guerre, entrechoquant dans ses sanglantes mains,
Son bouclier, son glaive, et ses dards inhumains.
Chacun vit de rapine : on s'égorge, on se pille.
Plus d'hospitalité, plus de nœud de famille.

---

[1] Les jeunes disciples de la poésie doivent remarquer cette belle hypotypose de la guerre personnifiée, et le tableau qui suit des crimes de l'âge de fer, exposés par une énumération rapide.

Du beau-père en secret le gendre est l'ennemi.
Entre les frères même on ne voit plus d'ami.
L'époux contre l'épouse arme sa main perfide,
Et l'épouse médite une trame homicide.
La marâtre, féconde en noires trahisons,
De la froide ciguë exprime les poisons.
Le fils des jours d'un père accuse la durée[1].
La nature est sans droits : et la divine Astrée
De la terre où le sang fume au loin sous ses yeux,
La dernière, en pleurant, remonte dans les cieux.

XI. *Les Géans.*

La demeure des dieux ne fut pas respectée.
On dit que des géans l'audace révoltée,
Entassant monts sur monts, escalada les cieux,
Ivre du fol espoir de détrôner les dieux.
Mais le grand Jupiter a de sa main puissante
Foudroyé de leurs monts la menace effrayante;
Et l'Ossa, par leurs mains haussé sur Pélion,
Croule, et brise l'orgueil de leur rébellion.

---

[1] On trouve dans l'*Homme personnel*, comédie de Barthe, une belle imitation de ce vers,

Filius ante diem patrios inquirit in annos.

Des dignités, des biens leur espérance avide
Fait des jours paternels un calcul homicide.

Du sang de ses enfans la terre au loin fumante
Craignit de voir sa race avec eux expirante.
De leur sang tiède encore elle anima les flots ;
Et c'est de-là qu'on vit un nouveau peuple éclos,
Peuple impie, altéré de meurtre et de rapine,
Et ne démentant point sa sanglante origine.

XII. *Assemblée des Dieux.*

Quand Jupiter eut vu les crimes des Humains [1],
Il songe, ô Lycaon, à tes mets inhumains ;
Il gémit ; il conçoit une fureur extrême,
Digne de tant d'horreurs, et digne de lui-même.
Il convoque les dieux ; et les dieux à sa voix
Tous ensemble au conseil se rendent à-la-fois.

---

[1] C'est une règle de la versification, que les adjectifs ne riment point avec leurs composés. Cette règle n'est point capricieuse ; elle est fondée sur ce que la parfaite similitude de la rime serait insipide. Aussi n'en est-il pas de même d'un grand nombre de substantifs composés, qui expriment une idée absolument opposée. Tous les poètes font rimer *amis* et *ennemis*. Si la rime d'*Humains*, pris substantivement, avec l'adjectif *inhumains*, est une licence, elle est au moins autorisée par un grand exemple.

> Comme si nous vivions dans ces tems déplorables,
> Où la terre adorait des dieux impitoyables,
> Que des prêtres menteurs, encor plus inhumains,
> Se vantaient d'appaiser par le sang des Humains.
> *La Henriade, chant VI.*

Une voie en tout tems par les dieux fréquentée
Blanchit l'azur des cieux ; on la nomme Lactée.
Elle sert d'avenue à l'auguste séjour
Où Jupiter réside au milieu de sa cour.
On voit aux deux côtés, sous de vastes portiques,
S'ouvrir à deux battans des portes magnifiques,
Vestibules pompeux des dieux patriciens.
L'Olympe loin de-là loge ses plébéiens.
Au milieu du parvis la façade présente
Des dieux du premier rang la demeure imposante.
C'est là, s'il faut le dire en langage mortel,
La cour de Jupiter, et le sénat du ciel [1].

---

[1] Ovide, dans cette topographie du ciel, paraît avoir en vue les beaux édifices de Rome, et sur-tout le quartier où était situé le palais d'Auguste. On sent combien ces allusions devaient plaire aux Romains. Observez d'ailleurs que *le palais du ciel* ne serait pas l'équivalent de *palatia cœli*. Ce terme générique est pris en latin dans un sens plus précis, qui est celui de son étymologie. Il désigne par excellence le palais d'Auguste. On dirait aujourd'hui, par une expression équivalente, *le louvre du ciel*. Dryden, malgré l'anachronisme, n'a pas fait difficulté d'user de cette locution :

> This place, as far as Earth with Heav'n may vie,
> I dare to call the louvre of the sky.

Mais la poésie anglaise a des licences que la nôtre ne se permet pas. *Musas colimus severiores.*

Le dieu, le sceptre en main, se place sur son trône;
L'immortelle assemblée en cercle l'environne.
De son auguste front le calme s'est troublé;
Il frémit, et des cieux les astres ont tremblé.
Oui, dit-il indigné des crimes de la terre,
Quand je vis les Géans, nous déclarant la guerre,
Dans les cieux assiégés étendre leurs cent bras,
Je fus, je l'avoûrai, dans un moindre embarras.
Leur force plus qu'humaine étayait leur audace;
Mais je n'avais en eux à punir qu'une race.
Aussi loin que Nérée embrasse l'univers,
Je ne vois aujourd'hui que des hommes pervers.
Il faut les perdre tous; il le faut : et j'en jure
Par ce fleuve, terrible ennemi du parjure,
Qui roule aux sombres bords dans les bois infernaux.
On cherche en leur principe à pallier les maux :
Mais il faut que du fer la rigueur secourable
Sans pitié déracine une plaie incurable.
Il est des demi-dieux, des nymphes, des sylvains :
S'ils ne sont point admis à vos honneurs divins,
Qu'en sûreté du moins ils habitent la terre :
Et respectera-t-on leur sacré caractère,
Quand sur moi Lycaon ose porter ses coups,
Moi qui régis la foudre, et l'univers, et vous?
　　Tous les dieux ont frémi : l'immortelle assemblée,
De surprise et d'horreur également troublée,

LIVRE PREMIER. 17

Demande le coupable, et veut avec éclat
Venger leur souverain d'un si grand attentat.
Ainsi lorsqu'autrefois à ta perte animée [1],
Une main sacrilége indignement armée,
O César, a tenté par un coup inhumain
D'éteindre dans ton sang l'honneur du nom romain ;
Indigné des complots formés contre un grand homme,
Tout l'univers trembla pour le destin de Rome :
Et le zèle des tiens ne te fut pas moins cher,
Que le zèle des dieux le fut à Jupiter.

XIII. *Crime de Lycaon et son châtiment.*

FLATTÉ de cette ardeur à venger son offense,
Du geste et de la voix il impose silence ;
On se tait : le respect enchaîne le courroux.
Le coupable est puni, dit-il, rassurez-vous.
Apprenez à-la-fois le crime et la vengeance.
Le récit des forfaits d'un siècle de licence [2]

---

[1] Suétone, chap. XIX, parle de cette conjuration contre Auguste. La louange peut-elle avoir une tournure plus délicate et plus naturelle ? Combien cette comparaison, si belle et si touchante par elle-même, ne devait-elle pas avoir d'intérêt pour la cour d'Auguste et pour les contemporains d'Ovide ?

[2] Contigerat nostras infamia temporis aures.

Infamia signifie au propre, mauvaise renommée; *infamis annus pestilentiâ* ; une année fameuse par la peste.

De la foudre en mes mains accusait le repos.
Je frémis à ces bruits que j'aime à croire faux.
Sous les traits d'un mortel je visite la terre.
Le mal était si grand que je dois vous le taire.
L'affreuse vérité passe tous les récits.
J'avais franchi le mont cher au dieu des brebis,
Les antres du Cyllène et les bois du Lycée.
A l'heure où par degrés la lumière effacée
De la nuit qui s'avance annonce le retour,
J'entrai dans l'Arcadie, et parus à la cour,
Palais d'un roi tyran, cour inhospitalière.
J'annonce ma présence, et le peuple en prière
Rend hommage à genoux à ma divinité :
Mais Lycaon insulte à leur crédulité.
S'il est dieu, leur dit-il, nous en aurons la preuve,
Et de la vérité je veux faire l'épreuve.
Dans les bras du sommeil, le perfide sans bruit
S'apprête à me surprendre au milieu de la nuit.
Il prétend m'égorger ; et c'est-là, le barbare !
Pour me connaître mieux, l'épreuve qu'il prépare.
Non content du trépas qu'il m'avait destiné,
Il immole un ôtage en sa cour amené [1],

---

[1] *Obsidis*, ôtage vient de *sedeo*, qui a encore pour dérivés, *præses*, *reses*, *deses*. Ces deux derniers signifient non-

Et m'apprête un festin de sa chair palpitante,
Fumante sur la flamme ou dans l'airain bouillante.
Ces exécrables mets sont à peine servis,
Il voit du châtiment ses attentats suivis.
La foudre qui me venge, et me fait reconnaître,
Sous ses toits embrasés court et poursuit le traître.
Il fuit dans la campagne, il s'écrie, et sa voix
N'est plus qu'un hurlement, épouvante des bois.
Il écume, et toujours altéré de carnage,
Dans le sang des troupeaux il abreuve sa rage.
Il voit en piés hideux ses deux bras alongés,
En un poil hérissé ses vêtemens changés.
Loup farouche, il respire en sa forme nouvelle
Cette férocité qui lui fut naturelle.
Son poil est gris encor, son œil rouge de sang :
Tout en lui des forêts signale le brigand.

XIV. *Jupiter veut foudroyer la terre.*

La foudre a consumé son palais mis en poudre;
Mais plus d'un toit coupable a mérité la foudre.

---

chalant, fainéant, oisif, qui ne fait rien. Par métaphore,
reses aqua, eau croupie. *De gente Molossâ*, les Molosses,
peuple de l'Epire.

Le crime étend par-tout l'empire d'Erynnis[1].
Tous sont méchans, pervers; ils seront tous punis:
J'en ai porté l'arrêt; il est irrévocable.
　Les dieux approuvent tous sa colère implacable:
Les uns joignent aux siens leurs fiers ressentimens,
Et l'excitent encore à de prompts châtimens;
D'autres moins courroucés, souscrivent en silence[2].
Mais s'ils confirment tous l'arrêt de sa vengeance,
Tous semblent regretter la perte des mortels.
N'auront-ils plus d'encens? n'auront-ils plus d'autels?
Sans l'homme, que sera le monde solitaire?
Veut-il donc à la brute abandonner la terre?
　Jaloux de rassurer leurs esprits incertains,
Jupiter leur promet, sur la foi des destins,
Qu'un peuple merveilleux, de nouvelle origine,
Doit naître, et des humains réparer la ruine.
Et déjà de son trône environné d'éclairs,
Il va, la flamme en main, foudroyer l'univers;
Mais il craint que la foudre en tous lieux répandue,
De la voûte des cieux n'embrase l'étendue:

---

[1] Erynnis était la déesse du mal, comme Némésis était la déesse des châtimens et de la vengeance.

[2] Il y a dans le texte: *Partes assensibus implent.* Les maîtres expliqueront à leurs disciples le sens précis de cette locution latine. *Partes replere*, signifie remplir son rôle; *assensus*, un signe d'approbation, tel que celui de la main levée.

Il se souvient encor de ce jour annoncé [1],
Ce jour où de sa fin le monde est menacé ;
Où le feu dévorant son immense structure,
Doit au premier chaos replonger la nature.
Il dépose ces traits qu'en ses noirs arsenaux
Le Cyclope trois fois remit dans les fourneaux ;
Et des torrens du ciel penchant l'urne profonde,
Il veut sous un déluge ensevelir le monde.

XV. *Description du Déluge.*

Aux antres d'Eolie il retient dans les fers
L'Aquilon et les vents, qui, balayant les airs,
Dissipent les vapeurs, et chassent les nuages ;
Et commande à l'Autan d'assembler les orages.
L'Autan vole, escorté de nuages épars :
Son front sombre et terrible est chargé de brouillards ;
Ses ailes, ses cheveux, sa barbe appesantie,
Semblent se distiller en longs ruisseaux de pluie.
Sa main des eaux du ciel presse l'humide amas ;
L'air frémit, et l'orage éclate avec fracas.
L'arc pluvieux d'Iris de cent couleurs nuée
Aspire les vapeurs et grossit la nuée.

---

[1] Les philosophes anciens, stoïciens et épicuriens, croyaient à la dissolution de l'univers par le feu. Les poètes ont tiré parti de cette idée si puissante sur l'imagination.

Tout le fruit de l'année et de ses longs travaux,
Tout l'espoir des moissons a péri sous les eaux.
C'est peu pour Jupiter : le roi des mers profondes
Prête au courroux du ciel le secours de ses ondes [1].
Il convoque les dieux des fleuves, des ruisseaux :
« Qu'est-il besoin de perdre et le tems et les mots ?
Il s'agit de montrer qui je suis, qui vous êtes ;
Ouvrez les réservoirs de vos sources secrètes ;
Forcez digues, remparts ; ravagez, entraînez,
Et donnez un champ libre à vos flots déchaînés ».

---

[1] En racontant, il est naturel qu'un poète décrive ; mais une description ne doit pas être un assemblage confus d'images et de couleurs vagues. Observons l'ordre caché qu'Ovide a suivi dans la distribution de sa description du déluge, et tâchons d'en démêler les différentes parties.

Elle commence par la chute des eaux du ciel ; mais Ovide expose en poète. C'est l'Autan aux ailes pluvieuses qui rassemble les nuages et les précipite ; c'est la messagère de Junon qui remplit les réservoirs du ciel : car les anciens concevaient l'arc-en-ciel comme un syphon qui pompait les eaux de la mer.

En second lieu, il décrit le débordement des fleuves et de l'Océan. Ces images sont mises en action par les ressorts merveilleux de la fiction mythologique. C'est Neptune qui ordonne aux fleuves d'ouvrir tous leurs canaux, et qui entr'ouvre la terre d'un coup de son trident. L'inondation est universelle.

Omnia pontus erat, deerant quoque littora ponto.

Ceux qui ont blâmé le dernier hémistiche de ce vers,

Il parle : on obéit. Leurs digues sont rompues ;
Leur courant plus rapide, à vagues épandues,
Porte un double tribut à la mer qui l'attend.
Le roi des mers lui-même, armé de son trident,
Soudain frappe la terre ; elle tremble, et les ondes
S'ouvrent de ses flancs creux les cavernes profondes.
A flots impétueux les fleuves débordés
Précipitent leurs cours sur les champs inondés ;
Ils entraînent troupeaux, bergers, arbres, cabanes,
Et les temples des dieux, comme les toits profanes.

---

comme une redite et une redondance inutile, n'ont pas vu qu'Ovide l'avait mis à dessein, comme un complément nécessaire du premier, que, sans cela, on aurait pu regarder comme une locution hyperbolique. Il n'a pas voulu qu'on pût s'y méprendre.

Ensuite le poète peint les circonstances qui accompagnent ce grand désastre, les accidens qui s'y mêlent. (*Voyez* vers 5 *et suiv.* pag. 24.) Il choisit les traits les plus intéressans, et les contrastes qui peuvent rendre son objet plus sensible encore. (*Voyez* vers 13 *et suiv.* même page.)

Enfin, après avoir esquissé les vains efforts de l'homme pour échapper à un fléau qui épouvante l'imagination, il passe aux animaux. Tous périssent ; l'oiseau même ne trouve point de refuge. Il achève sa description par un coup de pinceau d'une force prodigieuse. (*Voyez* vers 26, même page.)

Tel est son plan, tel est son dessein. Il le traite avec feu, avec variété ; et son imagination ne s'écarte jamais de l'ordre insensible que son jugement lui trace.

Si quelque tour résiste et reste encor debout,
L'onde en presse le faîte, et la couvre par-tout.
D'un bout du monde à l'autre elle étend ses ravages :
Tout était mer ; la mer n'avait point de rivages.

   L'un saisit une barque ; un autre gagne un roc :
La rame se promène où se traîna le soc.
Celui-ci sur ses toits gouvernant sa nacelle,
Voit nager ses moissons sur l'onde universelle ;
Celui-là sur un orme, asyle des oiseaux,
Est surpris de trouver un habitant des eaux.
Où le pampre a verdi, le pin creusé fend l'onde ;
Et l'ancre trouve un pré sous la vague profonde.
Le phoque monstrueux se roule sur les monts
Où la chèvre légère ébranchait les buissons.
La Néréide, au fond des campagnes humides,
Admire des palais, des tours, des pyramides.
Les citoyens de l'onde habitent les forêts,
Et le dauphin joyeux bondit sur leurs sommets.

   Il n'est plus d'ennemis : on voit nager ensemble
La brebis et le loup que le danger rassemble.
L'onde a vaincu le tigre emporté dans son cours :
L'agilité du cerf ne peut sauver ses jours.
Las de voler au loin, sans trouver de refuge,
L'oiseau tombe, et périt dans la mer du déluge.
Elle a couvert les monts abaissés sous ses flots,
Et sur les eaux encore amoncèle les eaux.

Tout fut enseveli sous la vague profonde,
Tout mourut dans l'abîme ; ou, par hasard, si l'onde
Épargne en sa fureur quelques infortunés ;
Par une longue faim leurs jours sont terminés.

XVI. *Deucalion et Pyrrha sauvés du Déluge.*

De l'antique Aonie, aux Muses consacrée,
Par les champs Phocéens l'Attique est séparée ;
Champs féconds, mais alors vastes plaines des mers,
Abîmes spacieux et liquides déserts.
Là, du double sommet de sa longue colline,
Un mont perce la nue où sa hauteur domine.
Le Parnasse est son nom : sur ce roc élevé,
A l'aide d'une barque avec peine sauvé,
Parvint Deucalion seul avec sa compagne.
Ils adorent tous deux les dieux de la montagne :
Aux nymphes de Coryce, à la sage Thémis,
Ils offrent d'humbles vœux, un cœur pur et soumis.
Nul homme autant que lui, nulle femme autant qu'elle,
Ne fut des saints devoirs observateur fidèle.

Quand Jupiter a vu le monde submergé,
Lavé par le déluge, et de crimes purgé ;
Et que de tant d'humains qui couvraient sa surface,
Deux à peine sauvés survivaient à leur race,

Tous deux faisant le bien, tous deux craignant les dieux ;
Il écarte aussi-tôt les brouillards pluvieux,
Ordonne à l'Aquilon de leur livrer la guerre,
Et rend la terre au ciel, et les cieux à la terre.
 La mer calme ses flots ; l'humide souverain
Du trident redoutable a désarmé sa main.
Il appelle Triton au dos couvert d'écaille,
Triton qui, sur les eaux où domine sa taille,
Reflète, au jour mouvant dans le cristal des airs,
Et l'azur de la nacre, et la pourpre des mers.
Il paraît, et le dieu dont il est l'interprète
Lui commande d'enfler sa bruyante trompette[1],
Et de faire rentrer des bords les plus lointains
Les fleuves dans leurs bords, les mers dans leurs bassins.
Triton saisit soudain sa conque monstrueuse,
Sa conque, dont la forme oblongue et tortueuse,

---

[1] Ici le nombre des vers français excède un peu le nombre des vers latins. Mais suis-je tombé dans le vice de la paraphrase ? je ne le crois pas. L'interprète, guidé par une intelligence fine et délicate, doit quelquefois prêter à l'original son imagination. Il doit entrer dans l'esprit des anciens, non-seulement pour bien entendre ce qu'ils ont pensé, mais pour exprimer encore ce qu'ils ont senti, et rendre au lecteur la sensation qu'il a reçue, quoiqu'elle ne soit pas verbalement exprimée. Il semble avoir embelli une pensée ou une image ; mais il n'a fait que rendre je ne sais quelle force secrète de la langue originale, et suppléer en quelque sorte à l'infériorité de la sienne.

Toujours se recourbant et s'alongeant toujours,
S'élargit en croissant par d'obliques détours.
Aussi-tôt que le dieu l'approcha de sa bouche,
Aux bords où le soleil et se lève et se couche,
De ses sons prolongés tout au loin retentit ;
Tout au signal donné rentre en l'ordre prescrit.
Les fleuves ont des bords, la mer a des rivages.
Les monts sortis des eaux lèvent leurs fronts sauvages.
Si long-tems engloutis, les arbres dépouillés
Reparaissent enfin de fange encor souillés :
Et l'onde qui décroît, semble accroître le monde.
La terre a reparu, solitude profonde¹,
Où règne du néant l'effroi silencieux.
Deucalion soupire, et les larmes aux yeux,

---

¹ *Et desolatas agere alta silentia terras.*

Comme la resonnance et la lenteur des sons expriment bien ce vaste et morne silence ! Qu'on me cite dans Virgile un effet d'harmonie imitative plus expressif. Ovide peint à l'oreille comme Virgile, avec la seule différence qu'il a plus de facilité, et que rien ne lui coûte. Mais combien n'était-il pas difficile de reproduire en français cette richesse d'harmonie ? Le vers métrique, par le seul matériel des syllabes, est plus long que le vers rimé; de sorte que, par sa structure purement élémentaire, le vers latin prête infiniment plus que le vers français aux développemens de l'harmonie imitative. De plus, la langue latine est prosodiée ; sa construction est transpositive, tandis que la nôtre n'est jamais qu'analogue; différence qui la rend essentiellement moins poétique.

Il s'écrie : O ma sœur ! ô ma femme ! ô seul reste
D'un sexe submergé par le courroux céleste !
Toi que le sang, l'hymen m'unit par tant de nœuds,
Et le péril commun qui nous rejoint tous deux !
Hors nous, tout a péri dans les gouffres de l'onde ;
Seul reste des humains, nous survivons au monde.
Je n'ose même encor répondre de nos jours.
Ces nuages errans m'épouvantent toujours.
Sans sauver ton époux, si le ciel t'eût sauvée,
Hélas ! à quel destin serais-tu réservée ?
Seule, à qui pourrais-tu confier tes douleurs ?
Qui calmerait ta crainte, ou sècherait tes pleurs ?
Chère épouse, sans moi si la mer t'eût ravie [1],
Ah ! crois que ton époux dans la mer t'eût suivie !
Prométhée ! ô mon père ! ô s'il m'était donné
D'animer un limon sous mes doigts façonné !
Mais le ciel à son gré règle ce que nous sommes,
Et dans nous sauve au moins un modèle des hommes.

---

[1] Les répétitions ont beaucoup de grace en poésie : elles sont souvent dictées par le sentiment ; et celles-ci sont très-fréquentes dans Ovide. Je ne m'étonne pas que Bannier ne rende pas les figures d'Ovide. Bannier n'était qu'un érudit ; mais le traducteur qui a pris le nom de Malfilâtre, aurait dû, ce semble, prendre aussi quelque chose de son esprit et de la gracieuse flexibilité de son style.

XVII. *Ils réparent le genre humain.*

Il dit ; tous deux pleuraient. Le ciel fut leur recours.
Ils descendent aux bords, où reprenant son cours,
Le Céphyse sacré dans sa rive première
Roulait des flots mêlés d'une fange grossière.
Quand ils ont de l'eau sainte arrosé leurs cheveux,
Au temple de Thémis ils vont porter leurs vœux.
Son dôme était couvert d'une mousse fangeuse.
Un limon où croissait l'herbe marécageuse,
Avait sur les autels éteint les feux sacrés.
Dès que leurs piés du temple ont touché les degrés,
Chacun d'eux à genoux prosterné sur la terre,
Du seuil religieux baise humblement la pierre.
Si jamais, disent-ils, l'homme a fléchi les dieux,
S'il peut dans ses malheurs trouver grace à leurs yeux,
O Thémis, apprends-nous quelle vertu féconde
De nouveaux habitans peut repeupler le monde :
Jette sur l'univers des yeux compatissans.
La déesse propice à leurs vœux innocens
Leur répond en ces mots : Sortez loin du portique,
Allez, et sur vos pas, de votre aïeule antique,
Marchant le front voilé de vos longs vêtemens,
Tous deux, derrière vous, jetez les ossemens.

L'un et l'autre long-tems se regarde en silence.
Se peut-il que le ciel leur commande une offense?
Pyrrha craint d'obéir aux ordres de Thémis.
O déesse, tu sais si mon cœur t'est soumis :
Mais puis-je d'une aïeule, avec des mains profanes,
Toucher les os sacrés, et violer les mânes?
Cependant agités de scrupules pieux,
De cet oracle obscur le sens mystérieux
Long-temps occupe en vain leur pensée inquiète.
Enfin Deucalion, plus heureux interprète,
De sa chère Pyrrha rassure les esprits.
L'oracle, lui dit-il, ou je l'ai mal compris,
N'exige rien de nous qui ne soit légitime.
Non, non, jamais les dieux n'ont ordonné le crime.
La Terre est en effet l'aïeule des humains.
Les pierres sont ses os, qui, lancés par nos mains,
Vont du monde désert peupler la solitude.
Pyrrha n'ose bannir sa sainte inquiétude :
Mais que hasardent-ils? Le front voilé, tous deux
Ramassent des cailloux qu'ils jettent derrière eux.
Soudain, qui le croirait, si le tems d'âge en âge
N'en avait jusqu'à nous transmis le témoignage?
Ces cailloux amollis sous leurs doigts étonnés
S'échappent de leurs mains à demi-façonnés ;
Et perdant par degrés leur rudesse première,
Offrent déjà de l'homme une image grossière.

Tels dans un atelier figurez-vous épars
Des marbres ébauchés par le ciseau des arts;
Le limon emprunté des fanges de la terre,
D'une chair animée enveloppe la pierre.
La veine est veine encor. Les plus durs élémens,
Solides, durs encor, forment les ossemens.
Ainsi d'hommes sans nombre un seul homme est le père,
Et de femmes sans nombre une femme est la mère.
De-là nous sommes nés durs et laborieux,
Dignes fils des cailloux qui furent nos aïeux.

XVIII. *Reproduction des Animaux. Le serpent Python.*

Les animaux, divers d'espèce et de figure,
Sortirent du limon, berceau de la nature;
Quand la terre échauffée aux traits brûlans du jour,
Dans ses flancs que du ciel a fécondés l'amour,
Eut mûri la semence arrivée à son terme,
Et sous sa forme enfin développé son germe.
Ainsi lorsqu'à Memphis le fleuve aux sept canaux
Des campagnes qu'il baigne a retiré ses flots,
Et dans son lit antique a ramené son onde;
A peine le limon que la chaleur féconde
De l'astre de la vie a senti les rayons,
Le laboureur surprend dans les nouveaux sillons

Mille insectes divers qui commencent d'éclore,
Et sont moitié vivans, et moitié fange encore.
Quand l'humide et le chaud, par un hymen heureux,
S'allie et se confond, tout est produit par eux.
De l'eau contraire au feu, du feu contraire à l'onde,
Le discordant accord régénère le monde.
Ainsi quand le soleil, des humides marais
Eut échauffé la fange et le limon épais ;
Des feux de sa chaleur doucement pénétrée,
La terre à reproduire en tous lieux préparée,
Rendit à l'univers ses premiers animaux.
Mais elle vit encor par des monstres nouveaux
De sa fécondité la gloire profanée.
A te donner le jour elle fut condamnée,
Pithon, serpent énorme entre tous les serpens,
Qui du monde effrayas les nouveaux habitans ;
Tant sur les flancs du mont, fatigué de ta masse,
Tes replis, en rampant, couvraient un long espace !
 Apollon prend son arc, ses traits long-tems oisifs,
Ou sans gloire perdus sur les daims fugitifs,
Epuise son carquois sur ce monstre terrible,
Et teint ses flèches d'or dans son venin horrible.
Jaloux de consacrer aux siècles à venir
D'un triomphe si beau l'immortel souvenir,
Il établit des jeux, solennités publiques,
Et du nom du serpent les nomma jeux Pythiques.

C'est-là que la jeunesse, amante de l'honneur,
Signalant son adresse, ainsi que sa vigueur,
Court sur un char rapide, ou lutte dans l'arène.
Le vainqueur autrefois se couronnait de chêne,
Symbole de l'honneur, plus précieux que l'or.
Verds rameaux du laurier, vous n'étiez point encor'[1];
Et du bel Apollon la blonde chevelure
De tout arbre sans choix empruntait sa parure.

XIX. *Daphné en Laurier.*

La nymphe à qui Pénée avait donné le jour,
Daphné, du dieu des vers fut le premier amour.
Des caprices du sort ce ne fut point l'ouvrage :
Cupidon irrité se vengeait d'un outrage.
Apollon voit l'Amour qui tâche avec effort
A tendre de son arc l'indocile ressort.

---

[1] Voilà une de ces transitions fines et imperceptibles qu'on ne trouve que dans Ovide. Il explique pourquoi les vainqueurs aux jeux Pythiques se couronnaient de chêne; et cette explication amène une liaison délicate et ingénieuse entre la métamorphose de Daphné et la fable précédente. La transition est si naturelle, qu'elle n'en semble pas une. *Nondum laurus erat.* Voilà bien

Cet art de plaire et de n'y songer pas,

qui n'a été connu que d'Ovide et de Lafontaine.

Encor tout orgueilleux de sa gloire récente,
Faible enfant, que fais-tu de cette arme puissante,
Lui dit-il ? Ce carquois, parure des combats,
Ne sied qu'à mon épaule, et cet arc à mon bras.
Quel autre peut lancer des flèches toujours sûres ?
Quel autre a pu percer d'innombrables blessures
Ce dragon venimeux aux longs replis rampans,
Python, qui sous son poids couvrait seul tant d'arpens ?
Content de ton flambeau, dans le cœur d'une belle,
De je ne sais quels feux fais jaillir l'étincelle.
Fais pleurer des amans : ce sont-là tes exploits.
Use de ton pouvoir, mais respecte mes droits.

De tes traits, dit l'enfant, rien ne peut se défendre ;
Mais défends-toi des miens. Oui, mon arc va t'apprendre
Qu'autant qu'un immortel surpasse un vil Python,
Autant son fier vainqueur le cède à Cupidon.

Il a dit : et d'un vol agile et plein d'audace
Il fend l'air, et s'élève au sommet du Parnasse.

---

[1] La bravade d'Apollon respire l'orgueil et l'imprudence de la jeunesse toujours si confiante. La réponse de l'Amour a ce caractère de malice naïve, qui convient si bien à l'enfance. On ne peut mieux observer ce précepte d'Horace :

Ætatis cujusque notandi sunt tibi mores.

Tracez le caractère et les mœurs de chaque âge.

Trad. de LEFEBVRE-LAROCHE.

Là, sans être apperçu, sous un ombrage épais,
Dans son double carquois sa main choisit deux traits.
L'un inspire l'amour, et l'autre le repousse.
L'un est un fer doré, l'autre un plomb qui s'émousse.
Ce trait frappe la nymphe et mollit sur son cœur.
L'autre perce le dieu : blessé du fer vengeur,
C'en est fait : malheureux ! il se consume, il aime ;
Il aime, et d'un amant Daphné craint le nom même.
Compagne de Diane, hôtesse des forêts,
Elle aime à s'égarer dans leurs détours secrets.
Elle aime à remporter d'une main triomphante
Des animaux vaincus la dépouille sanglante.
Belle sans ornement, un nœud simple et sans art
Rassemble ses cheveux voltigeans au hasard.
En vain de mille amans Daphné reçoit l'hommage :
L'hommage des amans est pour elle un outrage.
Sauvage, indépendante, elle habite les bois,
Et dédaigne l'amour et l'hymen et ses lois.
 Son père lui disait : C'est assez t'en défendre ;
Je te dois un époux, et tu me dois un gendre.
Comme un crime honteux craignant un nom si doux,
La nymphe rougissait au seul nom d'un époux.
Le modeste incarnat d'une pudeur touchante
Colorait de son teint la fraîcheur innocente ;
Et tenant le vieillard dans ses bras enchaîné :
Mon père, disait-elle, accordez à Daphné

D'échapper à des nœuds que sa pudeur condamne :
Jupiter accorda cette grace à Diane.

Elle dit, et Pénée incliné dans ses bras,
Pressé contre son sein, lui cède, et ne peut pas
Résister aux desirs d'une fille si chère.
Mais que te sert, Daphné, d'avoir fléchi ton père ?
Ta beauté te défend d'être ce que tu veux :
Ou cesse d'être belle, ou renonce à tes vœux[1].

Phébus aime, et trompé par son oracle même,
Il espère être aimé de la nymphe qu'il aime.
Comme on voit s'embraser les stériles débris[2]
D'un chaume pétillant, reste des blonds épis;
Ou comme en un instant un buisson se consume,
Lorsqu'aux premiers rayons du jour qui se rallume,
L'imprudent voyageur y jette son flambeau :
A l'aspect de Daphné, brûlé d'un feu nouveau,
Ainsi le dieu des vers sent consumer son ame;
Et l'espoir qui l'abuse attise encore sa flamme.

---

[1] Dans la belle cantate de Calisto, cette nymphe fait le même vœu devant Diane.

> Calisto, ce fut-là ton serment; mais, hélas !
> Ta fatale beauté ne le confirmait pas.

[2] Cette double comparaison, qui a le mérite de faire allusion à un usage des anciens voyageurs, exprime avec vivacité la passion d'Apollon, et la violence soudaine de sa flamme.

Il voit flotter sans art ses cheveux négligés ;
Que serait-ce si l'art les avait arrangés ?
Il voit son teint, sa bouche, image de la rose :
Il la voit ; mais hélas ! ne peut-il autre chose ?
Il voit ses bras d'albâtre et ses pieds délicats :
Ce qu'il voit embellit tout ce qu'il ne voit pas.
Plus prompte que le vent Daphné vole et l'évite.
En vain à l'écouter, en ces mots il l'invite :

O fille de Pénée, arrête ; ne crois pas
Qu'un farouche ennemi poursuive ici tes pas.
Arrête. Si l'on voit d'une aile fugitive
Echapper au vautour la colombe craintive,
La brebis fuir le loup, la biche au pié léger
Eviter le lion ; tous craignent le danger :
Ce sont leurs ennemis. Arrête, et considère
Que celui que tu fuis n'aspire qu'à te plaire.
Les sentiers où tu cours, hélas ! sont peu frayés :
Les buissons épineux peuvent blesser tes piés.
Et j'en serais la cause ! Ah ! retarde ta fuite,
Et je vais à mon tour retarder ma poursuite[1].

---

[1] Quelle délicatesse ! *Moderantiùs insequar ipse.* Croira-t-on que le traducteur en prose, qui a pris le nom de Malfilâtre, a effacé cette pensée si vraie et si naturelle ? C'est ainsi qu'il efface, dans ce même discours, la comparaison de la colombe, de la brebis et de la biche ; comparaison qui a tant de convenance dans un sujet qui avoisine

Vois, regarde l'amant épris de ta beauté.
Ce n'est point de ces monts un satyre effronté,
Un agreste habitant de cette agreste plaine,
Un pâtre plus hideux que les chèvres qu'il mène.
Tu ne sais qui tu fuis, hélas! et tu me fuis.
Ecoute au moins, écoute, et connais qui je suis.
Fils du grand Jupiter, le Pinde est mon empire.
Je suis le dieu des vers, et le dieu de la lyre.
Je prédis l'avenir, je connais le passé :
Nul aux combats de l'arc ne m'avait surpassé.
Il est pourtant, il est une flèche plus sûre
Dont mon cœur à ta vue a senti la blessure.
J'enseigne les vertus des puissans végétaux :
Heureux de posséder l'art de guérir les maux !
Malheureux que l'amour soit un mal incurable,
Que mon art pour moi seul ne soit pas secourable !

 Il parlait : mais la nymphe à pas précipités
Echappe à ses discours dans les airs emportés.
En vain il parle encore, en vain il la rappelle :
Elle fuit, et bien loin le laisse derrière elle.

---

beaucoup le genre de la Pastorale. Malheur à qui n'a pas le sentiment de cette naïveté précieuse ! Eh bien ! ce sont ces critiques qui affichent un goût exclusif pour Virgile ; ce qui prouve assez que cette admiration exclusive est de préjugé et sur parole.

Avec plus de vîtesse elle eut plus de beauté :
Sa grace s'embellit de sa légéreté.
Le zéphir amoureux d'une aile frémissante
Soulève à plis légers sa robe voltigeante,
Et d'un sein demi-nu caressant le contour,
Du dieu qui la poursuit irrite encor l'amour.
Apollon, las de perdre une plainte frivole,
Précipite ses pas : il ne court plus, il vole.
Ainsi qu'un lévrier dans les prés bocagers
Poursuit avec ardeur un lièvre aux piés légers ;
Il s'élance sur lui, le presse, le menace,
Et le col alongé, semble mordre sa trace :
Le lièvre fugitif, déjà pris à demi,
Trompe, en se détournant, la dent de l'ennemi.
Tels sont les deux amans : l'un poursuit, l'autre évite.
L'espoir le rend léger, la peur la précipite.
Mais le dieu que l'amour emporte sur ses pas,
Tout prêt à la saisir, étend déjà les bras ;
Et le souffle léger de son haleine humide
Effleure les cheveux de la nymphe timide.

Elle pâlit. La crainte a glacé ses esprits.
Elle implore son père, et l'appelle à grands cris.
Si les fleuves sont dieux, ô Pénée, ô mon père,
Accours, viens me sauver d'un amant téméraire !
Terre, ouvre-moi ton sein, et punis ces attraits,
Ces attraits dangereux qu'on aime et que je hais.

Elle achevait ces mots : ses membres s'engourdissent.
Ses cheveux sur sa tête en feuillages verdissent.
Ses bras tendus au ciel s'alongent en rameaux.
Ses piés, des vents légers jadis légers rivaux,
En racines changés, s'attachent à la terre.
Une écorce naissante autour d'elle se serre.
Ses traits sont effacés : elle est un arbre enfin.
Apollon l'aime encore ; il l'embrasse, et sa main
Sent palpiter un cœur sous l'écorce nouvelle.
Quand il perd son amante, encor tendre et fidèle,
A l'arbre qui lui reste il imprime un baiser.
L'arbre rebelle encor semble s'y refuser.
Eh bien ! puisque du ciel la volonté jalouse,
Dit-il, ne permet pas que tu sois mon épouse,
Sois mon arbre du moins : que ton feuillage heureux
Couronne mon carquois, ma lyre, et mes cheveux.
Aux murs du Capitole où des chars de victoire [1]
Des fiers triomphateurs promèneront la gloire,
Tu seras l'ornement et le prix des héros.
Au chêne entrelacés tes mystiques rameaux
Du palais des Césars protégeront l'entrée.
Et comme de mon front la jeunesse sacrée

---

[1] Voyez comme le poète saisit et amène toutes les occasions de faire l'éloge de sa patrie ! Combien ces allusions flatteuses aux triomphateurs du Capitole, devaient intéresser Auguste et les Romains au succès de son ouvrage !

N'éprouvera jamais les injures du tems,
Que ta feuille conserve un éternel printems.
Il dit, et du laurier la nouvelle verdure
S'incline, et lui répond par un léger murmure.

XX. *Io en Génisse.*

Il est en Emonie un vallon renommé [1]
Profond, ceint de rochers, et d'arbres enfermé.
C'est là que le Pénée, échappé de sa source,
Et du Pinde à grand bruit précipitant sa course,
Epanche à gros bouillons le torrent de ses flots,
Et de leur chute au loin fatigue les échos.
L'écume jaillissante en vapeurs transformée,
S'élève dans les airs en humide fumée,

---

[1] Une description de la vallée de Tempé, peinte des couleurs les plus fraîches et les plus riches, sert de transition au poète. On ne peut assez admirer les ressources toujours nouvelles de son imagination dans cette partie si difficile, et pour lui si aisée, de la composition poétique.

>   Est nemus Æmoniæ prærupta quod undique claudit
>   Silva.

On doit remarquer la différence des deux termes synonymes employés dans ce vers. *Nemus*, bocage, *sylva*, forêt. Un peu plus bas : *hæc domus, hæc sedes, hæc sunt penetralia*. Cette synonymie a, dans le latin, une heureuse emphase. L'image descriptive qui la remplace en français a peut-être aussi sa grace, plus conforme au génie de la langue.

Et des arbres voisins humecte les sommets.
On appelle Tempé ce vallon toujours frais.
Là, s'ouvre dans le roc une grotte enfoncée,
De mousse, de glayeuls, et de joncs tapissée ;
Là, le dieu tient sa cour, et gouverne en repos,
Et les eaux de son lit, et les nymphes des eaux.

 Là, viennent incertains si de sa destinée
On doit féliciter ou consoler Pénée,
Le Sperchée au front ceint de pâles peupliers,
L'Enipée, et l'Eas, au lit plein de graviers,
Et l'Amphryse paisible, et l'Apidan rapide [1],
Ceux même qui courant où le hasard les guide,
Dans le sein d'Amphytrite, après de longs détours,
Vont reposer leurs flots, fatigués de leur cours.

 Seul, Inachus se cache en sa grotte profonde ;
Il grossit de ses pleurs la source de son onde.
Il redemande Io, qu'il ne retrouve pas ;
Il pleure son absence, ou même son trépas ;
Il craint pour elle encore une perte plus chère.
Jupiter l'avait vue errante et solitaire

---

[1] L'Apidan reçoit l'Enipée, et se jette dans le Pénée. Lucain, dans sa description de la Thessalie, dit que son cours est très-rapide.
  Apidanos. It gurgite rapto

Ovide lui donne l'épithète de *senex*, convenable à tous les fleuves que l'on représente sous la figure d'un vieillard.

S'égarer loin des bords du fleuve paternel.
O nymphe! lui dit-il, digne du roi du ciel,
Toi dont peut-être un jour la beauté profanée,
A quelque amant sans nom doit être abandonnée,
Tandis qu'aux feux du jour l'ombre oppose le frais,
De ces bosquets voisins choisis le plus épais ;
Ne crains point des forêts la retraite profonde ;
Viens, suis les pas d'un dieu, d'un dieu maître du monde.
Quoi! tu me fuis : arrête, et ne méprise pas
Un amant immortel épris de tes appas.
Cependant il voit fuir la naïade craintive :
Déjà du lac de Lerne elle a franchi la rive [1],
Et les champs de Lyrcé plantés d'arbres épars.
Alors le dieu de l'air abaissant les brouillards,
Dans un nuage obscur s'enveloppe avec elle,
Et triomphe en secret de sa pudeur rebelle.

Junon qui dans le ciel cherche en vain son époux,
Sur ces champs nébuleux arrête un œil jaloux,
Et s'étonne de voir qu'une vapeur si sombre
Mêle aux rayons du jour l'épaisseur de son ombre.
Quand elle a reconnu que ces brouillards épais
Ne sont point exhalés du fleuve ou des marais ;
Je me trompe, dit-elle, ou je suis offensée.
De la hauteur des cieux la déesse élancée

---

[1] Lerne, marais du Péloponnèse, célèbre par l'hydre aux cent têtes, terrassée par Hercule.

Descend au même instant sur ce bord écarté,
Et chassant les vapeurs, ramène la clarté.
　Jupiter, qui prévient la jalouse déesse,
En génisse a soudain transformé sa maîtresse.
Mais elle est belle encor : son poil est argenté.
Junon, en dépit d'elle, admire sa beauté,
Et demande, feignant de ne le pas connaître,
D'où vient cette génisse, et quel en est le maître.
La terre l'enfanta, lui répond Jupiter.
Je la veux, dit Junon, ce don me sera cher.
Que fera son époux? Son embarras l'accuse.
Il la perd, s'il la donne; il se perd, s'il refuse.
L'honneur veut qu'il la cède, et l'amour le défend;
Et sans doute l'amour eût été triomphant,
S'il eût pu, sans trahir le secret de sa flamme,
Blesser par un refus et sa sœur et sa femme.

XXI. *Io sous la garde d'Argus.*

Peu contente de voir sa rivale en ses mains,
Junon qui d'un époux craint encor les larcins,
A la garde d'Argus livre l'infortunée.
Ce monstre a de cent yeux la tête environnée[1].

---

[1] La fable d'Argus, égyptienne d'origine, est un emblême allégorique qui peut s'expliquer par la physique. Les cent yeux d'Argus figurent les étoiles, qui sont les yeux du

Ses yeux toujours ouverts, assidus surveillans,
Se ferment deux à deux, tour-à-tour sommeillans.
Ainsi toujours sa vue était en sentinelle :
Même en tournant le dos, Argus a l'œil sur elle.
Le jour, il lui permet d'errer sur le gazon ;
Mais la nuit, il l'enferme : un antre est sa prison.
Elle a pour lit la terre, et couche sur la dure,
Ne vit que d'herbe amère, et boit une onde impure.
Hélas ! plus d'une fois, pour implorer Argus,
Elle cherche ses bras, et ne les trouve plus.
Elle voudrait se plaindre, et son cri l'épouvante :
Sa parole n'est plus qu'une voix mugissante.

Elle vient sur ces bords, où d'innocens plaisirs,
En des tems plus heureux, ont charmé ses loisirs.
A peine a-t-elle vu dans l'onde paternelle
L'aspect inattendu de sa forme nouvelle,
Elle a peur d'elle-même, et recule d'horreur.
Et ses sœurs et son père admirent sa blancheur ;
Et ses sœurs et son père autour d'elle s'empressent :
Elle aime à les revoir ; mais ils la méconnaissent.

---

ciel. Quelquefois Io se prend pour la terre, et quelquefois pour la lune. Si on la prend pour la terre, elle est regardée la nuit par les étoiles, et le jour par le grand œil du monde. Si on la prend pour la lune, les cornes de la vache Io figurent le croissant de la lune qui se renouvelle. On dit qu'elle fut aimée de Jupiter, qui est l'Osiris des Egyptiens, ou le soleil, parce qu'elle réfléchit les rayons de cet astre.

Cependant elle suit et son père et ses sœurs[1].
Inachus de ses mains lui présente des fleurs ;
De ses lèvres Io les touche, les caresse,
Et ne peut retenir des larmes de tendresse.
Ah ! que n'a-t-elle encor l'usage de la voix ?
Elle dirait son nom : Elle sut toutefois
A l'aide de son pié le tracer sur le sable,
Et dire au moins ainsi son destin déplorable.
Inachus succombant au poids de ses ennuis,
S'écrie : Ah ! malheureux ! malheureux que je suis !
Et suspendant ses bras au cou de la génisse,
Pleurant de son destin la barbare injustice ;
Est-ce toi, qu'en tous lieux j'ai tant cherchée ? hélas !
Je te revois, ma fille, et ne te trouve pas [2].
Faut-il donc qu'à mes vœux tu sois ainsi rendue ?
Il m'était moins cruel de te croire perdue.

---

[1] Ces jeux de phrases sont familiers à Ovide :
> At illa patrem sequitur, sequiturque sorores.

Cette répétition a une grace particulière. Ces agrémens, qui sont comme autant de traits de la physionomie du poète, ne doivent pas échapper au pinceau d'un copiste fidèle.

[2] *Tu non inventa, reperta es.* Tout l'agrément de cette pensée consiste dans un mot qui exprime avec finesse une nuance délicate. *Invenire* signifie trouver ce qu'on cherche ; *reperire*, trouver par hasard, par rencontre. C'est la figure appelée la distinction, par laquelle on distingue une différence entre des idées qui se ressemblent.

LIVRE PREMIER. 47

Tu te tais : je t'entends murmurer un soupir :
Quand tu veux me parler, tu ne peux que mugir.
Hélas! loin de prévoir ta triste destinée,
Je préparais pour toi les flambeaux d'hyménée :
Un gendre était pour toi le premier de mes vœux,
Et j'attendais de toi des fils et des neveux.
Mais il faut qu'un troupeau devienne ma famille[1]!
Un troupeau doit donner un époux à ma fille !
Et je ne puis finir mes douleurs et mes jours !
Malheureux d'être dieu, je dois pleurer toujours.
La mort est un secours que le destin m'envie :
Le destin pour jamais me condamne à la vie.

 Tandis qu'il pousse en vain de longs gémissemens,
On arrache sa fille à ses embrassemens.
Argus l'emmène au loin à travers la campagne,
Et s'arrête avec elle au pié d'une montagne.
Il s'assied sur la cime ; et là de toutes parts,
Près de lui, loin de lui, promène ses regards.

 Indigné des tourmens d'une amante outragée,
Le roi des immortels veut qu'elle soit vengée.

---

 2 *De grege nunc tibi vir et de grege natus habendus.*
 Ce vers, qui, pris séparément, ressemble beaucoup à un vers de parodie, passe néanmoins, parce qu'il est en situation, et qu'il n'est pas dépourvu de sentiment. Virgile sans doute s'en fût abstenu : mais Ovide ne se refuse rien de ce qu'il peut dire ; ce qui le rend beaucoup plus difficile à traduire que Virgile.

Il appelle Mercure, il l'instruit en secret,
Et de la mort d'Argus lui prononce l'arrêt.
Mercure prend son sceptre, et son casque, et ses ailes.
Il part d'un vol léger, des voûtes éternelles.
A peine descendu des palais étoilés,
Il dépose son casque et ses talons ailés ;
Mais son sceptre en ses mains se transforme en houlette :
Entouré de chevreaux, il enfle une musette,
Et vient tel qu'un berger qu'amène le hasard.
Frappé de ces doux sons, enfans d'un nouvel art,
O toi, lui dit Argus, qui que tu sois, approche ;
Viens, tu peux avec moi t'asseoir sur cette roche :
Tu ne saurois trouver un herbage meilleur,
Et l'ombre, tu le vois, invite le pasteur.

    Assis auprès d'Argus sur le roc solitaire,
Alors le faux berger attentif à lui plaire,
Tantôt par ses chansons, tantôt par ses discours,
Semble arrêter le jour qui s'avance toujours.
Argus que le sommeil doucement vient surprendre,
Sent assoupir ses yeux qui voudraient s'en défendre.
Une moitié déjà commence à sommeiller ;
L'autre résiste encore, et s'obstine à veiller.
Même il demande encor quel art avait fait naître
Ces sons alors nouveaux de la flûte champêtre.

XXII. *Syrinx changée en Roseaux.*

Mercure lui répond : Sur ces monts bocagers[1],
Ombrages toujours frais, chers au dieu des bergers,
On vit en Arcadie une jeune Nayade
Adopter dans les bois les mœurs de la Dryade.
Syrinx était son nom : elle éluda cent fois
Et les dieux des vergers, et les faunes des bois.
Chaste comme Diane, elle était aussi belle ;
Et par son carquois seul on la distinguait d'elle.
Le sien était d'ivoire, et ton carquois est d'or,
O Diane ! et pourtant on s'y trompait encor.
Le dieu qui ceint de pin sa tête hérissée,
Pan l'apperçut un jour aux vallons du Lycée,

---

[1] Observez avec quelle adresse ingénieuse la fable de Syrinx est liée à la fable d'Io, ou, pour mieux dire, renfermée dans le même cadre ; observez encore que le poète emploie le tour indirect pour exposer la suite de l'aventure de Syrinx, qui commence par un récit direct :
      Restabat plura referre.
Cette tournure a un double mérite ; elle donne plus de variété au style, et à la narration un caractère de vérité qui la rend plus naïve. Quoique dans notre langue, si inférieure à la langue latine, le discours indirect, embarrassé de *que* conjonctifs, répugne à la poésie soutenue des vers alexandrins, j'ai fait tous mes efforts pour conserver cette circonstance si vraie et si naturelle, et pour ne rien faire perdre à Ovide de cette naïveté exquise.

Et lui fit en ces mots l'aveu de ses amours.
Mercure allait du dieu raconter les discours,
Comment sans l'écouter, évitant sa poursuite,
Jusqu'aux bords du Ladon elle avait pris la fuite ;
Comment le fleuve alors l'arrêtant par son cours,
Elle avait de ses sœurs imploré le secours ;
Comment prêt à saisir la nayade rebelle,
Pan saisit des roseaux qu'il embrasse au lieu d'elle ;
Comment par le zéphir ces roseaux ébranlés
Rendent des sons plaintifs en soupirs exhalés ;
Comment le dieu surpris de cette voix plaintive,
Prête amoureusement une oreille attentive ;
Comment, dans les soupirs des joncs mélodieux,
Croyant de la nayade entendre les adieux,
Il s'écrie : ô Syrinx ! si je perds tout le reste,
Que du moins avec toi cet entretien me reste !
Comment enfin la cire unissant sept roseaux,
Tous assortis entr'eux, mais entr'eux inégaux,
Il forme un instrument que son amour invente,
Et qui retint depuis le nom de son amante.

Mais tandis qu'il lui parle, il observe qu'Argus
A fermé tous ses yeux par le sommeil vaincus :
Le dieu se tait ; il prend sa baguette puissante,
Surcharge de pavots leur paupière pesante ;
Et tandis que son cou chancelle, et sur son sein
Languissamment se penche, il le frappe : et soudain

Sa tête sur le roc au loin précipitée
Roule, et souille en tombant la roche ensanglantée.
Tu meurs, Argus, tu perds la lumière du jour[1] :
Tes yeux toujours ouverts sont fermés sans retour.
Mais Junon veut du moins que leur vivante image
De son oiseau superbe étoile le plumage,
Et que sa queue étale à nos yeux éblouis
Mille astres nuancés en cercle épanouis.

XXIII. *Io déesse sous le nom d'Isis.*

Ce meurtre est pour Junon une nouvelle offense;
Et sa colère en tire une prompte vengeance.
Io qu'une furie épouvante et poursuit,
Io fuit sans savoir en quels lieux elle fuit.
Elle avoit parcouru l'immensité du monde :
Elle tombe à genoux sur les bords de ton onde,
O Nil! et regardant les voûtes de l'Ether,
Elle semble accuser l'oubli de Jupiter,
Et par ses cris plaintifs, ses larmes, ses murmures,
Lui demander la fin de ses longues injures.

---

[1] Le latin offre ici un jeu de mots des plus mauvais, et une antithèse qui ne vaut guère mieux.

    Arge, jaces, quotque in tot lumina lumen habebas
  Extinctum est; centumque oculos nox occupat una.

On n'a pas cherché à traduire ces baladinages de l'esprit d'Ovide.

Dans ses bras caressans le dieu presse Junon,
La flatte, et de la nymphe implore le pardon.
Calmez enfin, dit-il, votre fureur jalouse :
La rivale n'est plus à craindre pour l'épouse.
Il le jure; et le Styx répond de ses sermens.

A peine sa promesse, et ses embrassemens
Ont obtenu l'aveu de la déesse altière;
Io reprend sa forme et sa beauté première.
Nymphe comme autrefois, son poil s'est effacé :
Sur deux piés délicats son corps s'est redressé;
Ses épaules, ses bras, et ses deux mains renaissent;
Son œil se rétrécit; ses cornes disparaissent;
Et son ongle fourchu se divise en cinq doigts.
Elle essaie en tremblant l'usage de sa voix,
Craint encor de mugir; et sa langue incertaine
N'ose achever les mots qu'elle prononce à peine.
Déesse, aux bords du Nil on l'adore aujourd'hui;
Et l'Egypte à genoux implore son appui.
Epaphus, fils du dieu qui la rendit féconde [1],
Comme elle, fut long-temps célèbre dans le monde :
Comme elle il a son temple; et les prêtres d'Isis
Honorent à-la-fois et la mère et le fils.

---

[1] On lit dans Hérodote, qu'Epaphus est le même qu'Apis, né d'une vache, selon la croyance des Egyptiens, et adoré sous la forme d'un bœuf.

XXIV. *Querelle d'Epaphus et de Phaëton.*

Phaéton, son émule, et son égal en âge[1],
Ne voulut pas du rang lui céder l'avantage,
Orgueilleux d'être fils du dieu de la clarté.
Epaphus réprima l'excès de sa fierté.
Insensé! lui dit-il, sur la foi de ta mère,
Oses-tu te vanter d'avoir un dieu pour père?
Phaëton a rougi de honte et de courroux:
Au reproche imprévu de son rival jaloux,
Il se tait, et confus il va trouver Climène.
Moi, dont vous connoissez l'ame fière et hautaine,
O ma mère! on m'insulte, on me force à douter,
Si je suis né du sang dont j'ose me vanter.
Oui, ce qui devant vous doit le plus me confondre,
On a pu m'outrager, et je n'ai pu répondre!
Par les devoirs du sang si sacrés et si doux,
Par l'hymen de mes sœurs, par Mérops votre époux,
Ah! ne m'exposez plus à cette épreuve indigne:
O ma mère! attestez par une preuve insigne
Que je descends du ciel où j'aspire à monter[2].

Climène de dépit sent son cœur palpiter;

---

[1] La querelle d'Epaphus et de Phaëton amène le voyage de celui-ci au palais du Soleil, et lie naturellement la fin de ce livre avec le commencement de l'autre.

[2] Telle est, je crois, la force de cette belle expression: *Meque assere cœlo.*

On ne sait ce qui dut l'émouvoir davantage
Des prières d'un fils, ou de son propre outrage :
Et levant ses deux mains qu'elle tend vers les cieux,
Regardant le Soleil qu'elle atteste des yeux,
« Par ces rayons sacrés, par ce jour qui m'éclaire,
Je le jure, ô mon fils ! le Soleil est ton père.
Si je mens, que ce dieu, qui m'entend, que tu vois,
Me prête sa clarté pour la dernière fois !
Qu'il se cache à mes yeux, et qu'à l'instant je meure !
Tu peux, si tu le veux, visiter sa demeure :
Il se lève non loin des rives de Memphis ;
Va, fais-toi par lui-même avouer pour son fils ».
   Phaëton à ces mots a tressailli de joie.
Un espoir orgueilleux sur son front se déploie ;
Et plein des mouvemens d'un cœur ambitieux,
Il croit déjà fouler l'Olympe radieux.
Il a quitté les bords, empire de sa mère[1],
Et vole impatient au palais de son père.

---

[1] Le latin dit : *Positosque sub ignibus Indos*. On sait que les anciens géographes ont quelquefois appelé Indiens les habitans de l'Ethiopie sous l'Egypte, que nous connaissons sous le nom de Nubie et d'Abyssinie. C'est vraisemblablement cette contrée qu'Ovide désigne.

LIVRE II.

Mercure vole les bœufs d'Apollon.

LIVRE II.

PREMIÈRE FABLE.

Description du Palais du Soleil. Phaëton demande à conduire son char.

Sur cent colonnes d'or, circulaire portique [1]
S'élève du Soleil le palais magnifique.

---

[1] La figure appelée topographie est très-propre à fournir aux poètes une transition brillante. Ovide, qui savait bien son art, en a fait un fréquent usage. Une description magnifique du palais d'Apollon, sert, en quelque sorte, de vestibule à ce second livre. Quelques-uns ont cru qu'il avait eu en vue le temple superbe qu'Auguste avait dédié à ce dieu, avec un portique et une bibliothèque; d'autres, qui veulent voir par-tout des imitations, ont prétendu, avec bien moins de raison, qu'il avait imité la description du palais de Latinus, au septième livre de l'Enéide. Pour moi, je pense que le poète, doué, comme il l'était, de la plus belle imagination, s'est élevé en idée dans le ciel, *concepisse œthera mente*, comme il le dit lui-même de Phaëton, et qu'il n'a pris de modèle que dans ses propres conceptions.

Ovide me transporte au palais du Soleil,
De Saint-Lambert.

parce que, dans son enthousiasme, il s'y était transporté lui-même.

Le dôme est étoilé de saphirs éclatans.
Les portes font jaillir de leurs doubles battans
L'éclat d'un argent pur, rival de la lumière :
Mais le travail encor surpasse la matière.
Là d'un savant burin l'artisan de Lemnos
De l'océan mobile a cizelé les flots,
Et l'orbe de la terre environné de l'onde,
Et le ciel radieux, voûte immense du monde.
L'onde a ses dieux marins, et Protée, et Triton,
Triton la conque en main, et l'énorme Egéon
Qui presse entre ses bras une énorme baleine.
On voit au milieu d'eux, sur la liquide plaine,
Les filles de Doris former cent jeux divers,
Sécher leurs longs cheveux, teints de l'azur des mers,
Sur le dos des poissons voguer, nager ensemble ;
Leur figure diffère, et pourtant se ressemble [1] ;
Elle sied à des sœurs. La Terre offre à-la-fois
Ses hameaux, ses cités, ses fleuves, et ses bois,

---

[1] Cette pensée d'Ovide

      Facies non omnibus una
  Nec diversa tamen.

se grave dans la mémoire par sa précision ingénieuse. On en a fait souvent des applications heureuses. Pour que la traduction ne lui fît rien perdre de son prix, il fallait que l'expression n'en fût ni moins simple, ni moins précise ; il fallait qu'elle fût renfermée en un vers ; ce qui était moins facile qu'on ne pense.

Et les nymphes de l'onde, et les dieux du bocage.
Au-dessus luit des cieux la rayonnante image;
Et le cercle des mois, sous des signes divers [1],
D'une ceinture oblique embrasse l'univers.

C'est là que Phaëton, par l'avis de sa mère,
Arrive, et veut d'abord s'avancer vers son père:
Mais perdu dans l'éclat des rayons paternels
Dont les éclairs trop vifs blessent ses yeux mortels,
Il s'arrête: vêtu de la pourpre royale,
Le Soleil sous un dais d'émeraude et d'opale [2],
Au milieu de sa cour, rassemble sous ses lois
Les siècles et les jours, et les ans et les mois,

---

[1] Dans la première édition de ce livre, publiée en 1781, ce vers

Signaque sex foribus dextris, totidemque sinistris,

se trouve rendu avec exactitude. Mais l'idée des signes du zodiaque, gravés moitié par moitié sur les battans de la porte du palais du Soleil, est une image un peu mesquine; et je l'ai effacée.

[2] Il semble que, pour décrire la cour resplendissante du Soleil, le poète ait emprunté un rayon du Soleil même: tant ses couleurs sont brillantes! Quoi de plus ingénieux, quoi de plus poétique, que la fiction du cortége qu'il lui donne! tout ce qu'il a conçu peut se peindre. Quel aimable coloris dans la peinture des saisons et de leurs attributs! On a depuis imité souvent ces images; mais a-t-on jamais égalé Ovide?

Et les Heures aussi, ses légères suivantes,
L'une de l'autre en cercle également distantes.
Là paraît couronné d'une tresse de fleurs
Le Printems au front jeune, aux riantes couleurs;
L'Été robuste et nu, ceint d'une gerbe mûre;
L'Automne qui de pampre orne sa chevelure,
Tout souillé des raisins que ses piés ont pressés;
Et l'Hiver aux cheveux blanchis et hérissés.

Le Soleil de cet œil qui voit tout dans le monde,
A vu de Phaëton la surprise profonde,
A l'aspect d'un éclat si nouveau pour ses yeux.
Cher Phaëton, dit-il, qui t'amène en ces lieux[1]?

Flambeau de l'univers, père du jour, mon père,
Si ce nom m'est permis sur la foi de ma mère,
D'un doute injurieux délivre mes esprits,
Et qu'un gage certain me déclare ton fils.

Il parlait; et le dieu que la flamme environne
Des rayons de son front dépose la couronne,
Lui tend les bras, l'appelle en son sein paternel :
Sors, dit-il, ô mon fils! d'un doute si cruel;

---

[1] Il y a dans le latin :

Progenies, Phaëton, haud inficienda parenti.

« O mon sang! ô Phaëton! toi que je ne peux désavouer » pour mon fils ». Ce vers a échappé au poëte par distraction. Il est visible qu'après ces paroles, Phaëton n'a plus rien à demander, et que le Soleil n'a plus rien à lui répondre.

Viens embrasser ton père ; il t'avoue, et Climène
Ne t'a point abusé d'une croyance vaine ;
Mais il te faut un gage, et je veux l'accorder ;
Sûr de tout obtenir, tu peux tout demander.
Du serment que je fais sois le garant terrible,
O fleuve des Enfers, à mes yeux invisible !

Phaëton, un seul jour, dans les champs étoilés,
Veut conduire son char et ses chevaux ailés.

II. *Le Soleil représente à Phaëton la témérité de sa demande.*

Le Soleil regretta sa promesse imprudente,
Et secouant trois fois sa chevelure ardente ;
Tes desirs ont rendu mes sermens indiscrets,
Lui dit-il : ô mon fils ! pourquoi les ai-je faits ?
Le refus de mon char, tu peux en croire un père,
Serait le seul refus que je voudrais te faire.
Mais au moins les conseils me sont encor permis [1].
N'exige point de moi ce que je t'ai promis.

---

[1] Ce discours est un modèle d'éloquence poétique. Apollon cherche à dissuader son fils d'insister sur l'exécution de sa promesse. Il lui prouve la témérité de son dessein ; et il tire ses preuves du difficile, de l'impossible, du danger évident de sa perte. Toutes ces preuves sont distribuées de manière que leur force va toujours en croissant. La dernière est la plus pressante, la plus personnelle.

Tu me demandes plus que tu ne dois prétendre.
Tu me demandes trop pour un âge si tendre.
Tes destins sont d'un homme, et tes vœux sont d'un dieu.
Que dis-je? sur mon char étincelant de feu,
Quel dieu pourrait s'asseoir? quel dieu pourrait s'instruire
A guider les coursiers, que seul je peux conduire?
Nul; pas même le dieu qui tonne dans l'Éther.
Et te crois-tu plus grand que le grand Jupiter?

Un chemin escarpé commence ma carrière.
Mes coursiers rafraîchis, sortant de la barrière,
Ne gravissent qu'à peine à la cime des airs.
Là, tout dieu que je suis, du haut de l'univers
Je ne puis sans effroi voir l'abîme du vide.
Enfin de mon déclin la pente est si rapide,
Que Thétis, qui le soir me reçoit dans ses eaux,
Tremble d'y voir rouler mon char et mes chevaux.

Du ciel tournant sur soi conçois-tu la vîtesse[1]?
Je marche en sens contraire; et son cours qui sans cesse

---

[1] Pour bien saisir le sens de ce passage, il est à propos de se rappeler le système de Ptolomée, qui, supposant la terre au centre du monde, faisait tourner le firmament autour d'elle, d'orient en occident, par un mouvement diurne très-rapide; tandis que le soleil avait un mouvement annuel en sens contraire, c'est-à-dire, d'occident en orient. Copernic comprit qu'une vîtesse, telle que la supposait dans cette hypothèse la rotation du ciel, était impossible.

Entraîne l'univers sans jamais m'entraîner,
Du cours que je poursuis ne peut me détourner.
Possesseur de mon char, dis, que penses-tu faire?
Pourras-tu résister à ce cours circulaire
Du mouvement rapide emportant tous les cieux?
Peut-être crois-tu voir au royaume des dieux
Des bocages sacrés, de superbes portiques,
Des temples enrichis d'offrandes magnifiques.
Non : ce ne sont par-tout qu'énormes animaux,
Embûche sur embûche, et travaux sur travaux.
Je veux qu'en ton chemin nulle erreur ne t'égare :
Oseras-tu braver plus d'un monstre barbare,
Les cornes du Taureau, la gueule du Lion,
Et l'arc du Sagittaire, et l'affreux Scorpion,
Dont les piés recourbés couvrant un long espace,
Embrassent le Cancer qui lui-même l'embrasse?
Crois-tu de mes coursiers soumettre les élans,
Lorsque soufflant le feu de leurs naseaux brûlans,
Ils résistent au frein, prêts à le méconnaître;
Quand moi, qui les gouverne, à peine j'en suis maître?

Mon fils, je t'en conjure, il en est encor tems :
Sauve-toi de toi-même, et rends-moi mes sermens.
Si du sang dont tu sors tu veux un témoignage,
Vois le trouble où je suis : que faut-il davantage [2] ?

---

[2] A tous les motifs de conviction et de persuasion qu'il a

Mon effroi paternel a déclaré mon fils.
Il est peint sur mon front. Tu le vois. Je pâlis :
Et pour y voir un cœur alarmé de ta perte,
Plût au ciel que mon ame à tes yeux fût ouverte !
Que te dirai-je enfin ? gloire, trésors, plaisirs,
Ce qu'offre l'univers, je l'offre à tes desirs.
Oui, mon char excepté, demande tout le reste.
Je ne réserve rien que cet honneur funeste :
Le vouloir, ô mon fils ! c'est vouloir ton trépas.
Jeune insensé ! pourquoi me serrer dans tes bras ?
J'ai juré par le Styx ; je dois te satisfaire ;
N'en doute pas : mais forme un vœu moins téméraire.

III. *Le Soleil confie son char à Phaëton, et lui donne des instructions inutiles.*

Tels étaient d'Apollon les paternels avis :
Mais il combat en vain l'imprudence d'un fils,
Orgueilleux de s'asseoir sur le char de son père.
Autant qu'il peut du moins il résiste, il diffère ;

---

mis en œuvre, Apollon joint les prières pressantes d'un père :
  Pignora certa petis, do pignora certa, timendo.
Quoi de plus touchant ? quoi de plus pathétique ? et quel beau mouvement oratoire que celui-ci !
         Aspice vultus
  Ecce meos.
Jamais la douleur a-t-elle pu avoir une expression plus vraie, plus persuasive ?

Mais il fallut céder, et le conduire enfin
Jusqu'au char immortel, chef-d'œuvre de Vulcain.

L'essieu du char est d'or, et d'espace en espace [1]
Brille un rayon d'argent qu'un cercle d'or embrasse ;
Autour du timon d'or, du joug, et du harnois,
La perle aux diamans se mélange avec choix,
Et du feu des rubis l'émeraude enrichie
Répète au loin du dieu l'image réfléchie.

Tandis que Phaëton d'un avide regard
Admire et sa richesse, et l'ouvrage de l'art ;
Voilà qu'à l'orient l'Aurore matinale
A semé les rubis, et la pourpre, et l'opale :
L'étoile du matin aux astres de la nuit [2]
A donné le signal, les rassemble et les suit.

---

[1] Aureus axis erat, temo aureus, aurea summæ
Curvatura rotæ, radiorum argenteus ordo.

Tout était or dans le char du Soleil ; tout est or également dans chaque hémistiche de ces vers. On sent assez tout l'effet de cette répétition, qui peint l'objet même aux yeux de l'esprit, et qui, de plus, est un ornement poétique d'un grand prix. Le traducteur, qui a pris le nom de Malfilâtre, n'a rien senti de tout cela. Voici sa version : « L'essieu, les » roues, le timon étaient d'or, et les rais d'argent ». On voit qu'il a soigneusement éteint tout l'éclat de cette description resplendissante.

[2] C'est l'étoile de Vénus. Les anciens poètes la nomment Lucifer, lorsqu'elle paraît à l'orient un peu avant l'aurore ; et Vesper, lorsqu'elle paraît à l'occident, peu après le cou-

Quand il eut vu rougir la lumière naissante,
Et pâlir de Phœbé l'image décroissante,
Le Soleil qu'asservit la loi de ses travaux,
Ordonne malgré lui d'atteler ses chevaux.
A l'ordre accoutumé les Heures obéissent ;
Les coursiers parfumés des sucs qui les nourrissent,
Au char qui les attend se laissent amener,
Et reçoivent le frein qui doit les gouverner.
Apollon sur son fils répand un pur dictame,
Le rend impénétrable aux ardeurs de la flamme,
Couvre de feux son front qui rayonne d'orgueil,
Et pousse un long soupir, présage de son deuil.
O Phaëton ! dit-il, ô jeune téméraire !
Sur ses derniers avis si tu peux croire un père,
Plus que de l'aiguillon fais usage du mors.
Mes coursiers sont ardens : modère leurs efforts ;
Voilà tes premiers soins. Ecoute encore, écoute.
Tu vois cinq cercles droits; ce n'est point là ta route.

---

cher du soleil. Ces deux dénominations sont très-belles en latin ; l'une signifie le matin, et l'autre le soir. Mais en français j'ai été obligé de substituer un équivalent au terme de *Lucifer*, employé par Ovide. En effet, ce mot, dans l'acception populaire, ne réveille que l'idée du chef des anges maudits. J'aurais eu beau dire qu'il signifie crépuscule, ou précurseur de l'aurore. Mon explication étymologique eût pu être bonne ; le terme n'en eût pas moins été renvoyé au diable.

LIVRE II.

Il est un autre cercle oblique dans son cours [1],
Qui de trois zônes seul embrassant les contours,
Fuit et le pôle Austral, et le pôle de l'Ourse.
C'est là qu'il faut marcher : guide par-là ta course ;
La route de mon char est tracée à tes yeux.
Crains d'approcher la terre, ou de te perdre aux cieux.
Mais de la terre au ciel prends le juste intervalle ;
Et distribue entre eux une chaleur égale.
Trop haut, tu brûlerais les palais éternels ;
Trop bas, tu brûlerais la terre et les mortels.
Crains, mon fils! crains encor qu'une route incertaine
Dans les nœuds du Serpent à droite ne t'entraîne [2],

---

[1] Sectus in obliquum lato curvamine limes.

Sur ce passage d'Ovide, des critiques ont insinué qu'il avait confondu le mouvement annuel du soleil avec son mouvement diurne. En effet, Phaëton, en conduisant le char du Soleil pendant un seul jour, dut avoir à décrire l'équateur, ou un cercle parallèle, et non pas l'écliptique, cercle oblique par rapport à l'autre. Mais il n'est pas moins certain en astronomie que, pas un seul jour de l'année, le soleil ne décrit un cercle qui soit précisément dans le plan exact qu'on suppose à l'équateur. Son mouvement perpétuel autour de la terre est sans interruption en ligne légèrement spirale ; ce qui suffit pour autoriser l'obliquité que le père de Phaëton lui prescrit dans sa course. Ovide s'est attaché principalement aux embellissemens de la poésie ; car d'ailleurs on voit assez, et par cette fable, et par son poëme des Fastes romains, qu'il n'était point étranger aux connaissances astronomiques de son siècle.

[2] Ovide désigne le nord par le serpent, constellation du

Ou vers l'Autel à gauche emporte ton essieu.
Le milieu seul est sûr; prends et suis le milieu.
Au sort qui te conduit j'abandonne le reste :
Puisse-t-il te sauver d'une chute funeste,
Et mieux que toi veiller au salut de tes jours.
Déjà la nuit humide, aux bornes de son cours,
De la mer d'Hespérie a touché le rivage.
Il ne m'est plus permis de tarder davantage.
L'Aurore a peint les cieux d'un éclat plus vermeil,
Et la nature attend le retour du Soleil.
Va, pars; mais non, mon fils! sois enfin, sois plus sage.
Mets, tu le peux encor, mes conseils en usage;
Et me laissant mon char, jouis en sûreté
Du jour que l'univers attend de ma clarté.

IV. *Phaëton conduit mal le char du Soleil; il abandonne les rênes.*

PHAÉTON sur le char s'élance plein de joie,
Saisit avidement les rênes qu'il déploie,
Et rend grace à Phœbus qui tremble pour son fils.
Cependant les coursiers Ethon et Pyroïs,

---

pôle septentrional, *tortum ad anguem*, et le midi par l'autel, *pressam rota ducat ad aram*, constellation du pôle austral, formée de sept étoiles, non loin de la queue du scorpion.

Eoüs et Phlégon impatiens hennissent.
Ils soufflent feux sur feux dans les airs qui blanchissent.
De ton fils, ô Climène ! ignorant le destin,
Aussi-tôt que Thétis, aux portes du matin,
Du monde sous leurs pas eut ouvert la carrière,
Ils partent ; et loin d'eux repoussant la barrière,
Ils fendent dans les airs les nuages mouvans,
Et de leurs piés ailés ils devancent les vents.
Le char léger de poids sent qu'il n'a plus son guide ;
Et telle qu'au hasard flotte une barque vuide,
Jouet mobile et vain du caprice des mers ;
Le char roule par bonds et saute dans les airs.
Les coursiers ont frémi : leur fougue mutinée
Déjà s'emporte loin de la route ordonnée.
Phaëton tremble, hésite, ignore son chemin,
Et n'a plus le pouvoir de commander au frein.

Pour la première fois l'Ourse au pôle du monde [1]
Brûle, et s'efforce en vain de se cacher dans l'onde.
Le Serpent par le froid jusqu'alors engourdi [2],
Echauffé tout-à-coup par les feux du midi

---

[1] Constellation formée d'un grand nombre d'étoiles, dont sept, très-visibles, ont l'apparence d'un chariot. Elles ne descendent jamais sous l'horizon.

[2] Le serpent, autre constellation qu'on appelle aussi le dragon.

S'anime, et reprenant son naturel funeste,
Se redresse et menace : et toi, Bouvier céleste [1],
Tu laissas ta charrue, et d'effroi chancelant,
On dit que d'un pas lourd tu t'enfuis en tremblant.

    Quand Phaëton a vu dans l'immense étendue
La terre au loin au loin abîmée et perdue [2],
Il pâlit, il chancelle, il ne voit plus les cieux.
Tout couvert de clartés, la nuit couvre ses yeux [3].
Ah ! qu'il voudrait, heureux d'un destin plus vulgaire,
N'avoir jamais monté sur le char de son père !

---

[1] C'est une constellation peu éloignée de la grande ourse, et qui paraît suivre le chariot, comme un bouvier suit sa charrue. Elle est remarquable par une étoile très-brillante, désignée par le nom d'arcture.

[2] J'ai hasardé de transporter dans notre langue la locution latine, *penitùs penitùsque jacentes*. J'ai cru que la prononciation très-longue des deux monosyllabes, *au loin*, *au loin*, placées l'un près de l'autre, obligerait la voix de s'étendre, et de figurer, par une harmonie imitative, la distance immense de la terre au ciel. Tel est le privilége de l'art de traduire. Quelquefois il force une langue de se familiariser avec des locutions qui semblent étrangères.

[3] Phaëton est si troublé, qu'il perd l'usage de ses sens. La crainte l'aveugle au milieu d'un océan de lumière.

    Suntque oculis tenebræ per tantum lumen obortæ.

Bannier critique ce beau vers. Il appelle cela jouer sur les mots, et courir après les pointes. Bannier ignorait-il que l'antithèse, passagère et sans affectation, est un tour de pensée et d'expression aussi naturel, aussi noble, aussi sérieux qu'un autre, et convient à tous les sujets ?

Qu'il voudrait de Mérops être appelé le fils !
Il se trouble, semblable au pilote indécis,
Qui sur les eaux battu d'Eole et de Neptune,
Laisse le gouvernail aux soins de la Fortune.
Que fera-t-il ? sa vue erre de toutes parts :
L'orient, l'occident se perd à ses regards.
Il mesure effrayé l'une et l'autre carrière ;
Il hésite s'il doit retourner en arrière,
Tient les rênes encor, mais ne les régit plus,
Et ne sait plus les noms des chevaux de Phœbus.

Cent monstres qui des cieux gardent la vaste enceinte,
Cent animaux affreux le font frémir de crainte [1].
Ici le Scorpion, aux deux bras repliés,
Recourbant en longs arcs et sa queue et ses piés,
De deux signes lui seul couvre l'espace immense.
A peine Phaëton voit son dard qui s'élance,
Et ce monstre couvert d'une noire sueur
Se dresser, menacer, se gonfler de fureur ;
Son sang glacé d'effroi se transit dans ses veines ;
Et sa main défaillante abandonne les rênes.

---

[1] Allusion aux signes du zodiaque, dont plusieurs sont désignés sous l'emblême de divers animaux, tels que le lion, le scorpion, l'écrevisse, le taureau, le sagittaire, &c. Voyez comme le poëte transforme des détails astronomiques en images, auxquelles il donne le mouvement, l'action et la vie. O pouvoir de la poésie !

Si-tôt que les coursiers, libres dans leurs élans,
Les ont senti flotter et battre sur leurs flancs;
Dans les chemins déserts de la céleste plaine
Ils s'emportent sans guide où leur fougue les mène.
Tantôt ils vont heurter dans les cieux ébranlés
De leurs orbes roulans les orbes étoilés;
Tantôt des régions, arsenaux du tonnerre,
Leur vol précipité s'approche de la terre;
Et Phœbé s'étonna qu'en de nouveaux sentiers [1]
Son frère au-dessous d'elle eût conduit ses coursiers.

V. *Les Montagnes s'embrasent.*

Les nuages brûlans s'exhalent en fumée :
La terre en ses hauteurs est d'abord enflammée.
Elle se fend, et perd le suc qui la nourrit.
L'herbe se sèche et meurt; l'arbre brûle et périt :
Et l'aride moisson qu'un seul jour a dorée
Alimente le feu dont elle est dévorée.
Que dis-je? tout s'embrase, et pour leurs habitans
Les villes ne sont plus que des bûchers ardens.
Les cités sont en cendre, et les campagnes fument.
Sur le sommet des monts les forêts se consument.

---

[1] On sait que la Lune décrit une orbite beaucoup moins étendue et beaucoup plus voisine de la terre que celle du Soleil : c'est à quoi Ovide fait une allusion poétique très-ingénieuse.

L'Ætna double ses feux des feux du firmament.
L'Ida forme dans l'air un vaste embrasement.
Le Rhodope une fois vit sa neige fondue.
La Scythie est en vain par le froid défendue.
On voit brûler le Cynte, on voit brûler l'Hémus,
Le Caucase, l'Œta, le Tmole, et le Taurus,
Les Alpes dans les cieux cachant leurs têtes nues,
Et le haut Apennin qui supporte les nues.
   Phaëton, aussi loin qu'il étend ses regards,
Voit l'univers en feu fumant de toutes parts.
Il ne respire plus qu'une vapeur brûlante,
Semblable à l'air qui sort d'une fournaise ardente;
Le char brûle lui-même, il le sent s'échauffer.
Sans haleine et sans voix, il se sent étouffer
Par la cendre qui vole autour de lui semée.
Il est enveloppé d'une épaisse fumée.
Emporté dans l'amas de ses noirs tourbillons,
Il ne voit plus du char les écarts vagabonds.
Alors l'Ethiopien, si nous devons le croire[1],
Vit son teint basanné prendre une couleur noire.
Trop près du char de feu, la Lybie en ce tems
Vit en sables déserts se dessécher ses champs;

---

[1] On voit qu'Ovide se livre aux caprices de son imagination, et qu'il s'amuse à expliquer, par la fable, des effets dont la cause est absolument physique. C'est ainsi que plus loin il donne une explication fabuleuse de la source du Nil, qui encore aujourd'hui est à-peu-près inconnue.

Et les cheveux épars, ses nymphes vagabondes
Cherchèrent vainement et leurs lacs et leurs ondes.

VI. *Les Fleuves se dessèchent ; les Mers se tarissent.*

Des sources, des ruisseaux le cours est effacé.
Thèbes cherche ta source, ô nymphe de Dircé !
Argos cherche Amymome, et Corinthe, Pirène.
O fleuves ! vous roulez une brûlante arène,
Et vous séchez, ainsi que de faibles ruisseaux.
Le Tanaïs bouillonne en ses larges canaux.
Le Pénée au loin fume ; et l'amoureux Alphée
Par d'autres feux alors sent son onde échauffée.
Le Tage en flots brûlans voit ruisseler son or.
Le Nil cacha sa source, et nous la cache encor.
Ses sept bouches sans eau, jusqu'aux sables brûlées,
Se changèrent alors en arides vallées.
Le Méandre lassé de ses trop longs détours
Vit le cygne en ses eaux chercher un vain secours.
L'Ismène, l'Eurotas aux flammes sont en proie,
Le Xante qui devait brûler encor à Troie,
Le Thermodon, le Phase, et le Gange, et l'Indus,
L'Araxe et le Niger, l'Oronte et le Cydnus,
Et l'Euphrate, orgueilleux de baigner Babylone,
L'Eridan, le Danube, et le Rhin et le Rhône,

Et le Tibre lui-même, à qui sous les Romains
Les destins ont promis l'empire des Humains.

La terre au loin se fend, et sous ses voûtes sombres
La lumière du jour troublant la paix des ombres,
A fait pâlir d'effroi le noir tyran des morts.
C'est peu : la mer profonde a resserré ses bords.
Elle découvre à sec les grottes des Nayades,
Et l'on voit s'élever de nouvelles Cyclades.
Les dauphins n'osent plus se jouer sur les mers.
Les phoques étendus au fond des flots amers,
Vaincus par la chaleur, sur le sable languissent.
Les filles de Doris dans leurs antres gémissent.
Neptune sur les flots élevant son trident,
Trois fois ose braver les feux du ciel ardent,
Et trois fois suffoqué se replonge dans l'onde.

La Terre cependant, cette mère féconde[1],

---

[1] Voilà une de ces fictions mythologiques qui doivent plaire dans tous les temps et dans tous les pays. Après les grandes images que le poète vient de peindre, quel tableau que cette prosopopée de la Terre, qui se lève pâle, désolée, au milieu des flammes qui l'environnent, pour implorer le maître de l'univers ! Quoi de plus animé que son discours ? Dans la situation où elle se trouve, cette harangue devait être courte, et n'avoir qu'une trentaine de vers. L'exorde est *ab abrupto* : c'est la douleur, c'est l'indignation qui exhale sa plainte. La confirmation ou preuve se tire de trois motifs.

Premier motif. Elle expose de quelle ingratitude sa bien-

Au milieu de la mer, des fleuves, des étangs,
Qui pressés autour d'elle, ou cachés dans ses flancs,
Resserraient de leurs flots la ceinture liquide,
Sous le ciel enflammé lève sa tête aride,
Elle couvre son front de l'ombre de sa main,
D'une vaste secousse elle ébranle son sein,
Retombe, se soutient, retombe encor sur elle,
Et profère en ces mots sa plainte maternelle.

VII. *Plaintes de la Terre à Jupiter.*

Roi des dieux, si ma perte a pour toi des appas,
Pourquoi tes feux oisifs ne te vengent-ils pas ?

---

faisance est récompensée. Ses productions ne cessent de fournir aux besoins des hommes, des animaux, au culte des autels. En voilà le prix ! quel est son crime ?

Second motif. Fût-elle coupable, Neptune l'est-il, Neptune qui n'est pas mieux traité qu'elle ? Observez bien qu'elle ne dit pas : « Quel crime a fait *Neptune* » ? mais « quel crime a fait *ton frère* » ? C'est comme si elle disait : Si tu es indifférent pour moi, le seras-tu pour ton frère ?

Le troisième motif est tiré de l'intérêt personnel de Jupiter. C'est de son propre danger qu'il s'agit. Ce motif est celui qui le touche de plus près : c'est aussi le dernier. Ainsi la force du raisonnement va toujours en croissant.

Elle conclut par implorer un prompt remède à la perte certaine du monde. Elle résume dans sa péroraison tous les motifs de sa plainte ; et ce résumé vif et serré porte les derniers coups de l'éloquence la plus pressante et la plus décisive.

S'il faut que par le feu je sois réduite en cendre,
Arme-toi de ta foudre, et loin de m'en défendre
Je me consolerai de périr par tes coups ;
Je croirai juste alors ton injuste courroux.
Vois mes cheveux brûlés : vois la cendre qui vole
Envelopper mes yeux, étouffer ma parole.
Est-ce donc là le prix de ma fécondité ?
Est-ce pour voir ainsi payer tant de bonté,
Qu'aux besoins des troupeaux je fournis la verdure,
Que du soc tous les ans je souffre la blessure,
Que je produis la gerbe, aliment des mortels,
Et l'encens qui des dieux honore les autels ?
Quand j'aurais mérité cet indigne salaire,
Vois la mer qui décroît : quel crime a fait ton frère ?
Pourquoi l'empire humide où lui seul a des droits
Se voit-il resserré dans des bords plus étroits ?
Mais si ces intérêts sont encor trop frivoles,
Je parle pour les tiens; vois fumer les deux pôles :
Vois haleter Atlas sous le poids enflammé [1]
Du céleste palais à demi consumé.

---

[1] Je me suis permis ici une double aspiration très-forte, qui, dans une autre occasion, révolterait l'oreille, parce que j'ai cru qu'il en résultait une onomatopée assez heureuse. J'ai voulu peindre à l'oreille la fatigue d'Atlas, par la prononciation fatigante du premier hémistiche. J'espère que ceux qui desirent de voir notre poésie se perfection-

Roi des dieux, hâte-toi de sauver ce qui reste,
Ou du monde embrasé la perte est manifeste.
Le ciel périt, la terre, et l'empire des flots,
Et tout va retourner dans le premier chaos.
En achevant ces mots, la Terre suffoquée,
De fumée et de flamme et de cendre offusquée,
Se retire en soi-même au fond des antres creux,
Lieux profonds, et voisins des mânes ténébreux.

VIII. *Jupiter foudroie Phaëton.*

Le père des humains, le roi de l'Empirée,
Jupiter fut ému de sa plainte sacrée.
Il prend le Soleil même et les dieux à témoins
Que l'univers périt, s'il n'y donne ses soins.
Il monte au réservoir des pluvieux orages,
D'où sa main sur la terre épanche les nuages,
Et du tonnerre en feu lance les triples dards.
Mais il y cherche en vain un amas de brouillards.

---

ner de plus en plus, ne blâmeront pas la hardiesse de ces sons imitatifs. Ce n'est pas que notre versification ne doive user qu'avec réserve de ces sons rudes, qui sont en poésie ce que sont les fausses dissonnances en musique. Quoique l'aristarque Clément admire comme expressif ce vers de La Fontaine :

Après bien du travail, le coche arrive *au haut.*

je ne vois point là d'onomatopée ; je n'y vois qu'une cacophonie.

Il prend sa foudre, il tonne : un trait de feu rapide
Précipite à-la-fois et le char et son guide ;
Une flamme subtile embrase ses cheveux.
Les feux qu'il alluma sont éteints par des feux.
  A ce coup imprévu de la foudre éclatante
Les coursiers immortels reculent d'épouvante.
Ils brisent l'attelage, et sans frein et sans lois
Laissent à l'abandon le char et le harnois.
Là de l'essieu brisé le tonnerre se joue :
Ici roulent épars les rayons de la roue ;
Et dans les cieux au loin de ses débris semés
Tout le char se disperse en éclats enflammés.
  Phaëton, que la foudre en longs éclairs sillonne,
Précipité du ciel dans les airs tourbillonne.
Telle en un temps serein une étoile à nos yeux
Glisse ou semble glisser de la voûte des cieux.
Il tombe, et l'Eridan, bien loin de sa patrie,
Le reçut dans son onde, aux rives d'Hespérie,
Et lava dans ses flots son visage fumant.
Les Nayades au fond d'un pieux monument
Recueillent sur ces bords sa dépouille célèbre ;
Et ces vers sont gravés sur le marbre funèbre :
« Repose, Phaëton, ton nom est immortel.
» Tu voulus t'élever sur le char de ton père ;
» Si ta chute a suivi ton essor téméraire,
» Il est beau de tomber, quand on tombe du ciel ».

IX. Les Sœurs de Phaëton en Peupliers.

Obscurci de son deuil, comme d'un voile sombre,
Son père un jour entier s'enveloppa dans l'ombre.
Aux récits des vieux tems si même nous croyons,
On dit qu'un jour entier, privé de ses rayons,
Le monde eut pour clarté le feu qui le ravage,
Et ce désastre même eut alors son usage.
Lorsqu'elle eut exhalé sa première douleur,
Et dit ce qu'on peut dire en un si grand malheur [1],
Climène toute en pleurs, mère désespérée,
Court, les cheveux épars, de contrée en contrée :
Elle cherche par-tout les restes de son fils,
Sur des bords étrangers, loin d'elle ensevelis.
Elle embrasse le marbre où sa cendre repose,
Y lit son nom gravé que de pleurs elle arrose,

---

[1] At Climene postquam dixit quæcumque fuerunt
In tantis dicenda malis.

Ce qui est simple, facile, naturel, est peut-être ce qu'il y a de plus difficile à traduire. C'est ce charmant je ne sais quoi, ce vrai beau qui ne se cherche pas, mais qui se rencontre. *Non tàm poëticè quam humanè locutus est.* J'ai tâché de conserver cette simplicité d'Ovide.

« Nous sommes étonnés, ravis, enchantés, dit Pascal
» lorsque nous voyons un style naturel ; c'est que nou
» nous attendions de trouver un auteur, et nous trouvon.
» un homme ».

Le couvre de baisers, et croit dans ses douleurs
Que ce marbre insensible est sensible à ses pleurs.

Comme elle, de ce fils les sœurs infortunées
Autour de son tombeau gemissent prosternées;
Et jour et nuit leurs cris, leurs sanglots superflus,
Appellent Phaëton, qui ne les entend plus.

Trois fois l'astre changeant qu'un feu pâle colore,
Croît, décroît tour-à-tour; elles pleuraient encore.
Pour embrasser le marbre inondé de ses pleurs,
Phaëtuse se penche, et se plaint à ses sœurs,
Qu'immobiles, glacés, ses membres se roidissent.
Phœbé veut accourir, et ses piés s'engourdissent.
L'une voit ses genoux en tronc d'arbre changés :
L'autre voit en rameaux ses deux bras alongés.
Ta main veut arracher ta blonde chevelure,
Lampésie ! et ta main se remplit de verdure.
Tandis que, s'élevant malgré leurs vains efforts,
L'écorce par degrés emprisonne leurs corps,
Leur bouche à leur secours appelle encor leur mère.
Mais que peut-elle, hélas ! que pleurer leur misère,
Courir de l'une à l'autre, et vingt fois l'embrasser ?
Elle fait plus : sa main, pour les débarrasser,
S'attache aux troncs jaloux, les déchire avec force.
Mais des gouttes de sang jaillissent de l'écorce.
Elles poussent des cris : Ah ! ma mère, cessez ;
En blessant les rameaux, c'est nous que vous blessez :

Vous nous perdez ; adieu. L'écorce qui s'élève
Presse leurs derniers mots qu'un long soupir achève.
Sous leur forme nouvelle elles pleurent encor :
L'ambre, de leurs rameaux distille en larmes d'or[1].
Au feu de ses rayons le soleil les épure,
Et la jeune Romaine en forme sa parure.

X. *Cycnus en Cygne.*

Cycnus, qui par le sang à leur frère lié,
Le fut bien plus encor par sa tendre amitié,
Vit finir à-la-fois leur douleur et leur vie.
Cycnus, fils de Sténée, et roi de Ligurie,
Aux bords du fleuve en pleurs, long-temps avait gémi
Dans le bois augmenté des sœurs de son ami.
Tandis qu'il frappe l'air de sa plainte assidue,
Son gosier rétréci rend sa voix plus aiguë ;
Sa bouche se transforme en un bec arrondi ;
Son cou loin de son sein se prolonge agrandi.
Ses bras sont remplacés par deux ailes d'albâtre ;
Et de ses doigts unis la membrane rougeâtre
Se plie, et tour-à-tour s'élargit sous ses piés.
Sa tête, son long cou, ses flancs plus déliés

---

[1] L'ambre est un suc gommeux qui découle de certains arbres, et qui s'endurcit. Le poète, selon sa coutume, explique la nature par la fable.

Se couvrent d'un duvet d'une blancheur insigne.
En oiseau transformé, Cycnus n'est plus qu'un cygne[1].
Timide, il n'aime point à s'élever dans l'air,
Et semble craindre encor les feux de Jupiter.
Sur les humides bords, sa demeure ordinaire,
Il cherche l'élément à la flamme contraire.

XI. *Apollon refuse d'éclairer le Monde ; mais à la prière des Dieux, il remonte sur son char.*

CEPENDANT le Soleil de sa perte affligé,
Pâle, sombre, obscurci, dans le deuil est plongé.
Il déteste le jour, et son char, et lui-même,
Tout entier s'abandonne à sa douleur extrême,
Et joignant la colère à ses chagrins amers,
Par l'absence du jour, veut venger ses revers.
Assez long-tems, dit-il, je remplis sans relâche,
Payé d'ingratitude, une pénible tâche.
Depuis qu'à l'univers je donne la clarté[2],
Les ans n'ont point pour moi de jour d'oisiveté.

---

[1] Ce Cycnus, roi de Ligurie, fut un musicien célèbre. Sa voix, son nom, la douleur qu'il eut de la mort de Phaëton, ont fait imaginer cette métamorphose.

[2] Ce discours, comme la circonstance l'exige, est très-court, mais fort éloquent ; c'est l'expression amère d'une douleur mêlée d'indignation. Le Soleil accuse Jupiter d'ingratitude. Il expose la difficulté de l'emploi qu'il exerce, si

Prenne qui veut mon char; j'y renonce sans peine.
Qu'un des dieux, ou du moins que leur maître le mène,
Contraint de déposer ses foudres ennemis,
Les pères n'auront plus à craindre pour leurs fils.
Sa propre expérience alors pourra l'instruire,
S'il faut punir de mort qui n'a pu le conduire.

Il parle, et tous les dieux de l'Olympe habitans
Viennent le conjurer de ne pas plus long-tems
A l'ombre ténébreuse abandonner la terre.
Le roi des dieux lui-même excuse son tonnerre[1]:
Lui-même il plaint l'excès de sa sévérité,
Et l'impute à la loi de la nécessité.
Mais il supplie en roi : sa prière est un ordre.
Phœbus rassemble alors ses chevaux en désordre :
Il les dompte, il les frappe, il veut qu'ils soient punis,
Et se venge sur eux de la mort de son fils.

---

grande qu'aucun des dieux, et leur maître lui-même, ne pourrait prendre sa place; d'où il conclut que Jupiter aurait dû pardonner à l'imprudence d'un jeune téméraire, et ne pas la punir avec une sévérité si barbare.

Orbatura patres aliquando fulmina ponat.

Dans ce beau vers, le pluriel mis à dessein pour le singulier, exagère le sujet de la plainte. Cette nuance délicate ne doit pas échapper à l'œil du goût.

[1] *Missos quoque Jupiter ignes, excusat.* Remarquez la hardiesse de cette expression; et la noblesse de la suivante, *precibusque minas regaliter addit.* Pouvait-on mieux caractériser la dignité d'un maître qui supplie?

XII. *Calisto aimée de Jupiter.*

Cependant Jupiter parcourt la vaste enceinte
Des cieux qui de la flamme ont pu sentir l'atteinte.
Tranquille et rassuré sur le séjour des dieux,
Sur le séjour de l'homme il abaisse ses yeux.
Mais ses soins sont sur-tout pour l'heureuse Arcadie:
Il visite d'abord cette terre chérie;
Il redonne à ses prés leurs gazons refleuris,
Rend leur cours aux ruisseaux que la flamme a taris,
Et reverdit des bois l'ombre immense et touffue.
Tandis qu'il va, revient, une nymphe à sa vue
Se présente, et d'amour enflamme ses desirs.
Calisto ne sait point occuper ses loisirs [1]
A filer sous ses doigts la laine obéissante,
A varier les nœuds d'une tresse élégante:
Une agraffe retient son léger vêtement,
Un bandeau ses cheveux noués négligemment.

---

[1] Non erat hujus opus lanam mollire trahendo,
Nec positu variare comas.

Le Mercier a traduit ce passage d'Ovide, dans un poëme où l'obscénité du sujet est couverte des vêtemens poétiques d'un style très-figuré. Voici sa traduction:

Cette nymphe ignorait quel art industrieux
Forme sous les fuseaux un tissu précieux,
Quel soin, quel choix divers assortit la parure.

A l'arc, au javelot, Calisto se signale :
Quelle nymphe jamais aux forêts du Ménale
Fut plus chère à Diane ? Ah ! faut-il que toujours
La faveur soit sujette à de fâcheux retours !

Le jour plus radieux avait retréci l'ombre :
Elle cherche l'abri d'un bois antique et sombre.
Elle détend son arc, pose ses javelots,
Détache le carquois suspendu sur son dos,
S'étend sur le tapis que l'herbe lui présente ;
Et son carquois soutient sa tête languissante.
Jupiter sans témoins l'apperçoit à l'écart :
Profitons, se dit-il, des faveurs du hasard ;
Junon ne peut le voir, et même le sût-elle,
Dois-je craindre à ce prix sa jalouse querelle ?
Sous les traits de Diane, avec un doux souris,
Il aborde la nymphe. O toi que je chéris !
Si long-tems loin de moi quels bois t'ont retenue ?
Calisto se levant, répond : Je vous salue,
Vous, avant Jupiter, ma gloire et mon appui ;
Oui, dût-il m'écouter, je vous préfère à lui.
Jupiter s'applaudit d'un heureux stratagême ;
Il sourit de se voir préférer à lui-même,
Et lui donne un baiser dont le crime dément[1]
Le sexe de Diane et trahit un amant.

---

[1] Dans le compte qu'un académicien rendit dans le

Sa bouche sur la sienne avec ardeur pressée
Arrête sa réponse à demi commencée.
Junon, que ne vis-tu sa honte et ses efforts ?
Tu la croirais punie assez de ses remords.
Elle résiste autant qu'il est en sa puissance :
Mais contre Jupiter que peut sa résistance ?
Elle résiste en vain. Fier et victorieux,
L'immortel séducteur remonte dans les cieux.
Elle fuit de ces lieux autrefois ses délices,
Accuse la forêt et ses ombres complices ;
Et tandis qu'en désordre elle sort de ce bois,
Elle a presque oublié son arc et son carquois.
 Cependant l'arc en main, Diane triomphante,
Au sortir des forêts sur ses pas se présente.

Mercure de France de la première édition de ce second Livre, il parut regretter que je n'eusse pas exprimé avec assez de précision le sens de cet hémistiche : *Nec se sine crimine prodit.* « C'est Jupiter, observait-il, c'est le père des » dieux dont il est question ; et le mot de *crimen* appliqué » par un poète latin à une action commise par le premier » des dieux qu'adorait le peuple romain, est une preuve » marquée de l'esprit dans lequel le poëme est composé. » Un dieu qui ne se trahit, qui ne se fait connaître qu'en » achevant un crime, est une plaisanterie si piquante » contre les superstitions populaires de Rome, qu'il ne » fallait point la passer sous silence ». *Voyez* le Mercure du 29 décembre 1781. Quoique je n'adopte pas l'induction philosophique qu'il tire avec une finesse un peu subtile de l'hémistiche d'Ovide, j'ai profité de sa remarque.

Calisto tremble, hésite, et ne sait si ses yeux
Ont reconnu Diane, ou le maître des dieux.
Mais en voyant le chœur de ses nymphes fidelles,
Elle cesse de craindre, et se mêle avec elles.
Ah ! qu'il est mal aisé de cacher au dehors
D'un cœur qui se connaît la honte et les remords !
Elle rougit, et lève à peine un œil profane.
Ce n'est plus cette nymphe, émule de Diane,
Marchant à ses côtés ou précédant ses pas :
Son silence apprend trop ce qu'elle ne dit pas.
Diane ignore tout ; Diane est vierge et sage :
Mais ses nymphes, dit-on, en savent davantage.

L'astre changeant des nuits dans son cours renaissant,
Renouvelait aux cieux son neuvième croissant :
Diane fatiguée entre dans un bois sombre,
Où mêlant sa fraîcheur à la fraîcheur de l'ombre,
D'un ruisseau doux et pur le cristal transparent,
Sur un lit de gravier serpente en murmurant.
Elle admire du lieu la retraite profonde ;
Puis effleurant du pié la surface de l'onde :
Nous sommes sans témoins ; goûtons le frais des flots,
Et pour voile n'ayons que le voile des eaux.
La déesse a parlé : les nymphes obéissent.
Une seule hésitait ; ses craintes la trahissent.
Calisto quelque tems résiste, mais en vain.
On découvre sa honte en découvrant son sein.

La déesse rougit : Fuis loin de moi, profane,
Fuis, ne souille point l'onde où se baigne Diane.

XIII. *Sa Métamorphose en Ourse.*

Elle dit, et soudain l'exile de sa cour.
La jalouse Junon la poursuit à son tour.
Elle a trop différé le tems de sa vengeance.
L'enfant Arcas est né du crime qui l'offense;
Et tout aigrit le fiel de ses chagrins jaloux.
Quoi! dit-elle, roulant des yeux pleins de courroux,
Odieuse rivale, à ma douleur profonde
Il ne manquait donc plus que de te voir féconde !
Il faut donc qu'aujourd'hui tu sois mère, et qu'un fils,
Gage de mes affronts trop long-tems impunis,
D'un époux adultère atteste le parjure !
Il faut donc que je souffre injure sur injure !
Non, je me vengerai; je le dois, je le veux;
Perds ta figure, et plais encor si tu le peux.
   En achevant ces mots, la déesse offensée
Traîne par les cheveux la nymphe renversée.
Calisto tend les bras, et ses bras étendus,
Hérissés d'un poil noir s'arment d'ongles aigus.
Déjà sur ses deux mains elle marche, et sa bouche
Qui plut à Jupiter, est hideuse et farouche.
Elle voudrait en vain et se plaindre et parler;
Sa voix gronde, menace; elle s'entend hurler.

Mais dans son changement son esprit est le même.
Malheureuse ! elle sent son infortune extrême ;
Et levant ses deux piés, autrefois ses deux mains[1],
Semble accuser le ciel de ses affreux destins.
Combien de fois la nuit, craignant la forêt sombre,
Près de son toit natal vint-elle errer dans l'ombre !
Combien de fois des chiens entendant les clameurs,
Chasseresse, elle fuit à l'aspect des chasseurs !
Elle évite le loup sorti de son repaire,
Et le loup qu'elle évite est peut-être son père :
Ce qu'elle est l'épouvante, et l'oubliant toujours,
Elle est ourse elle-même, et redoute les ours.

XIV. *Calisto et son fils Arcas changés en Astres.*

Arcas qui n'a point vu sa mère infortunée,
Joignait quinze printems à sa première année.
Comme elle, il fait la guerre aux hôtes des forêts.
Un jour qu'à ce dessein les longs nœuds de ses rêts

---

[1] On sait que l'ours se dresse sur ses deux piés de derrière. C'est à quoi Ovide fait ici allusion. Quoique l'imagination ne se prête que difficilement à la fiction d'une métamorphose, on ne peut voir sans admiration les rapports ingénieux, et en quelque sorte naturels, qu'Ovide sait y trouver et peindre avec finesse. C'est ainsi que plus loin il fait une autre allusion à Lycaon, dont Calisto était fille, et qui avait été métamorphosé en loup par Jupiter.

Environnaient au loin la forêt d'Erimanthe,
Il rencontre sa mère au fond des bois errante.
Calisto qui s'arrête en présence d'Arcas,
A reconnu son fils qui ne la connaît pas.
Il s'étonne saisi d'une crainte imprévue,
Et la voyant sur lui fixer toujours sa vue,
Il recule. Elle veut approcher de plus près;
Déjà pour la percer il préparait ses traits:
Jupiter à son fils épargne un parricide;
Et dans un tourbillon emportés dans le vide,
Tous deux ils sont changés en deux astres voisins.

XV. *Junon prie les Dieux de la mer de ne jamais laisser descendre ces nouveaux Astres dans leur empire.*

Ces honneurs, ô Junon, aigrissent tes chagrins.
Tu descends sur les bords où Thétis et Nérée
Se retirent au fond de leur grotte azurée,
Vieux époux, de qui l'âge est révéré des dieux.
Pourquoi vous étonner si la reine des cieux
Paraît en suppliante? Apprenez ma disgrace.
Sachez qu'au firmament une autre prend ma place,
Croyez que je me plains sur un prétexte faux,
Si quand le soir viendra rallumer ses flambeaux,
Le Pôle n'offre pas des étoiles nouvelles,
Pour ma haine trompée injures immortelles.

Et qui peut craindre encor le courroux de Junon!
Qui voudra respecter sa puissance et son nom?
Quand je fais triompher ceux que je veux détruire,
Et que seule des dieux je sers quand je veux nuire.
Certes que ma vengeance a d'éclatans succès!
Calisto n'est plus femme; et le ciel désormais
Parmi ses habitans voit briller la coupable.
Voilà, voilà de quoi mon pouvoir est capable!
Pourquoi borner sa gloire, et ne lui rendre pas
Et sa première forme et ses premiers appas?
Je n'attendais pas moins d'un époux infidèle.
Il l'osa pour Io, qu'il l'ose encor pour elle.
Qu'il ose hautement répudier Junon;
Et pour beau-père enfin qu'il prenne un Lycaon.
Mais vous de qui les soins ont nourri mon enfance,
Si votre zèle au moins partage mon offense,
N'ouvrez point votre sein à ces astres nouveaux[1],
Et ne souffrez jamais qu'ils profanent vos eaux.

---

[1] Ces astres sont les sept étoiles de la grande ourse, et les quatre étoiles de la petite ourse. Ces deux constellations du pôle septentrional, élevé au-dessus de nous, ne descendent jamais sous l'horizon; ce qui a fait dire aux anciens poètes qu'elles ne se plongent point dans la mer.

XVI. *L'Aventure du Corbeau.*

Les dieux de l'Océan satisfont à sa haine.
Soudain son char d'azur dans les cieux la ramène;
Ses paons, qui dans leur vol devancent les zéphirs,
Etalent leur plumage étoilé de saphirs.
Comme eux, par ta beauté, tu fus jadis célèbre,
O corbeau ! maintenant oiseau sombre et funèbre.
De quel éclat luisait ton plumage argenté !
La colombe sans tache a moins de pureté.
Du cygne, amant des eaux, la plume éblouissante,
Et celle de l'oiseau dont la voix vigilante
Sauva le Capitole assiégé des Gaulois,
A la tienne, en blancheur, le cédait autrefois.
Tu perdis ta beauté pour n'avoir pu te taire ;
Ta noirceur a puni ta langue téméraire.

Dans Larisse autrefois la belle Coronis [1]
Entre mille beautés eût remporté le prix.
Apollon, de l'aimer tu te fis une gloire,
Tant qu'elle fut fidelle, ou que tu pus le croire.
Mais ton oiseau parleur, curieux indiscret,
La soupçonne, et surprend son amoureux secret.

---

[1] Elle était fille de Phlégias, roi des Lapithes et père d'Ixion. Il y eut une autre Coronis, fille de Coronée, qui fut aimée de Neptune, et métamorphosée en corneille, comme on le voit dans une fable suivante.

Afin de tout redire, il cherche à tout connaître :
Soudain il prend l'essor pour avertir son maître.
La corneille le suit, et pour l'interroger [1],
Accompagne en son vol le fâcheux messager.
Elle apprend son dessein. Si tu m'en crois, dit-elle,
Ne poursuis point ta route; appréhende un faux zèle:
Apprends ce que je fus, et vois ce que je suis :
Trop de fidélité causa tous mes ennuis.

---

[1] Cette fable approche beaucoup du genre de l'apologue. C'est un dialogue entre deux oiseaux ; et le sens moral, voilé sous l'allégorie, est sensible. Minerve, déesse de la prudence, déteste dans la corneille un oiseau babillard, emblème de l'indiscrétion. Elle adopte le hibou, symbole de la clairvoyance. Le style même est celui de l'apologue. Il est simple, naturel, et presque familier. Je me suis conformé à la simplicité d'Ovide, selon le précepte du lord Roscomond, dans son Essai sur la manière de traduire les Poètes : « Votre auteur, dit-il, doit être votre meilleur » conseiller. Mesurez votre vol sur le sien. Suivez-le dans » son essor ; mais ne rougissez pas de descendre avec lui ».

Le dirai-je? défaut dominant de notre poésie héroïque, c'est sa grandeur soutenue. La muse d'Ovide a la souplesse de la taille des Graces. C'est ce mélange du familier noble qui rend si amusante la lecture de son poëme.

> Voulez-vous du public mériter les amours?
> Sans cesse en écrivant variez vos discours.
> Un style trop égal, et toujours uniforme,
> En vain brille à nos yeux ; il faut qu'il nous endorme.

XVII. *Ericthon.*

Pour cacher Ericthon, cet enfant né sans mère [1],
Pallas dans un bercean le porte avec mystère
Aux filles de Cécrops, et leur donne à garder
Ce dépôt que sans crime on ne peut regarder.
Sous des rameaux touffus je me cache, et j'observe
Si chacune est fidelle à la loi de Minerve.
La discrète Pandrose et la timide Hersé
Respectent le dépôt sous leur garde laissé.
La curieuse Aglaure a bien moins de scrupule ;
Et raillant de ses sœurs la crainte ridicule,
Sous l'osier qu'elle entr'ouvre elle voit Ericthon,
Et sa queue écaillée, et ses piés de dragon.
J'en avertis Pallas ; et pour prix de mon zèle,
La déesse s'irrite, et me chasse loin d'elle.
Le funèbre hibou tient mon rang désormais :
Mon exemple t'apprend à ne parler jamais.

---

[1] Vulcain, pour prix des foudres forgées pour Jupiter, lorsqu'il eut à soutenir la guerre des géans, lui demanda d'être époux de Minerve. Jupiter blâma ses desirs insensés ; mais le Styx était garant de sa promesse. Tout ce qu'il put faire, ce fut d'exhorter Pallas à rejeter les vœux du dieu de Lemnos. Vulcain, irrité des mépris et des refus de la déesse, voulut user de violence. La terre fut souillée de ses efforts, et de-là naquit Ericthon.

Si je plains ma disgrace, au moins ne vas pas croire
Que de servir Pallas j'eusse brigué la gloire.
J'ai perdu sa faveur : mais toutefois Pallas,
Tu peux l'interroger, ne me dédira pas.
Aux champs de la Phocide autrefois je suis née,
Et je fus, on le sait, fille de Coronnée.
Des princes m'ont offert l'hommage de leurs cœurs.
Hélas ! ma beauté seule a fait tous mes malheurs.

XVIII. *Coronis en Corneille.*

Un jour qu'aux bords des mers je marchais incertaine,
Seule, et comme souvent encor je m'y promène,
Le dieu des flots me vit, s'enflamme, et me poursuit.
Je courais : sous mes piés le sable glisse et fuit.
Des mortels et des dieux j'implore l'assistance :
J'étais vierge : une vierge embrassa ma défense.
Pallas entend mes cris : et tendus dans les airs,
Je vois d'un noir duvet mes deux bras recouverts.
De ma robe, en courant, les longs plis m'embarrassent :
Je veux la rejeter ; des plumes la remplacent.
En vain dans ma douleur je veux battre mon sein ;
Je n'agite qu'une aile, et je n'ai plus de main.
Mes piés plus déliés ne pressent plus l'arène.
Déjà mon vol léger ne l'effleure qu'à peine.
Je m'élève dans l'air où je rejoins Pallas,
Et son oiseau chéri, j'accompagne ses pas.

XIX. *Nictymène en Hibou.*

Mais que me sert, hélas! ce vain prix de ma fuite,
Si Nyctimène obtient l'honneur que je mérite,
Elle qui par un crime est au rang des oiseaux?
Peut-être ignores-tu ce que sait tout Lesbos?
Nyctimène souilla la couche de son père.
Transformée en Hibou, honteuse et solitaire,
Elle craint d'être vue, elle abhorre le jour,
Et semble encor gémir de son coupable amour;
Et des hôtes de l'air la nation entière
La chasse à coups de bec des champs de la lumière.

XX. *Apollon tue Coronis son amante.*

Le Corbeau lui répond : je sais ce que je fais ;
Va, crois-moi, porte ailleurs tes conseils que je hais.
Puisse tomber sur toi ton sinistre présage !
Il dit, et poursuivant un indiscret voyage,
Vole avertir le dieu, par un fâcheux avis,
Du bonheur d'un rival, et de ses feux trahis.
Quel coup pour un amant jaloux de sa conquête !
Le laurier qui le ceint, détaché de sa tête,
Tombe à ses piés; sa lyre échappe de sa main :
La rage le transporte; il frémit, et soudain
Il a tendu son arc : sa flèche inévitable
Siffle, et d'un coup mortel perce ce sein coupable,

Ce beau sein que sa bouche a tant de fois pressé,
Ce beau sein dans ses bras tant de fois caressé.
Coronis jette un cri : sa main faible et mourante,
Retirant de son sein la flèche déchirante,
Fait jallir sur ses lys la pourpre de son sang.
Oui, ce fer, ô Phoebus, a dû percer mon flanc ;
Mais tu t'es trop hâté de suivre ta colère.
Pourquoi punir ensemble et le fils et la mère ?
Hélas ! d'un seul trépas deux meurent à-la-fois.
Elle n'en dit pas plus : la mort éteint sa voix.

Apollon se repent d'avoir suivi sa rage,
De s'être trop vengé d'une amante volage ;
Il déteste l'oiseau dont l'odieux rapport,
Accusant Coronis, fut cause de sa mort.
Il déteste son arc, et ses traits, et lui-même ;
Malheureux assassin de la beauté qu'il aime,
Il la prend, la réchauffe entre ses bras divins :
Il tâche en sa faveur à vaincre les destins ;
Mais, hélas ! à la vie en vain il la rappelle ;
Et ses secrets puissans ne peuvent rien pour elle.

On prépare un bûcher pour ces restes chéris :
Quand il voit ces apprêts, il pousse de longs cris,
Il se plaint que le feu dévore tant de charmes ;
Il se plaint : car un dieu ne connaît point les larmes.
Tel mugit le taureau, sans répandre des pleurs,
Quand il voit la génisse, au front paré de fleurs,

Sous le marteau pesant qui tombe sur sa tête,
S'abattre, et de Palès ensanglanter la fête.
 Phœbus, de cette main qui répandit son sang,
La couvre de parfums, et tire de son flanc
Le gage d'un amour si fatal et si tendre.
Il l'enlève au bûcher qui dut le mettre en cendre,
Et le confie aux soins du centaure Chiron.
Le corbeau délateur, puni par Apollon,
D'une sombre couleur a vu noircir son lustre.

XXI. *Le Centaure Chiron, Ocyroë, Esculape.*

Choisi pour élever ce nourrisson illustre,
Chiron par cet honneur se croit assez payé [1].
Un jour il voit venir sa fille Ocyroë,
Qui, née aux bords d'un fleuve, eut Chariclo pour mère.
C'est peu d'avoir appris les secrets de son père :
Elle sait lire encore aux livres du destin.
A l'aspect d'Esculape, un transport plus qu'humain

---

[1] Le centaure Chiron était fils de Philyre et de Saturne, qui s'était déguisé sous la forme d'un cheval pour tromper la jalousie de Rhée son épouse. Philyre était fille d'Apollon, dieu des talens, et Saturne était le dieu du temps; or les sciences sont filles du Temps et du Génie. Voilà, je crois, le véritable sens de l'allégorie de Chiron, qui, selon la fable, savait la médecine, la botanique, la musique et l'astronomie.

Ouvre en ces mots sa bouche en oracles féconde.
Crois, merveilleux enfant, pour le salut du monde[1],
Crois, ton art bienfaiteur, par de puissans secours,
Des fragiles humains prolongera les jours.
Tu rendras même aux morts une nouvelle vie.
Mais les dieux irrités te porteront envie.
Ton aïeul indigné que la mort une fois
Par ton pouvoir vaincue obéisse à tes lois,
Jupiter t'a frappé de sa foudre terrible :
Tu subis de la mort le pouvoir invincible :
Mais tu redeviens dieu par un destin nouveau,
Et tu te vois deux fois racheté du tombeau.

 Et toi qui fus doué d'une vie immortelle,
Toi, né pour voir des ans la durée éternelle,
O mon père ! les maux qu'un jour tu dois souffrir
Te feront regretter de ne pouvoir mourir :
Je vois ton pié blessé par les flèches d'Hercule,
Et le poison de l'hydre en tes veines circule.

---

[1] C'est une prédiction : en voici le sens. Esculape reçut en quelque sorte une seconde vie à sa naissance, puisqu'il fut tiré du sein de sa mère expirante. Il ressuscita Hippolyte, fils de Thésée, que son père avait dévoué à la colère de Neptune. Ce prodige irrita Jupiter, qui le foudroya, et en fit ensuite un dieu qui était adoré à Epidaure. C'est ainsi qu'il fut deux fois rendu à la vie.

Mais enfin le ciseau des triples déités [1]
Tranche le fil trop long de tes jours détestés.
Elle n'achève pas ce qui reste à prédire :
Son cœur ému se trouble ; elle pleure, soupire.
«Le destin me prévient ; en vain je le prévois ;
Je sens qu'il m'interdit l'usage de la voix ;
Pourquoi de ses secrets me donner la science,
Si mon savoir des dieux m'attire la vengeance ?
Que j'eusse aimé bien mieux ignorer l'avenir,
Si j'ai su le prévoir et non le prévenir !
Déjà je perds les traits de l'humaine figure :
L'herbe me plaît : je veux me nourrir de verdure.
Je cours et je bondis, émule des chevaux.
Je leur ressemble plus que mon père ». A ces mots [2],
Sa voix en sons confus se prolonge et s'exhale :
C'est le hennissement d'une jeune cavale.

---

[1] Le Centaure laissa tomber sur son pié une des flèches d'Hercule, teintes du sang de l'hydre, et dont les blessures étaient incurables. La force des tourmens lui fit demander la mort avec instance ; mais il était immortel. Cependant les dieux, touchés de ses maux, exaucèrent ses vœux, et le placèrent dans le ciel parmi les signes du zodiaque : c'est le sagittaire.

[2] Ce passage était d'une grande difficulté. *Tota tamen quare?* Ovide fait allusion à la forme du Centaure, que la fable suppose moitié homme, moitié cheval ; sans doute parce qu'il avait enseigné l'art de dompter les chevaux, ou, selon une explication plus recherchée, parce qu'il exerçait à-la-fois l'art vétérinaire et la médecine.

Des piés frappans la terre ont remplacé ses bras.
Des longs plis de sa robe ondoyans sur ses pas
Se forment de longs crins balayant la poussière.
Ses cheveux ne sont plus qu'une épaisse crinière.
Sa bouche s'élargit; son cou s'est alongé.
Sa figure, sa voix, son nom même est changé [1].

XXII. *Battus changé en Pierre-de-touche.*

Le Centaure pleurait : Toi, dont l'art sut l'instruire,
Phœbus! il t'implorait; mais quel dieu peut détruire
Ce qu'a fait le destin maître absolu des dieux?
Et quand tu le pourrais, alors chassé des cieux,
Sous un habit grossier, simple berger d'Admète,
Tu vivais sous le chaume, et portais la houlette;
Et le dieu de la lyre enflait des chalumeaux.
Là, tandis qu'occupé de tes amours nouveaux,
Modulant en sons doux les doux soins de ton ame,
Sur la flûte aux sept tons tu soupirais ta flamme;
On dit que tu laissas au détour d'un vallon
Tes génisses, tes bœufs errer à l'abandon.
Mercure qui les voit, par un malin caprice,
Les cache dans un bois, de sa fraude complice.

---

[1] Ocyroë fut appelée Evippe depuis sa métamorphose, nom tiré des mots grecs, ευ et ιππος, c'est-à-dire, belle cavale.

Nul, hors un vieux pasteur, connu dans ce canton,
N'avait vu ce larcin : Battus était son nom.
Gardien des prés herbeux, domaine de Nélée,
Il nourrit ses coursiers pour les palmes d'Elée.
Mercure s'en défie : Ecoute, vieux berger,
Dit-il ; si par hasard on vient t'interroger,
Feins de n'avoir rien vu : pour prix de ton silence,
Reçois cette génisse ; elle est ta récompense.
Sois sûr, lui dit Battus, que, pour te décéler,
Cette pierre plutôt apprendrait à parler :
Ne crains rien. Sa promesse est suspecte à Mercure.
Il s'éloigne, et revient sous une autre figure.
Compagnon, lui dit-il, en déguisant sa voix,
N'as-tu pas vu mes bœufs emmenés vers ce bois ?
Si tu peux du larcin me donner un indice,
Prends avec son taureau ma plus belle génisse.
Un double prix le tente, et manquant à sa foi,
Ce mont doit les cacher, répond-il, hâte-toi.
Eh ! quoi, c'est donc à moi que tu me livres, traître [1],
Dit le dieu qui sourit, et se fait reconnaître ?

---

[1] Risit Atlantiades ; et me mihi, perfide, prodis,
Me mihi prodis, ait?

C'est-à-dire, selon Bannier : « Mercure, après lui avoir dit :
» Ah ! vous me trahissez donc, perfide, et vous voulez m'en
» imposer à moi-même, le changea en pierre, qu'on nomme
» pierre-de-touche ».

On voit que le traducteur a fait ses efforts pour rendre

Il le transforme en pierre, indice des métaux,
Et qui décèle en eux ce qu'ils cachent de faux.

XXIII. *Hersé aimée de Mercure.*

Le fils de Jupiter, loin des vallons de Pyle,
S'envole, et dans les airs planant d'une aile agile,
S'élève sur l'Attique, où la ville des arts,
Athène et le Lycée attirent ses regards.
Ce jour-là de Minerve on célébrait la fête.
Dans des corbeilles d'or qui couronnent leur tête,
Trois cents vierges en pompe, à l'autel de Pallas,
Apportaient des présens, moins purs que leurs appas.
Le dieu qui dans son vol les voit sortir du temple,
Sur son aile en suspens s'arrête, les contemple,
Et formant dans les airs cent tours et cent retours,
Vole, revole en cercle, et revole toujours.
Tel l'avide milan, si dans son vol sublime,
Il voit du haut des airs le cœur d'une victime
Palpiter sur l'autel des prêtres entouré :
Retenu par la peur, par l'espoir attiré,

---

me mihi prodis : mais il ne paraît pas avoir réussi ; et même ces paroles : « Vous voulez m'en imposer à moi-même », sont un contre-sens ; puisque Battus, loin d'en imposer à Mercure, lui accusait vrai. Mercure dit : « Perfide que tu es, tu
» me trahis et me décèles à moi-même. C'est moi qui ai fait
» le vol, et c'est à moi-même que tu le découvres ».

Il s'élève, il s'abaisse, il va, revient, tournoie,
Et des regards au moins il dévore sa proie.

Autant reluit Vénus entre mille astres d'or,
Autant plus que Vénus Phœbé reluit encor,
Autant dans cette pompe auguste et solemnelle,
Hersé par sa présence efface la plus belle.
Frappé de ses attraits, le fils de Jupiter
La voit, l'aime, desire, et s'enflamme dans l'air:
Tel le plomb qu'a lancé la fronde d'un Numide,
Vole, siffle, s'embrase en sa course rapide,
Et trouve sous la nue un feu qu'il n'avait pas [1].
Il descend sur la terre, observe et suit ses pas.
Jeune, aimable, il paraît sous sa propre figure;
Mais le desir de plaire ajoute à sa parure.
Une odeur d'ambrosie embaume ses cheveux:
Sa robe, qui retombe à replis onduleux,
Développe avec grace une frange perlée.
Il rehausse l'éclat de sa chaussure ailée.

---

[1] Quoique la physique d'Ovide, qui était celle de son tems, ne soit pas bien exacte, sa comparaison ne manque pas de la vraisemblance poétique. Un plomb ou un caillou lancé avec force sur une surface unie, s'échauffe par les frottemens successifs qu'il éprouve en l'effleurant. Or la résistance de l'air, jointe à la rapidité du jet, peut donner lieu à quelque effet semblable; et c'est à quoi Ovide a voulu faire allusion.

Son sceptre entrelacé de deux serpens divins
Se joue avec les vents, balancé dans ses mains.
  Au-dedans du palais est un lieu magnifique,
Des filles de Cécrops retraite domestique.
Là, s'ouvre pour Pandrose un riche appartement;
Ici, demeure Aglaure; et dans l'enfoncement,
Placée entre ses sœurs, Hersé demeure encore.
Mercure sur le seuil est apperçu d'Aglaure:
Et quoiqu'elle ait pu voir le sceptre ailé du dieu,
Qui te rend si hardi que d'entrer en ce lieu,
Dit-elle? dis ton nom, et quel sujet t'amène.
Que ma témérité n'ait rien qui vous surprenne,
Répond le dieu : je suis le fils de Jupiter;
Je porte ses décrets par les chemins de l'air;
Hersé m'amène ici ; confidente fidelle,
Soyez tante des fils que je veux avoir d'elle [1].

---

[1] Ce vers est traduit avec exactitude, et du même ton que dans l'original :

    Nec fingam causas : tu tantùm fida sorori
    Esse velis, prolisque meæ matertera dici.

En m'applaudissant d'une version aussi scrupuleusement fidelle, je craignais que cette simplicité antique ne blessât la délicatesse moderne du goût français. Heureusement que les meilleurs juges l'ont approuvée. « Ce vers suffirait tout » seul », a dit un académicien dans un article du Mercure de France, du 29 novembre 1781, « ce vers seul suffirait pour » prouver que M. de Saint-Ange est appelé par la nature à » traduire le poëme charmant des Métamorphoses d'Ovide ».

Je suis amant et dieu : je parle sans détour.
Ecoutez ma prière, et servez mon amour.

Aglaure à l'œil jaloux le regarde et l'observe,
Comme elle a regardé le dépôt de Minerve,
Ne veut qu'au prix de l'or servir ses intérêts,
Et cependant l'oblige à sortir du palais.

La guerrière Pallas jette un regard sur elle :
Des éclairs menaçans sortent de sa prunelle ;
Et l'indignation, qui soulève son sein,
Soulève en même tems son égide d'airain.
Il lui souvient toujours que malgré sa défense,
Parjure à ses sermens, l'ingrate qui l'offense
Découvrit à ses sœurs, d'une profane main,
Ce fils qui fut sans mère enfanté par Vulcain.
Elle voit que cette ame et vénale et parjure
Songe encore à tromper et sa sœur et Mercure.
Elle part, et descend dans le vallon obscur,
Où se cache l'Envie au fond d'un antre impur.

XXIV. *Description de l'Envie et de son Antre.*

Sous la voûte d'un roc, aride, sans verdure,
Sombre, noir d'épouvante, humide de froidure [1],

---

[1] Les poètes anciens ont des hardiesses que notre langue n'admet qu'avec réserve. Par exemple, ils disent : *Frigus*

Se cache un antre affreux, du soleil ignoré,
Où l'haleine des vents n'a jamais pénétré.
Si-tôt que de ses piés la déesse guerrière
En eut touché le seuil, haï de la lumière ;
Elle frémit, s'arrête, et la lance à la main,
Elle frappe la porte : elle s'ouvre, et soudain
Elle apperçoit l'Envie, au fond de son repaire,
Occupée à ronger des restes de vipère,
Du venin qui la tue, alimens odieux.
La déesse la voit, et détourne les yeux.
L'Envie au fond de l'antre où rampe sa bassesse,
Hideuse, sur un bras se lève avec paresse,
Laisse à demi-rongés ses serpens venimeux,
S'avance, et vers Pallas se traîne à pas honteux.
En voyant sa beauté, l'éclat de son armure,
Elle pousse un soupir, se détourne, et murmure.
   Sur son front pâle et sombre habite le chagrin [1].
Une affreuse maigreur a desséché son sein.

---

opacum ; une fraîcheur sombre : *Caligantem nigrá formidine lucum ;* une forêt obscurcie d'une noire épouvante. C'est le privilége et le mérite de l'interprète d'imiter quelquefois ces hardiesses. Mais on ne doit se les permettre qu'avec l'économie et la circonspection d'un goût délicat. C'est le mélange du simple et du figuré qui fait le charme de la poésie de style ; une suite continuelle de métaphores hasardées rendrait la diction tendue et fatigante.

[1] La mythologie anime tout ; elle donne un corps sensible

Le fiel rouille ses dents ; son œil est faux et louche :
Le venin de son cœur distille de sa bouche.
Triste de notre joie, elle ne rit jamais
Que des maux qu'elle a vus, ou de ceux qu'elle a faits.
Sans cesse nuit et jour un soin rongeur l'éveille.
La voix de la louange afflige son oreille.
Son supplice est de voir la gloire des talens :
Elle sèche, et périt de leurs succès brillans,
Veut leur nuire et se nuit. La guerrière immortelle
Surmonte, en lui parlant, l'horreur qu'elle a pour elle.
Pars, venge-moi d'Aglaure, infecte ses esprits ;
Vole aux murs de Cécrops ; je commande, obéis.
Elle dit, et frappant la terre de sa lance,
Loin d'elle dans les airs la déesse s'élance.

---

aux passions ; elle les personnifie. Cette description de l'Envie est d'une beauté achevée. Voltaire, dans la Henriade, a esquissé en passant quelques traits de ce vice :

> Là, gît la sombre Envie à l'œil timide et louche,
> Versant sur des lauriers les poisons de sa bouche.
> Le jour blesse ses yeux dans l'ombre étincelans.
> Triste amante des morts, elle hait les vivans.

Cette esquisse est de main de maître. La marche de sa narration ne lui a pas permis de peindre plus en détail. Mais la nature du poëme des Métamorphoses, où chaque sujet forme un poëme à part, exigeait qu'Ovide ne fît pas une simple esquisse, mais un tableau entier, riche de tous les développemens de l'amplification poétique.

XXV. *Aglaure tourmentée par l'Envie, et changée en Statue.*

L'ENVIE en soupirant l'admire, et suit des yeux
L'essor que dans sa fuite elle a pris vers les cieux.
Servir, même en nuisant, l'attriste et la chagrine.
Le soutien de ses pas est un bâton d'épine.
Couverte d'un nuage, elle part, et par-tout
Où se porte l'Envie, elle envenime tout.
Elle fane les fleurs, dessèche la verdure,
Infecte les épis d'une nielle impure ;
Et son souffle malin souille de ses poisons
Les plaines, les chemins, les villes, les maisons.
Elle vient dans Athène, où les talens fleurissent,
Que les fêtes, les arts, les plaisirs embellissent ;
Et pleure de n'y voir aucun sujet de pleurs.

Mais Aglaure du moins va sentir ses fureurs ;
Sa main teinte de rouille et la souille et la touche ;
Elle souffle en son cœur le venin de sa bouche,
Glisse dans tous ses sens le fiel de ses poisons,
Et déchire son sein de piquans aiguillons.
Alors elle présente à son ame jalouse
L'image de sa sœur qu'un immortel épouse,
Les charmes de ce dieu, sa gloire et son amour.
La fille de Cécrops soupire nuit et jour ;

Elle voudrait cacher le mal qui la dévore ;
Mais ce mal qu'elle cache est plus cuisant encore ;
Et le bonheur d'Hersé la consume au-dedans,
Comme se fond la glace au soleil du printemps,
Ou comme d'un feu lent l'herbe humide allumée
S'embrase sourdement, sans flamme consumée.

Pour ne pas voir l'hymen qui cause ses chagrins,
Elle veut quelquefois abréger ses destins :
Quelquefois comme un crime elle veut à son père,
Des amours de Mercure apprendre le mystère.
Enfin, pour que le dieu n'y trouve aucun accès,
Elle demeure assise aux portes du palais.
C'est en vain qu'il emploie et prière et promesse :
Si tu ne sors d'ici, dit-elle avec rudesse,
Je ne sortirai point du seuil où tu me vois.

Tu dis, reprend le dieu, plus vrai que tu ne crois :
La porte que soudain frappe son caducée,
S'ouvre ; il entre. O prodige ! Aglaure courroucée,
Tente, pour se lever, d'inutiles efforts,
Et sent de ses genoux se roidir les ressorts.
D'un froid morne et pesant ses membres s'engourdissent.
Son sang glacé tarit ; ses veines se durcissent.
Tel qu'un mal incurable en ses progrès soudains
Des membres viciés s'étend aux membres sains :
Ainsi ce froid mortel qui monte et se propage,
A l'air qu'elle respire a fermé le passage.

Aglaure avait parlé pour la dernière fois ;
Et pour se plaindre encore, elle n'a plus de voix.
Elle est une statue, une image sans vie ;
Mais son visage encore est livide d'envie.

XXVI. *Enlèvement d'Europe.*

FIER de s'être vengé, le petit-fils d'Atlas
Abandonne les murs que protège Pallas ;
Et s'élevant dans l'air qui frémit sous ses ailes,
Prend l'essor, et remonte aux voûtes éternelles.
Jupiter en secret l'appelle à son retour ;
Et lui cachant l'aveu de son nouvel amour,
Fidèle messager des décrets de ton père,
Pars, mon fils, lui dit-il, et d'une aile légère
Vole vers ce pays que de loin nous voyons
De l'astre de Maïa regarder les rayons,
Et que ses habitans ont nommé Sidonie.
Là, tu vois les taureaux du roi de Phénicie
Errer parmi ces monts de verdure couverts :
Hâte-toi ; conduis-les au rivage des mers.

Il parle, et les taureaux descendus des montagnes
Sont chassés vers la rive, où, parmi ses compagnes,
La fille d'Agénor, au matin de ses ans,
Occupait ses loisirs à des jeux innocens.
Amour et majesté vont rarement ensemble.
Ce dieu, père des dieux, devant qui le ciel tremble,

Dont la main flambloyante étincelle d'éclairs,
Oubliant ce haut rang de roi de l'univers,
D'un taureau qui mugit emprunte la figure.
Parmi ceux d'Agénor, il foule la verdure¹,
Et semble avec orgueil promener sa beauté.
L'albâtre éblouissant de son poil argenté,
Efface la blancheur de la neige épurée,
Que le pié des passans n'a pas même effleurée.
Son fanon à longs plis flotte sur ses genoux;
Le plus beau des taureaux, il en est le plus doux :
Ses cornes sur son front se courbent avec grace;
Son regard est paisible, et n'a rien qui menace.
Europe avance, hésite, approche de plus près :
Elle admire son front où respire la paix,
Et de son poil si doux la neige éblouissante.
Elle cueille des fleurs que sa main lui présente.
De ces soins en secret le dieu s'enorgueillit;
Il baise avec les fleurs la main qui les cueillit;
Il triomphe, il jouit du bonheur qu'il espère,
Et que si près d'Europe avec peine il diffère.

---

¹ Ovide peint la nature dans ses moindres détails, et toujours avec des couleurs gracieuses. Le talent du poète est de peindre à l'esprit et à l'oreille, comme celui du peintre est de parler aux yeux. Le pinceau d'Oudri, célèbre par ses tableaux d'animaux, n'aurait pu qu'égaler la peinture du taureau dans les vers d'Ovide.

Tantôt sur l'herbe tendre il bondit mollement:
Sur l'arène tantôt couché nonchalamment,
Il présente son dos à la main délicate,
Qui moins timide alors le caresse et le flatte.
Il se laisse enchaîner de guirlandes de fleurs.
La fille d'Agénor a perdu ses frayeurs;
Elle ose, elle ose enfin, dans son erreur extrême,
Au dos du ravisseur se livrer elle-même.
Orgueilleux de sa charge, il se lève, et d'abord
A pas lents et trompeurs il s'approche du bord:
Tout-à-coup à la nage il fend la mer profonde.
La fille d'Agénor tremble, et du sein de l'onde
Regarde le rivage, et le regarde en vain.
Assise sur le dos de ce taureau divin [1],
Elle attache une main à sa corne puissante;
L'autre dispute aux vents sa robe voltigeante.

---

[1] Et dextrâ cornu tenet; altera dorso
Imposita est : tenues sinuantur flamine vestes.

Il était essentiel de renfermer l'ensemble de ce tableau dans une seule phrase, qui lui servît, pour ainsi dire, de cadre. Voilà pourquoi je ne m'en suis pas tenu à ma première manière. La voici :

Faible! sur une corne elle a posé sa main!
Et comme on voit s'enfler la voile d'un navire,
Sa robe à plis légers flotte au gré du zéphyre.

Diane dans le bain avec ses Nymphes.

LIVRE III.

PREMIÈRE FABLE.

Cadmus consulte l'Oracle d'Apollon.

Tandis que Jupiter, aux rivages de Crète [1],
Rassure, amant soumis, une amante inquiète ;
Agénor à-la-fois père injuste et pieux,
Veut que son fils Cadmus cherche Europe en tous lieux.
C'est peu de la chercher ; il faut qu'il la ramène.
S'il ne la trouve pas, l'exil sera sa peine.
De climats en climats, las de chercher en vain,
(Car qui pourrait d'un dieu découvrir le larcin?)
Evitant sa patrie et le courroux d'un père,
Fugitif, il s'impose un exil volontaire.
Sur son nouveau séjour il consulte Apollon.
Sors, lui répond l'Oracle ; un fertile vallon

---

[1] Le poète passe d'un livre à un autre par une transition si naturelle, qu'il semble que la fable de Cadmus et du Serpent de Mars soit amenée par la fable d'Europe, comme si elle en était la suite nécessaire.

T'offrira d'un taureau la compagne sauvage,
Du joug de la charrue ignorant l'esclavage.
Suis ses pas ; le Destin t'ordonne d'habiter
Les lieux où tu verras sa marche s'arrêter.
Là, bâtis une ville, et nomme Béotie
La fertile contrée où tu l'auras bâtie.

Cadmus, de ses destins par l'Oracle averti,
De l'antre d'Apollon à peine était sorti [1],
Dans un pré solitaire il voit une génisse,
Libre du joug, errante au gré de son caprice.
Elle marche à pas lents : le Tyrien la suit.
Il adore en son cœur le dieu qui le conduit.
Aux rives du Céphise, aux champs de la Phocide,
Cadmus avait suivi les traces de son guide.
La génisse s'arrête, examine les lieux,
Semble avertir Cadmus, et lui parler des yeux ;
Puis, tournant vers le ciel son front large et superbe,
Le regarde, mugit, et se couche sur l'herbe.
Le héros se prosterne ; il rend grace à Phœbus ;
Il salue et ces champs et ces monts inconnus,

---

[1] Vix benè Castalio Cadmus descenderat antro.

L'antre de Castalie pour l'antre d'Apollon. C'est une métonymie, figure par laquelle on met le nom d'un lieu pour le nom du dieu qui y préside. Castalie était une fontaine de la Phocide, qui coulait au pié d'une montagne du même nom. Elle était consacrée au dieu du Parnasse.

Et baise avec respect une terre propice [1].
D'abord à Jupiter il voue un sacrifice :
Ses soldats, par son ordre, au fond des bois obscurs
Pour les libations vont puiser des flots purs.

 Une forêt s'élève, antique, révérée [2] :
Le fer a respecté sa verdure sacrée.
Là, de ronces, de joncs, de mousse environné,
S'enfonce un antre creux, en voûte façonné.
A la source qui sort de cette grotte humide,
Veille un dragon de Mars, satellite homicide.
Ses crins sont teints de sang, son cou d'or émaillé,
Ses yeux rouges, ardens, et son dos écaillé.
D'un triple rang de dents sa large gueule armée,
Siffle, lance en trois dards sa langue envenimée.

 Les soldats de Cadmus, conduits par le malheur,
A peine ont de ce bois percé la sombre horreur,
A peine l'urne creuse a retenti dans l'onde;
Le dragon élancé de sa grotte profonde,

---

[1] C'était un usage religieux chez les anciens, à leur arrivée dans un nouveau pays ou à leur retour dans leur patrie, de se prosterner à terre, de l'embrasser, et d'adorer les dieux de la contrée.

[2] Dans la version en prose attribuée à Malfilâtre, *Sylva vetus stabat*, qui fait image, est rendu par : « il y avait dans le voisinage une forêt » ; comme s'il s'agissait d'un conte de fées, et non pas d'une narration poétique.

S'alonge, et de ses yeux dardant de longs éclairs,
D'un sifflement terrible épouvante les airs.
A son horrible aspect les Tyriens pâlissent :
Ils laissent échapper les urnes qu'ils remplissent.
Le serpent se replie en cercles redoublés ;
Soudain par un élan ses anneaux déroulés
Forment un arc immense, et s'alongent sur l'herbe,
Tout-à-coup dans les airs il dresse un col superbe,
Sur la forêt au loin domine, et semble égal
Au dragon étoilé du pôle boréal [1].
La cohorte de Tyr, que l'horreur a saisie,
Veut ou prendre la fuite, ou défendre sa vie ;
Mais en vain : le reptile en sifflant élancé
S'enivre de leur sang que la crainte a glacé :
L'un meurt dans ses replis, l'autre de sa morsure,
Et l'autre du venin de son haleine impure.

---

[1] Voyez comme le poète augmente son objet par degrés, comme toutes les images qu'il accumule vont toujours en croissant ! Après avoir peint le dragon monstrueux élancé hors de l'antre, se roulant en orbes immenses, se courbant en arc, élevant sa tête au-dessus de la forêt, il finit par le comparer au serpent céleste, qui est si grand, que, selon l'expression de Virgile, il ressemble à un fleuve. *In morem fluminis.* Au surplus, le serpent céleste est une constellation composée de douze étoiles. Il tourne autour de la petite ourse, ou de Cynosure, touche de sa queue la grande ourse, ou Hélice, mais ne l'enveloppe pas, comme l'ont dit les anciens.

II. *Cadmus tue le Dragon de Mars.*

L'ombre est plus resserrée, et sur le char du jour
Le soleil a fourni la moitié de son tour.
Le héros pour les siens craignant quelque disgrace,
Se plaint de leur retard, et marche sur leur trace.
D'un lion qui tomba sous ses vaillantes mains,
Ses flancs ont revêtu la dépouille aux longs crins [1] :
Son bras armé d'un dard porte encore une lance ;
Mais plus que tous les traits ce bras est sa défense [2].
Il suit dans la forêt les traces de leurs pas ;
Il arrive, il les voit victimes du trépas ;
Il voit le monstre affreux, redoublant ses morsures,
Sucer avidement leurs sanglantes blessures.
« Compagnons, c'est pour moi que vous périssez tous ;
Mais je veux vous venger, ou périr avec vous ».
Il dit, et soulevant une roche pesante,
De ses bras réunis l'impulsion puissante

---

[1] On ne doit pas s'étonner que les poètes représentent presque tous les héros revêtus de la peau d'un lion. C'est l'emblême hiéroglyphique du courage.

[2] Cette pensée est très-belle. Coriolan disait que, sans les armes du cœur, toutes les autres armes sont inutiles. *Coriolanus quippe externa neglexit arma, nisi adessent interna.* Plutarque.

La lance en tourbillon qui rassemble à-la-fois
La force du héros et la force du poids [1].
Ce choc eût fait crouler la plus forte muraille :
Le serpent, sur son dos ceint d'une triple écaille,
Reçoit l'énorme poids, et n'en est pas blessé.
D'un airain écailleux tout son corps cuirassé
Du roc qui rebondit repousse la blessure.
Mais malgré l'épaisseur de sa vivante armure,
Bientôt d'un trait plus sûr il se sentit percé.
Par la main du héros le javelot lancé
Vole au monstre, lui porte une atteinte invincible,
Et le fer pénétrant son épine flexible,
Perce l'os qui résiste, et descend dans son flanc.
L'ennemi tortueux qui voit couler son sang,
De douleur, en sifflant, sur son dos se replie,
S'élance sur le dard, le mord avec furie,
Le brise entre ses dents, aigrit encor ses maux :
Mais le fer meurtrier s'enracine en ses os.

---

[1] Les vers d'Ovide ont ici une énergie tellement inhérente à l'idiôme et à la prosodie de la langue latine, qu'elle est désespérante pour un interprète.

Dixit, dextrâque molarem
Sustulit, et magnum magno molimine misit.

J'ai fait tous mes efforts pour en approcher, et pour rendre la répétition *magnum magno*, par une répétition équivalente.

Sa blessure l'irrite : une rage écumeuse
Gonfle et remplit de fiel sa gueule venimeuse.
Son écaille d'acier qui se dresse et frémit,
Rase en se hérissant la terre qui gémit.
De son vaste gosier la profonde caverne
Exhale en noirs poisons les vapeurs de l'Averne.
Tantôt il se recourbe en longs cercles divers ;
Tantôt tel qu'un long mât, redressé dans les airs,
Sur les arbres qu'il brise il se roule, il s'élance :
Un torrent dans sa chute a moins de violence.

Le héros qui l'esquive, et ne l'évite pas [1],
Pour mesurer ses coups, recule quelques pas,
Sous sa peau de lion se cache, et lui présente
De son fer alongé la pointe menaçante.
Le dragon furieux se jette sur l'acier ;
Il le mord, il le ronge ; et ses dents, son gosier

---

[1] Quelle verve ! quel feu ! quelle vivacité dans cette narration ! N'est-ce pas d'après un pareil modèle que Despréaux a dit dans son Art poétique :

<blockquote>Soyez vif et pressé dans vos narrations.</blockquote>

En lisant ce récit, il semble que l'on assiste à un combat en champ clos entre le dragon et le héros. Du moment que le poète les a mis en présence, toutes les circonstances de l'attaque et de la défense se succèdent, varient, et vont toujours en croissant. Mais comment le poète dénouera-t-il cette action ? Comment Cadmus sortira-t-il vainqueur de cette lutte ? Sa lance s'enfonce dans le gosier du monstre,

Sur le fer qui le blesse émoussent leur morsure :
Des gouttes de son sang ont rougi la verdure.
Mais l'atteinte est légère ; et son col souple et fier
Trompe, en se repliant, le redoutable fer.
Le héros sur le monstre avec fureur s'élance.
Au moment qu'il recule, il le suit, il s'avance,
Le presse, et le serrant contre un chêne noueux,
S'alonge, et de sa lance il les perce tous deux.
Le dragon tortueux se roule autour du chêne ;
De ses nœuds écaillés il l'ébranle, il l'enchaîne ;
Sur le tronc, sur le dard, il veut venger sa mort ;
Et l'arbre, en se courbant, gémit sous son effort.

III. *Soldats nés des Dents du Serpent de Mars.*

Tandis que le vainqueur, de surprise immobile,
Admire avec effroi le monstrueux reptile ;

---

et le cloue au tronc d'un chêne. Cette peinture gigantesque ne sort pas des bornes de la nature ; elle ne fait que les agrandir. Rien n'est hyperbolique : tout est vraisemblable. Si vous voulez mieux sentir le bel ensemble de la composition d'Ovide, comparez à cette fable le combat de Régulus contre le fameux serpent du Bagrada, dans le sixième livre de Silius-Italicus. Vous verrez que la description de Silius ne forme pas un seul tableau, que les images en sont quelquefois outrées, enfin que ce serpent du Bagrada est bien long, puisqu'il s'étend au-delà de deux cents vers.

Une invisible voix, du sein des airs émus,
Fait entendre ces mots : Fils d'Agénor, Cadmus,
Toi qu'étonne l'aspect de ce serpent énorme,
Tremble : toi-même un jour tu dois prendre sa forme.
Ces mots dans tous ses sens ont jeté la terreur :
Il pâlit ; ses cheveux se hérissent d'horreur.

Pallas qui le protége, à ses regards offerte,
Lui prescrit d'enfouir, dans la terre entr'ouverte,
Les dents de ce dragon, cher au dieu des combats,
Semence d'où doit naître un peuple de soldats.
Le héros obéit : il prend les dents horribles,
Jette dans un sillon ces semences terribles [1] ;
Et tout-à-coup (à peine il en croit ses regards)
Il voit croître d'abord des pointes de longs dards,

---

[1] On a cru que Cadmus avait apporté de Phénicie en Grèce les lettres de l'alphabet. Erasme en a conjecturé que les dents du serpent figuraient par allégorie ces caractères de l'alphabet, qui sont les armes avec lesquelles les lettrés se font la guerre. Cournand a profité de cette idée dans le poëme des Styles :

> On vit alors ce qu'on a vu depuis,
> Les écrivains l'un par l'autre détruits.
> Tel de Cadmus l'*escadron* redoutable,
> Issu des dents de cette hydre effroyable,
> Dès sa naissance au carnage animé,
> De pied en cap ne se sentit armé
> Que pour tourner ses fureurs meurtrières
> Contre lui-même, en égorgeant ses frères.

Ce dernier vers est très-heureux ; mais l'auteur a oublié qu'*escadron* ne peut se dire que d'un corps de cavalerie.

Puis des casques d'airain à l'aigrette mouvante,
Des épaules que ceint une armure pesante,
Des bras armés de traits, chargés de boucliers,
Enfin une moisson d'innombrables guerriers.

    Ainsi lorsqu'au théâtre un tapis se déroule [1],
Des figures qu'il peint aux regards de la foule,
Le visage, les bras, et le buste, et les piés,
S'élèvent par degrés tour-à-tour déployés.

    Contre tant d'ennemis, nés soudain de la terre,
Cadmus, le fer en main, se prépare à la guerre.
Cesse, lui dit l'un d'eux; c'est assez de nos coups:
La discorde, sans toi, te vengera de nous.
Il dit; déjà sa main dans le sang est trempée:
Dans le flanc du plus proche il plonge son épée.
D'un trait lancé de loin, lui-même il perd le jour;
Et celui qui le perce est atteint à son tour.
Une égale fureur à l'envi les anime;
Le meurtrier de l'un, de l'autre est la victime.
Ils ont tous leurs vengeurs comme leurs assassins.
L'instant qui les vit naître a fini leurs destins.

---

[1]   Sic ubi tolluntur festis aulæa theatris.

    Cette comparaison ingénieuse tire sur-tout son agrément de son extrême justesse : car, sur la scène antique, la toile des décorations se déroulait en s'élevant, et non pas en descendant, comme sur nos théâtres modernes.

Tous sanglans, renversés, percés des coups d'un frère,
Expirent palpitans sur le sein de leur mère.
Cinq restaient seuls encore : à la voix de Pallas,
Echion le premier a désarmé son bras :
Tous se jurent la paix ; et par eux fut bâtie
La ville de Cadmus, aux champs de Béotie.

IV. *Actéon changé en Cerf.*

Heureux par ton exil, dans tes nouveaux remparts[1],
Tu te voyais l'époux de la fille de Mars,
O Cadmus ! et l'hymen de tes fils, de tes filles,
T'offrait dans leurs enfans de nouvelles familles.
Mais nul homme, certain d'un bonheur sans retour,
Ne peut se dire heureux avant son dernier jour[2].
Tu l'éprouvas. Comblé de gloire et de richesse,
Ce fut un de ces fils, appuis de ta vieillesse,
Héritiers en espoir de tes prospérités,
Qui commença le cours de tes calamités.

---

[1] Ce prince avait épousé Hermione, fille de Mars et de Vénus ; et les dieux avaient assisté à ses noces.

[2] Crésus, roi de Lydie, célèbre par son luxe et son opulence, demanda à Solon s'il le croyait heureux. « Nul ne » peut être jugé tel avant la fin de sa vie », lui répondit ce sage de la Grèce.

On demandait à Epaminondas lequel de ses amis il esti-

En un cerf au long bois les dieux le transformèrent,
Et ses limiers chéris de son sang s'abreuvèrent.
Encor fut-il puni pour une simple erreur.
Quel crime était le sien ? le crime du malheur.

Ce chasseur, sur un mont, théâtre de sa gloire,
Avait, par son butin, signalé sa victoire.
A l'heure où le soleil, au milieu de son cours,
Des ombres dans les champs retrécit les contours,
Dans les détours du bois, Actéon hors d'haleine,
Invite au doux repos la jeunesse Thébaine.

Compagnons, aujourd'hui les hôtes des forêts
Ont teint d'assez de sang nos dards et nos filets.
Demain, lorsque le jour, ramené par l'Aurore,
Luira sur ces coteaux, ils nous verront encore.
Par un même intervalle éloigné des deux mers,
Le char du Jour embrase et les champs et les airs ;
Suspendons nos travaux. Les travaux se suspendent,
Et les filets noueux, les toiles se détendent.

---

mait le plus. Il dit qu'il fallait qu'ils fussent tous morts, avant de pouvoir répondre à cette question.

L'axiome de Solon est plus applicable encore aux gens de lettres. Les plus loués pendant leur vie, une fois morts, sont souvent à-peu-près oubliés, témoins Chapelain, Campistron et Lamotte : tandis que l'écrivain oublié ou méconnu long-temps, est lu avec admiration de la postérité la plus reculée, témoins Homère et Milton.

Un vallon couronné de pins et de cyprès [1],
Est chéri de Diane, hôtesse des forets.
L'ombre du bois récèle une grotte sacrée.
La nature, qui seule en façonna l'entrée,
Dans le tuf qu'elle-même a taillé de ses mains,
Imita librement l'art savant des humains ;
Et de la roche humide et ceinte de verdure,
Jaillit, dans un canal, une onde vive et pure.
C'est-là que fatiguée, en des flots toujours frais,
Diane aime à baigner ses modestes attraits.
Elle vient sous la grotte : une nymphe empressée
A déjà détaché sa robe retroussée.

---

[1] Le latin dessine le cyprès par une seule épithète qui fait image, *acutâ cupressu*, le cyprès pointu. En français, il faudrait avoir recours à une périphrase d'ornement, comme l'a fait un vieux poète dans une énumération de différens arbres, qui mérite d'autant mieux d'être citée, que ses poésies fades ne se lisent plus. C'est une perle trouvée dans un fumier.

> Les cyprès élevés, pyramides des bois,
> Les planes étendus, amateurs des rivages,
> Les riches orangers, ennemis des ombrages,
> Les palmiers jaunissans, les lauriers toujours verds,
> Les myrtes amoureux qui craignent les hivers,
> Les cèdres orgueilleux à la feuille odorante,
> Et les humbles lilas à la fleur éclatante.

A cette énumération rapide, à ce trait unique et distinctif qui caractérise chaque arbre, à cette poésie brillante et facile, on croit lire des vers du poëme des Saisons ou des Jardins. Ces vers sont de Ménage.

Une autre prend son dard, son arc et son carquois.
De ses piés délicats deux autres à-la-fois
Délacent la chaussure; et cependant Ismène,
De ses cheveux épars tresse la molle ébène.
Ismène aux doigts légers est habile en cet art,
Et les siens négligés voltigent au hasard [1].

 Tandis que, l'urne en main, Niphé, Psécas, Hyale,
Et la brune Rhanis, et la blonde Phyale,
Puise, épanche à flots purs le liquide cristal;
Actéon égaré, non loin de ce canal,
Arrive sur ces bords où son malheur le guide.
A peine est-il entré sous cette grotte humide,
Son aspect fait frémir les nymphes, et leur voix
Frappe d'un cri soudain les rochers et les bois.
La déesse, au milieu de ses nymphes fidelles,
Majestueuse encor, s'élève au-dessus d'elles.
Tel qu'on voit sur le soir un nuage vermeil
Se peindre d'un feu rouge aux rayons du soleil,
Ou briller au matin la pourpre de l'Aurore:
Telle on voit la rougeur dont son teint se colore.
Ses compagnes en cercle ont voilé sa beauté;
Mais elle semble encor sentir sa nudité,

---

[1] Cette circonstance naïve est d'une grace infinie. Elle embellit la narration d'un agrément d'autant plus piquant, qu'il surprend sans que l'on s'y attende.

Cache son sein pudique, et retourne la tête.
Que n'a-t elle son arc? Mais sa vengeance est prête.
Elle s'arme de l'eau qui coule sous ses yeux,
Et la jetant au front du chasseur odieux:
Fuis, et si tu le peux, lui dit-elle, profane,
Vante-toi d'avoir vu les appas de Diane [1].
Son front d'un bois rameux à l'instant s'est armé [2];
En un large poitrail son sein s'est transformé.
Sa tête dresse en pointe une oreille velue,
Et d'un poil fauve et dur sa peau s'est revêtue.
Il voit changer ses bras en jarrets éfilés,
Et plus prompts que les vents, ses piés semblent ailés.
C'est peu: d'un cerf encore il prend l'ame craintive;
Le héros est frappé d'une peur fugitive,
Et s'étonne en fuyant de sa légéreté.
Mais à peine des eaux le miroir argenté
Eut offert à ses yeux sa nouvelle figure,
Ses longs bois, ses longs piés, et sa longue encolure;

---

[1] C'est une ironie, expression amère du dépit et de la colère. Diane semble permettre à Actéon ce qu'elle lui interdit en effet, puisqu'elle le change en cerf.

[2] Croirait-on que cette métamorphose, décrite par Ovide avec une netteté si élégante dans ses moindres circonstances, est omise à dessein dans la version en prose attribuée à Malfilâtre? Si ces détails sont difficiles à exprimer en français,
    Le traducteur, très-habile en ce point,
    Les rend aisés, en ne les rendant point.

Il s'arrête, il voudrait et se plaindre et parler :
Malheureux ! il frémit de s'entendre hurler ;
Et laisse sur sa joue, hélas ! jadis humaine,
Ruisseler de longs pleurs, indices de sa peine.

V. *Actéon dévoré par ses Chiens.*

QUE fera-t-il ? doit-il fuir au fond des forêts,
Ou chercher un refuge en son propre palais ?
Tandis qu'il délibère, ô malheur ! ô disgrace !
Ses chiens dans le taillis ont découvert sa trace.
Mélampe le premier, par ses rauques abois,
A donné le signal dans l'épaisseur du bois.
Hylé, Labros, Agré, tous trois chiens d'Arcadie,
Icnobate de Sparte, Aëllo de Lydie [1],
Et l'agile Oribaze, et l'ardent Lyciscas,
Ont répété ses cris, et bondi sur ses pas.

---

[1] Cette énumération des chiens d'Actéon est absolument dans le goût antique. Une meute nombreuse ne présente à l'esprit qu'une idée vague et collective. Mais le dénombrement, la revue d'une armée de limiers présente un tableau détaillé et plein de vie. Le traducteur, qui a pris le nom de Malfilâtre, efface d'un trait de plume cette peinture vivante. Si cette énumération était fatigante et ennuyeuse, comme il veut bien le dire, La Fontaine l'eût-il imitée dans son poëme d'Adonis ? Le privilége de la poésie est de tout peindre ; et sa magie consiste à embellir, à ennoblir, par le choix et l'élégance de l'expression, les objets rebutans et ingrats à décrire.

Canace court ensuite, et soudain après elle
Pœménis, des troupeaux gardienne fidelle,
Napé qu'un loup fit naître, Alcé hardi limier,
Harpale depuis peu blessé d'un sanglier,
Théron le furieux, Tigre à la gueule énorme,
Nébrophon aux longs poils, à la tête difforme,
Et le noir Aglaode, et le blanc Hylactor,
Harpie et ses enfans, et vingt autres encor,
A travers les rochers escarpés et sans voie,
S'élancent emportés par l'ardeur de la proie.
Actéon poursuivi fuit dans ces mêmes bois
Où lui-même a jadis poursuivi tant de fois.
Il fuit les siens ! les siens ne peuvent le connaître.
Hé ! je suis Actéon ; vous voyez votre maître,
Voudroit-il s'écrier : mais il n'a plus de voix.
Il entend près de lui d'innombrables abois.
Lacon lui fait au flanc la première blessure ;
Lélape le second l'atteint de sa morsure.
Tous deux à sa poursuite élancés les derniers,
Avaient trompé ses pas par de secrets sentiers.
Tandis que leurs efforts le retiennent à peine,
La meute impitoyable arrive hors d'haleine.
Déjà tous à-la-fois, altérés de son sang,
L'un sur l'autre pressés s'attachent à son flanc.
Il pousse un son plaintif ; mais cette plainte vaine
N'est ni le cri d'un cerf, ni d'une voix humaine.

Son sang teint ces vallons pour lui jadis si doux :
Et, tel qu'un suppliant, tombé sur ses genoux,
Ses lèvres, ses regards semblent demander grace.
Mais en vain : les chasseurs, accourus sur sa trace,
Excitent les limiers, qui, toujours plus ardens,
D'une plus large plaie ensanglantent leurs dents.
Ils cherchent Actéon, comme absent ils l'appellent :
De moment en moment leurs cris se renouvellent.
A ce nom d'Actéon, redit de toutes parts,
Sur eux d'un air plaintif il tourne ses regards.
Il n'est que trop présent ; il voudrait ne pas l'être[1].
Hélas ! ses propres chiens sont bourreaux de leur maître.
Sans doute que Diane, excitant leurs efforts,
Voulait, pour se venger, qu'il souffrît mille morts.

---

[1] Croirait-on que, dans la version en prose attribuée à Malfilâtre, cette circonstance ingénieuse, et que le poète a su rendre touchante, est blâmée comme une redondance fastidieuse? « Rien de plus piquant, dit ce critique d'Ovide, » que de voir les compagnons d'Actéon se plaindre de sa pré- » tendue absence. Mais il fallait s'en tenir là, comme aurait » fait Virgile, et ne point ajouter inutilement : *Actéon* » *voudrait bien être absent en effet, et voir les morsures que font* » *ses chiens, au lieu de les sentir*». Je ne sais pas ce qu'aurait fait Virgile : mais je sais bien que substituer une nuance de plaisanterie à une nuance de sentiment, comme le fait le critique, c'est travestir en ridicule la pensée d'Ovide.

VI. *Sémélé aimée de Jupiter.*

On apprend dans les cieux l'action de Diane :
Chacun diversement l'approuve ou la condamne.
L'un dit : c'est trop punir un crime si léger ;
Elle vierge, dit l'autre ; elle a dû se venger.
Mais la seule Junon n'approuve ni ne blâme :
Une maligne joie a chatouillé son ame ;
Et les ressentimens qu'elle nourrit encor,
Triomphent du malheur des enfans d'Agénor.
Dans les fils de Cadmus sa vengeance fatale
Poursuit le sang d'Europe, autrefois sa rivale.
Une injure récente aigrit encor son fiel.
Sémélé, qu'à son tour aime le roi du ciel,
Est sa rivale encore, et va devenir mère.

Ah ! cessons une plainte aussi vaine qu'amère ;
Assez dans mes affronts je me borne à rougir :
Perdons celle qu'il aime ; osons enfin agir.
Oui, je me vengerai de son indigne flamme,
Si je suis en effet et sa sœur et sa femme.
Sa femme ! qu'ai-je dit ? je suis sa sœur au moins.
Peut-être mon affront n'a point eu de témoins ?
Peut-être de l'honneur le vain dehors me reste ?
Non, non : elle a conçu ; son crime est manifeste.
A peine je fus mère une fois.... et ce nom [1],
Elle veut l'obtenir de l'époux de Junon !

---

[1] Junon n'eut d'autre fils que le difforme Vulcain.

Ah! tombe de mon front, tombe ce diadême,
Si mon ingrat époux ne me venge lui-même!
La déesse à ces mots de son trône d'azur
S'élance, et fend les airs sur un nuage obscur.
Au palais de Cadmus en secret descendue,
Sous les traits d'une vieille elle sort de la nue,
Autour d'un front ridé sème des cheveux blancs,
Prend une voix cassée, et marche à pas tremblans.
Enfin c'est Béroë que l'on retrouve en elle ;
Et Sémélé croit voir sa nourrice fidelle.
Après qu'avec adresse, et par de longs détours,
Elle eut sur Jupiter amené le discours :
Je souhaite pour vous que celui qui vous aime [1],
Dit-elle en soupirant, soit Jupiter lui-même.
Mais enfin je crains tout : l'amour est bien trompeur;
Et plus d'un triste exemple autorise ma peur.

---

[1] Ce discours de la fausse Béroë est d'un naturel exquis. On ne peut trop faire sentir aux jeunes gens le prix de ce beau simple et naturel. Plus on a le goût pur et sain, plus on aime le simple.

Rien n'est beau que le vrai ; le vrai seul est aimable.

Il plaît toujours, même au peuple. C'est ce charme du vrai qui ramène sans cesse à la lecture des anciens; c'est-là ce qui a fait dire à une femme qui avait appris à les lire dans leur langue naturelle, et qui avait par instinct ce goût du vrai : « Voilà ce que je cherchais ».

Il se dit Jupiter, et je crois qu'il peut l'être.
Mais ce n'est pas assez : qu'il se fasse connaître ;
Qu'il descende en vos bras tel qu'aux cieux on le voit,
Enfin tel que Junon dans les siens le reçoit,
Avec tout l'appareil, tout l'éclat de sa gloire.
 Séduite par Junon, et trop prompte à la croire,
La fille de Cadmus, sans expliquer ses vœux,
Demande à Jupiter un gage de ses feux.
Choisissez, dit le dieu ; la faveur la plus grande,
Croyez-en mon amour, attend votre demande.
J'en atteste du Styx le marais odieux ;
Nul ne l'atteste en vain : c'est la terreur des dieux.

VII. *Sémélé brûlée par la foudre. Naissance de Bacchus.*

Sémélé qu'en ses vœux nul obstacle n'arrête,
Se réjouit du mal qu'elle-même s'apprête,
S'applaudit d'un serment funeste, et ne sait pas
Qu'elle va demander l'arrêt de son trépas.
Vous-même dans mes bras descendez, lui dit-elle,
Tel que vous paraissez à la reine immortelle,
Quand sous des traits divins, aux mortels inconnus,
Vous goûtez, comme époux, les plaisirs de Vénus.
Le dieu veut sur sa bouche étouffer sa parole [1] ;
Mais, hélas ! de sa bouche elle s'échappe et vole.

---

[1] Ce vers est une réponse suffisante à une remarque faite

Il gémit ; il ne peut ne pas avoir juré,
Et Sémélé ne peut n'avoir pas desiré.
Triste, il remonte au ciel, et d'une nue épaisse
Enveloppe son front obscurci de tristesse,
S'entoure des vapeurs, des vents et des éclairs,
Des orages grondans dans le vague des airs,
Ne prend que malgré lui sa foudre inévitable,
Et même, autant qu'il peut, la rend moins redoutable.
Il ne prend point ces traits, dont Typhée autrefois
Vit l'Ossa foudroyé l'écraser de son poids.
Ils ont trop de furie et trop de violence.
Des traits moins redoutés annoncent sa puissance[1].

---

par le critique d'Ovide dans sa version en prose, attribuée à Malfilâtre.

« Apollon, dit-il, représente au moins à Phaëton le dan-
» ger qu'il veut courir, et le presse de se désister de sa
» demande : mais le maître des dieux ne fait aucune représen-
» tation à sa maîtresse. Ovide dit :

Neque enim non hæc optasse, neque ille
Non jurasse potest.

» Cependant elle pouvait cesser de souhaiter une chose
» qu'elle aurait su lui être fatale ».

Horace, dans son Art poétique, a répondu d'avance à cette autre remarque du critique. « La parole une fois
» échappée, ne revient plus ».

Nescit vox missa reverti.

[1] *Tela secunda vocant superi* ne peut s'expliquer que dans une note, et encore en se servant d'une idée moderne.

La main qui les forgea d'un bitume plus doux,
Y mêla moins de feu, de force et de courroux.
Il les prend; et suivi de lueurs passagères,
Des éclairs de la foudre étincelles légères,
Tempérant son éclat trop redoutable encor,
Il descend au palais des enfans d'Agénor.
L'immortelle splendeur accable une mortelle :
Elle mourut des dons de son amant fidèle.
L'enfant demi-formé, par les soins paternels,
Retiré de la mort et des flancs maternels,
Du tems marqué pour naître attend le dernier terme,
Dans la cuisse féconde où le dieu le renferme [1].
Sœur de sa mère, Ino le reçoit en naissant;
Et veillant après elle au berceau de l'enfant,

« C'est ce que les dieux appellent son artillerie légère ». Au surplus, on peut voir au huitième livre de l'Enéïde, un détail poétique des matières employées par les Cyclopes dans la composition de la foudre.

[1] Μεϱος, en grec signifie également une cuisse ou l'antre d'une montagne. De-là vient, selon les mythologues, la fable de la double naissance de Bacchus. Il avait été nourri secrètement dans une grotte du mont Nysa; et l'on publia qu'il avait été enfermé dans la cuisse de Jupiter. Mais pourquoi ne serait-il pas sorti de la cuisse de ce dieu, puisque Minerve est née de son cerveau, tout armée. Amusons-nous de ces allégories : mais ne cherchons point à les expliquer.

Les nymphes de Nysa, sous leur grotte écartée [1],
Cachent le dieu nourri par une autre Amalthée.

VIII. *Jugement de Tirésias.*

Tandis que par la loi des destins absolus
Tant de coups ont frappé la race de Cadmus,
Et que de cet enfant, qui deux fois a dû naître,
On cache le berceau dans un antre champêtre;
On dit que Jupiter, loin des yeux de sa cour,
Egayant ses soucis de nectar et d'amour,
Et du col de Junon pressant le doux albâtre,
Permit un libre cours à son humeur folâtre [2].

---

[1] C'est de-là que Bacchus a été surnommé *Dionysius*, c'est-à-dire, dieu de Nysa.

[2] Léibnitz pensait qu'Homère avait voulu travestir ses dieux en ridicule, et les livrer, en quelque sorte, à la risée du peuple. Un philosophe qui, comme Léibnitz, avait le goût de la poésie, et qui, comme lui, savait par cœur les bons poètes, a fait entendre, en rendant compte des premiers essais de cette traduction, qu'il pensait qu'Ovide s'était amusé des dieux du paganisme. Je ne puis admettre ni l'opinion de Léibnitz, ni celle du philosophe moderne. Homère et Ovide ont prêté à leurs dieux les passions des hommes : voilà tout. Au surplus, Ovide n'est dans cette fable qu'un conteur ingénieux et facile. Il accommode son style au ton du sujet qu'il traite. J'ai tâché de varier, comme lui, le ton de la couleur poétique, selon la convenance. C'est en ne cherchant pas à s'élever, quand son original ne s'élève pas, que le traducteur prouve la souplesse de son imagination, et plaît aux vrais juges en ce genre.

Avouez-le, dit-il, la femme en ses desirs
Plus ardente que l'homme, a de plus grands plaisirs.
Junon, de le nier : sur ce joyeux chapitre,
Par eux Tirésias est nommé pour arbitre.
Lui seul il connaissait l'une et l'autre Vénus.
Un jour que deux serpens, d'un doux instinct émus,
S'unissaient par les nœuds d'une amoureuse flamme,
Il les voit, il les frappe, et soudain devient femme.
Sept ans sont écoulés : le huitième printems
A ses regards encore offre ces deux serpens.
Si tels sont vos destins, dit-il, que d'aventure
Nul ne peut vous frapper sans changer de nature,
Osons le voir encore. Il l'essaie, et soudain
Reprend son premier sexe et son premier destin.
Choisi donc pour juger cet amoureux mystère,
A l'avis de Junon son avis fut contraire.
La déesse piquée, et prompte à se venger,
S'offensant gravement sur un sujet léger,
A ne plus voir le jour a condamné son juge.
Aveugle désormais, où sera son refuge ?
Ce qu'un dieu fait, un dieu ne saurait le changer [1].
Du jour qu'il ne voit plus, pour le dédommager,

---

[1]   Neque enim licet irrita cuiquam
       Facta dei fecisse deo.

    Cette pensée, frappante par la netteté, la précision,

Le dieu veut qu'à ses yeux l'avenir se découvre,
Et le console ainsi de la nuit qui les couvre.
 O Thèbes ! ce devin renommé dans tes murs,
Chaque jour consulté, rend des oracles sûrs.
Sur le bruit de son nom, la blonde Lyriope
Veut de son fils chéri connaître l'horoscope.
C'est elle dont jadis le Céphyse amoureux,
Embarrassant les pas dans ses flots tortueux,
Sur un lit de roseaux soumit l'orgueil rebelle.
Mère bientôt après, cette nymphe si belle
Eut un plus bel enfant : à peine il vit le jour,
Narcisse sembla né pour inspirer l'amour.
Lyriope, au devin crédule par tendresse,
Demande si son fils atteindra la vieillesse.
Il l'atteindra, dit-il, s'il ne se connaît pas.
Cet oracle long-tems parut vain : mais, hélas !

---

l'élégance, se trouve défigurée dans un poète du grand siècle, par tous les vices opposés à ces vertus du style.

> Quand quelque dieu, voyant ses bontés négligées,
> Nous fait sentir son ire, nu autre n'y peut rien.
>   La Fontaine, *Filles de Minée.*

Voilà bien la preuve que l'élocution est tout. Elle est d'un si grand prix, que Cicéron la met presque au-dessus de l'invention et de la disposition. Et Labruyère a dit : « Homère, » Platon, Virgile, Horace ne sont peut-être au-dessus des » autres écrivains, que par leurs expressions et leurs images. » Le mérite d'un auteur consiste sur-tout à bien définir et » à bien peindre ».

Et ta mort, ô Narcisse ! et ton fatal délire,
Ont trop bien expliqué ce qu'il sut te prédire.

IX. *Echo changée en Voix.*

Chaque jour sa beauté croissait avec ses ans,
Et trois fois cinq étés, suivis de deux printems,
Avaient développé la fleur de sa jeunesse.
Des Nymphes à l'envi disputaient sa tendresse.
Mais si ses traits si doux avaient tant de beauté,
Son cœur farouche avait encor plus de fierté.
La nymphe qui jamais ne parle la première,
Et répète toujours la parole dernière,
Echo voit le chasseur errer au fond des bois.
La nymphe était alors plus qu'une simple voix.
Dans l'âge de l'amour, elle avait un cœur tendre :
Mais dès-lors condamnée à ne pouvoir que rendre
Les sons des derniers mots qu'elle avait entendus,
Ses paroles n'étaient que des sons répondus.
Ainsi le veut Junon : Junon souvent sans elle
Eût surpris dans les bois son époux infidèle.
Echo, par ses discours habile à la tromper,
Ménageait aux amans le tems de s'échapper.
La déesse le sut. Va, pour prix de tes ruses,
Tu parleras si peu, que jamais tu n'abuses.
L'effet suit la menace. Echo, depuis ce jour,
Ne peut plus qu'écouter, répondre, et tour-à-tour

Rendre des derniers mots la redite frivole,
Qui répète le son, et double la parole [1].

Quand elle eut vu Narcisse, Echo de ses attraits
S'étonne, et pas à pas le suit dans les forêts :
Elle approche, elle cède au penchant de son ame ;
Et plus elle s'approche, et plus elle s'enflamme.
Tel voisin de la flamme un soufre préparé
L'attire en même tems qu'il en est attiré.
Combien elle eût voulu lui parler la première,
Joindre au plus tendre aveu la plus tendre prière !
Mais contraire à ses vœux, son destin le défend.
Ce qu'il permet au moins, elle écoute, elle attend,
Toute prête, s'il parle, à reparler ensuite.
Narcisse dans les bois se perd loin de sa suite.
Il s'arrête, il s'écrie : amis, qui vient à moi ?
A peine achève-t-il, Echo répète, *moi.*
Mais où donc te trouver ? viens, je t'attends, approche.
Tandis qu'il cherche au loin, il entend dire, *proche.*
Pourquoi donc te cacher, si tu sais où je suis ?
Est-ce que tu me fuis ? On répond, *tu me fuis.*

---

[1] Ingeminat voces, auditaque verba reportat.

On voit que je me suis imposé la gêne de rendre jusqu'aux expressions originales. Bannier, dans sa version en prose, s'est mis plus à l'aise. « Echo, depuis ce temps-là, ne » répète plus que les dernières paroles qu'elle entend ».

Surpris d'être appelé lorsque lui seul appelle :
Joignons-nous, reprend-il ; *joignons-nous*, redit-elle.
A ces mots, du taillis ardente à s'élancer,
Elle avance les bras tendus pour l'embrasser.
Narcisse la repousse, et s'éloigne lui-même :
Fuis, si jamais je t'aime.... Echo redit, *je t'aime*.
 La nymphe au fond des bois, la rougeur sur le front,
S'enfonce, et va cacher sa honte et son affront.
Elle habite le creux des antres solitaires.
Là, son amour s'aigrit de ses peines amères :
Son cœur est consumé par ses chagrins secrets.
Une affreuse maigreur dessèche ses attraits ;
Tout son corps dépérit, tout son sang s'évapore.
Ce qu'elle fut n'est plus, et sa voix vit encore.
En pierre les destins transformèrent ses os :
Son ame dans les bois erre encor sans repos.
Sa voix répond encore à la voix qui l'appelle,
Mais ce n'est plus qu'un son qui vit encore en elle.
Comme elle, de Narcisse essuyant les dédains,
Mille nymphes des eaux, des bois et des jardins,
De l'aimer sans retour connurent le supplice.
Mais une enfin des dieux implora la justice :
Ciel ! fais qu'il aime un jour sans être aimé jamais !
Elle dit : Rhamnusie exauça ses souhaits [1].

---

[1] C'est Némésis, déesse de la vengeance, surnommée

X. *Narcisse amoureux de lui-même.*

Dans un vallon serpente une source argentée,
Inconnue aux troupeaux, des bergers respectée.
L'écorce des vieux troncs, la plume des oiseaux,
Jamais n'ont altéré le miroir de ses eaux;
Et sur ses bords fleuris, plantés d'arbres sans nombre,
Son cours nourrit les fleurs, et la verdure, et l'ombre.
Narcisse fatigué vint en ce beau séjour
Chercher le frais de l'ombre, et fuir les feux du jour;
Mais en voulant calmer la soif qui le dévore,
Il sent naître une soif plus dévorante encore.
Son visage dans l'onde à ses yeux répété,
Le rend lui-même épris de sa propre beauté.
Narcisse prête un corps à l'image qu'il aime,
Sans voir que cette image est l'ombre de lui-même;
Et tel qu'une statue, immobile et penché,
Sur ses propres regards son regard attaché

Rhamnusie, parce qu'elle était particulièrement révérée à Rhamnus, bourg de l'Attique. Pausanias, dans son Voyage historique de la Grèce, nous a transmis une description de sa statue. Elle avait une couronne sur la tête, des ailes au dos, une pique dans une main, et dans l'autre une fiole, où étaient enfermées de petites figures d'hommes noirs. Elle était assise sur un cerf.

Contemple, dans l'azur mouvant sous sa paupière [1],
De deux astres vivans la touchante lumière,
Ses cheveux dignes d'être enviés par Phœbus,
Et de la puberté les charmes ingénus,
L'albâtre de son cou, son teint où se marie
De la rose et du lys la nuance fleurie.
Narcisse en même tems admire, est admiré :
Narcisse en même tems desire, est desiré.
Combien de fois veut-il, sous cette onde trompeuse,
Imprimer sur sa bouche une bouche amoureuse !
Combien de fois ses bras vers son ombre élancés
Se plongent dans les flots vainement embrassés !
Il ne sait ce qu'il voit ; mais ce qu'il voit l'enflamme ;
Et l'erreur de ses yeux a passé dans son ame.
Insensé ! quel fantôme ici te fait la loi [2] ?
Tu veux ce qui n'est point, ce qui n'a rien de soi :

---

[1] Depuis que ces vers sont composés, la métaphore d'*azur* a été appliquée plus d'une fois au même objet ; mais du moins l'application a ici une propriété particulière, puisque les yeux de Narcisse sont comparés à deux astres qui brillent dans l'azur du firmament.

[2] Le poète se fait illusion à lui-même. Il oublie qu'il raconte; il voit Narcisse, il le plaint, il lui adresse une apostrophe de commisération. Ce tour, dicté par le sentiment, est un ornement de la narration, d'autant plus remarquable, que les règles n'enseignent rien en ce genre.

L'image que tu vois n'est que ton ombre vaine;
Elle fuit, si tu fuis; ton retour la ramène,
Prête à se retirer avec toi de ces lieux,
Si tu peux toutefois en retirer tes yeux.
Rien ne peut l'arracher à cette onde funeste :
Il dépérit, il meurt; et cependant il reste.
Etendu sur la mousse, il contemple ses traits,
Les yeux pleins du poison qu'il savoure à longs traits.
Il soulève sa tête, et d'une voix éteinte
Aux forêts d'alentour il adresse sa plainte.

Bois antiques, dit-il, asyles ténébreux,
Parlez, fut-il jamais amant plus malheureux?
Des soupirs des bergers secrets dépositaires,
Oui, j'en prends à témoin vos ombres solitaires :
Des siècles, sans vieillir, vous avez vu le cours;
Avez-vous jamais vu de si cruels amours?
Je vois ce qui me plaît; mais, hélas! trop à plaindre,
Je l'aime, je le vois, et je ne puis l'atteindre.
Ce qui met un obstacle à mes desirs trompés,
Ce ne sont ni des mers, ni des monts escarpés,
Ni les verroux d'airain d'une porte barbare :
Etrange destinée! un peu d'eau nous sépare.
Que dis-je? à mon amour loin de se refuser,
Sur l'onde chaque fois que j'imprime un baiser,
Chaque fois de la mienne il approche sa bouche.
Combien s'en faut-il peu qu'enfin je ne le touche!

LIVRE III. 145.

Que peu de chose nuit au bonheur des amans !
O toi, qui que tu sois, n'abuse plus mes sens !
Paraîs, sors de cette onde ingrate et mensongère.
Ma figure, mon âge ont-ils pu te déplaire?
Des nymphes ont aimé l'objet de tes dédains.
Mais tu ne me hais pas : vainement je me plains.
Tu t'avances vers moi du fond de ta demeure ;
Tu me ris, si je ris; tu pleures, si je pleure.
Quand je te tends les bras, tu me les tends aussi ;
Et si j'en juge bien, quand je te parle ici,
A voir les mouvemens de ta bouche vermeille,
Tu me réponds des mots perdus pour mon oreille.
Où vais-je m'égarer ? Ah ! trop tard je le voi,
Je suis, je suis celui que je retrouve en toi.
Je suis, pour mon supplice, amoureux de moi-même.
Quel doit être le vœu de mon délire extrême ?
Qui suis-je ? que ferai-je ? et que dois-je espérer ?
Si j'implore, est-ce moi que je dois implorer?
Que demander? je suis le bien que je demande :
Pauvre de trop avoir, ma richesse est trop grande¹.

---

¹ Quod cupio, mecum est ; inopem me copia fecit.

C'est cette sorte d'antithèse que les Grecs appellent oxymore ; figure par laquelle on semble affirmer et nier à-la-fois une même chose : de façon que ce qui semble une contradiction absurde, est en effet une pensée fine, délicate et ingénieuse. Cicéron en offre plus d'un exemple. Il s'exprime ainsi dans son Traité de l'Amitié : *Amici et*

I. K.

Dure fatalité qui me tient sous sa loi !
O ciel ! si je pouvais me détacher de moi !
Quel vœu pour un amant ! O puissance suprême !
Que ne puis-je de moi séparer ce que j'aime !
La douleur a séché la fleur de mes beaux ans :
Adieu, beaux jours ! adieu ! je meurs dans mon printem
Mon mal est sans remède, et la mort m'en délivre.
Celui que je chéris ne peut-il me survivre ?
Mais il vit en moi seul, et je le fais mourir.

 Il dit, et dans l'erreur qu'il se plaît à nourrir,
Il revient à l'objet que l'onde lui retrace :
Il pleure, l'eau se trouble, et l'image s'efface.
Où fuis-tu, dit Narcisse ? ah ! demeure un moment :
Demeure ; prends pitié d'un malheureux amant.
Hélas ! de t'embrasser si je n'ai pas la joie,
Du moins, cruel, du moins permets que je te voie.

XI. *Narcisse en Fleur.*

 A ces mots, de sa robe il déchire les plis,
Et de son sein qu'il frappe il empourpre les lys.
Telle aux feux du soleil, à demi-colorée,
Rougit, en mûrissant, la grappe diaprée :

---

absentes adsunt, et egentes abundant, et imbecilles valent, et mortui vivunt. « Les amis sont présens dans l'absence, » riches dans l'indigence, en santé dans la maladie, vivans » après le trépas ».

Tel encor de l'api le tissu délicat
A l'émail le plus blanc mélange l'incarnat.
Aussi-tôt que dans l'onde il eut vu son ouvrage,
Il n'en put soutenir la douloureuse image.
Comme se fond la cire à l'aspect d'un brasier,
Ou comme aux premiers feux d'un soleil printanier,
S'exhale des frimats la vapeur matinale,
Ce fol amant qui meurt d'une fièvre fatale,
Brûlé d'un feu secret, se consume et s'éteint.
Il a vu se faner les roses de son teint:
Il perd sa force, il perd sa beauté trop aimée,
Sa beauté dont Echo fut jadis si charmée.

Témoin de sa douleur, la nymphe en eut pitié [1];
Et malgré son refus, qui n'est pas oublié,
Répétant chaque fois sa plainte entrecoupée,
Chaque fois qu'il se frappe, elle en gémit frappée.
Vers son image encore il tourne un œil mourant.
En vain je t'ai chéri, dit-il en soupirant;
En vain je t'ai chéri, répète son amante.
L'herbe molle a reçu sa tête languissante.

---

[1] Après avoir raconté la triste destinée d'Echo et sa métamorphose, il semblait que le poète l'avait oubliée, et qu'il ne devait plus s'occuper d'elle. Mais remarquez comme il la ramène sur la scène, pour être témoin de l'agonie de Narcisse, et combien cette circonstance est à-la-fois ingénieuse et touchante.

Adieu, dit-il. Echo lui rendit ses adieux.
Il succombe, et la mort a fermé ses beaux yeux.
Sa passion le suit sur le sombre rivage,
Et dans le Styx encore il cherche son image [1].
Sur ses restes chéris, les Naïades ses sœurs
Déposent leurs cheveux arrosés de leurs pleurs.
Comme elles dans les bois les Dryades gémirent,
Et par la voix d'Echo les antres le plaignirent.
On prépare un bûcher, des urnes, des flambeaux;
On ne voit plus Narcisse: on cherche, et près des eaux
On trouve une fleur d'or, à la tige inclinée,
Et de feuilles d'albâtre en cercle couronnée.

XII. *Penthée s'oppose au Culte de Bacchus.*

LE destin de Narcisse, hélas ! si bien prédit,
Du devin dans la Grèce illustra le crédit.
Seul, au mépris des dieux, l'audacieux Penthée
Se rit de sa science en tous lieux si vantée.
Il le raille, il insulte aux maux qui pour toujours
En ténébreuses nuits ont changé ses vieux jours.

---

[1] Les ames des morts, selon la théologie païenne, conservaient leurs premières passions et leurs premiers goûts au-delà du tombeau.

Curæ non ipsâ in morte relinquunt.

Voyez sous quelle image charmante cette idée s'est métamorphosée sous le pinceau d'Ovide.

Le vieil Augure, ému d'un chagrin prophétique,
S'écrie : Ah ! que je plains ton erreur frénétique.
Plût au ciel que, privé des yeux que je n'ai plus,
Tu ne visses jamais les fêtes de Bacchus !
Un jour, un jour viendra, qui n'est pas loin peut-être,
Où Bacchus, nouveau dieu, dans ces murs doit paraître.
Il attend les honneurs qu'on rend aux immortels :
Si ton encens ne fume à ses nouveaux autels,
Malheur à toi ! ta mère et les sœurs de ta mère,
De Bacchus dans ton sang vengeront le mystère.
Leurs mains disperseront tes membres déchirés.
Tu te ris des malheurs qui te sont préparés :
Tu sauras par ta mort, que je t'ai su prédire,
Qu'au livre des destins un aveugle peut lire.
Des discours du vieillard le Thébain indigné
Le croit assez puni, quand il l'a dédaigné.
De ses prédictions les effets s'accomplissent.
De hurlemens sacrés tous les monts retentissent.
Bacchus, Bacchus arrive ; et le peuple et les grands,
Les vierges, les époux, les mères, les enfans,
Tous accourent en foule à la fête nouvelle.

 Thébains, peuple de Mars, quel est donc ce faux zèle ?
Dit Penthée ; et d'où vient ce vertige soudain ?
Le vain bruit de l'airain frappé contre l'airain [1],

---

[1] C'est une règle presque sans exception, que l'hémistiche

La flûte lydienne, et le pampre mystique,
Ont-ils troublé vos sens d'une terreur magique?
Quoi? vous que la trompette et les clairons guerriers,
Les glaives teints de sang, le choc des boucliers,
Ne purent émouvoir! vous cédez à des femmes!
O honte! un vil ramas de débauchés infames,
Echauffé par le vin qui trouble leurs esprits,
Pourra donc, sans combats, vous vaincre par des cris?
Vieux exilés de Tyr, dont l'errante fortune
Fut si long-tems en butte aux fureurs de Neptune,

---

ne doit pas rimer avec la fin du vers; mais la transgression des règles devient quelquefois une heureuse licence. Dans ces deux vers de l'Art poétique :

> Gardez qu'une *voyelle*, à courir trop hâtée,
> Ne soit d'une *voyelle* en son chemin heurtée.

la répétition du même son et du même mot exprime très-agréablement la rencontre désagréable que Despréaux condamne. Ce grand maître n'ignorait pas que la consonnance de l'hémistiche avec l'hémistiche est défectueuse. Mais cette consonnance, dans cette rencontre, n'est pas contre la règle, elle est au-dessus. On a remarqué plus d'une fois l'harmonie imitative des deux *h* aspirées, qui rendent si bien l'effet de l'hiatus; mais on n'avait pas fait la remarque qu'on vient de lire. Plus on lit les grands poètes avec attention, plus on y découvre de beautés. Dans ce vers du poëme des Saisons :

> Et c'est-là que le cœur peut rencontrer un cœur.

c'est à dessein que la césure rime avec la fin du dernier hémistiche.

Etablis dans ces murs, après tant de dangers,
Voulez-vous les livrer à de vils étrangers?
Et vous, ainsi que moi, dans le printems de l'âge,
Vous dont un sang plus jeune échauffe le courage,
L'airain sied à vos fronts, non le lierre; et vos mains
Doivent s'armer de fer, et non de pampres vains.
O jeunesse trop lâche! imitez mieux l'audace
Du dragon belliqueux, auteur de votre race.
Seul, il a défendu la fontaine de Mars :
Et vous, n'oserez-vous défendre vos remparts?
Seul, attaqué de tous, il a vaincu des braves;
Et vous avez à vaincre un vil troupeau d'esclaves!
Ah! si telle est la loi de l'aveugle destin,
Que Thèbes en son berceau penche vers son déclin;
Qu'elle croule au-dehors par le bélier frappée!
Qu'au-dedans étincelle et la flamme et l'épée!
Sous ses débris fumans, mourons s'il faut mourir;
De nos malheurs au moins n'ayons point à rougir,
Et forçons nos vainqueurs à nous donner des larmes.
Mais nous voir subjugués par un enfant sans armes,
Par un efféminé qui ne connut jamais
L'usage des coursiers, du casque, ni des traits,
Le pourrions-nous souffrir, nous formés pour la guerre?
Parfumer ses cheveux, les couronner de lierre,
D'une molle parure étaler les atours;
Voilà tous ses exploits! Amis, moi seul je cours

Le forcer d'avouer qu'un mortel est son père,
Et de son culte faux démentir le mystère.
Acrise aura donc pu, ferme autant qu'éclairé,
Confondre hautement cet imposteur sacré,
L'aura chassé d'Argos! et Thèbe épouvantée,
Devant cet étranger, verrait trembler Penthée!
Allez, dit-il aux siens, saisissez ce pervers;
Qu'on me l'amène ici les bras chargés de fers.
 Athamas et Cadmus, et sa famille entière[1],
Condamnent vainement son imprudence altière.
Son courroux, qui s'accroît plus on veut l'arrêter,
Du frein de leurs avis ne fait que s'irriter.
Tel j'ai vu, dans des champs ouverts à son passage,
Un torrent se répandre avec moins de ravage :
Mais qu'un rempart de pieux, que des rocs entassés,
Opposent une digue à ses flots courroucés;
Il bouillonne, il mugit : sa violence extrême,
Plus furieuse encor, croît de l'obstacle même.

XIII. *Bacchus sous le nom d'Acétès.*

Cependant revenaient sanglans, demi-vaincus,
Les soldats que Penthée envoya vers Bacchus.

---

[1] Athamas, fils d'Eole, avait épousé Ino, fille de Cadmus et sœur d'Agavé, mère de Penthée.

Il s'avance, il s'écrie : A-t-on saisi le traître?
Nul de nous, dit l'un d'eux, n'a pu le reconnaître :
Mais voici dans les fers un de ces inspirés,
De ce fourbe pieux satellites sacrés ;
La vérité du moins peut sortir de sa bouche.
Penthée à ce captif lance un regard farouche :
Vil imposteur, dit-il, qui ne peux m'échapper,
Toi que je dois punir de vouloir me tromper ;
Avant que ton supplice instruise tes semblables,
Je t'écoute, fais-moi le récit de tes fables.
Dis-nous quel est ton nom, ton pays, et pourquoi
De ce culte insensé tu peux suivre la loi ?

 Le captif lui répond sans trembler pour sa vie.
Mon nom est Acétès ; mon pays, la Lydie ;
Pauvre, et devant sa vie à ses seuls hameçons,
Mon père qui n'avait ni vergers, ni moissons,
Me laissa son métier pour unique héritage.
Las de vivre attaché sur le même rivage,
J'appris à gouverner le mobile timon,
A lire dans les cieux, à marquer par leur nom
Hélice, Cynosure, et le chœur des Pléyades,
La Chèvre pluvieuse, et l'urne des Hyades.
J'appris à me tracer un chemin sur les flots,
Et je connus les ports, amis des matelots.

 Un soir je côtoyais ces îles renommées
Que Délos voit en cercle autour d'elle semées.

Aux sables de Chio l'orage me conduit.
L'aube succède à peine aux ombres de la nuit,
Je m'éveille, et tandis qu'élancés sur la rive
Les nochers vont au loin puiser une onde vive,
Sur le sommet d'un roc j'interroge le tems ;
Et prompt à recueillir la promesse des vents,
A sillonner les flots j'exhorte l'équipage.
Ophelte le premier se présente au rivage :
Il amène un enfant, qui d'un pas incertain
Chancèle appesanti de sommeil et de vin.
Plus j'observe ses traits, sa bouche purpurine,
Et plus j'y reconnais une empreinte divine.
Ce n'est point un mortel, c'est un dieu que je vois,
M'écriai-je soudain : O toi, qui que tu sois,
Protège-nous, hélas ! nous t'avouons pour maître;
Pardonne à des mortels, s'ils t'ont pu méconnaître.

Tu peux l'implorer seul; pourquoi parler pour nous,
Reprend Lybis, Lybis le plus léger de tous,
Pour monter à l'antenne, ou pour en redescendre.
Alcimédon l'approuve, et Dyctis, et Mélandre,
Lui veille à la proue, et toi dont les clameurs
A se mouvoir ensemble exhortent les rameurs,
Épopée ! à ta voix en tumulte ils s'assemblent :
Tant des cœurs corrompus les penchans se ressemblent!
Nochers, leur dis-je alors, vous prétendez en vain
Profaner mon vaisseau d'un coupable butin :

Seul je m'oppose à tous; seul ici je commande.
A ces mots Lycabas, le plus fier de leur bande,
Le plus lâche à-la-fois et le plus forcené,
Lycabas pour un meurtre à l'exil condamné,
D'un poing ferme et nerveux, me frappe et me repousse.
De ce coup imprévu la soudaine secousse
Dans l'onde loin de lui m'aurait précipité
Sans le secours d'un cable où je fus arrêté.

On loue, on applaudit sa violence extrême[1] :
Mais à la fin Bacchus, c'était Bacchus lui-même,
Comme si la fureur de leurs cris menaçans
Eût des vapeurs du vin débarrassé ses sens,
Et que l'emportement de leur audace impie
Eût enfin réveillé sa raison assoupie :
Que faites-vous, dit-il ? quel tumulte est ceci ?
Et d'où vient, matelots, que je me trouve ici ?
Quel est votre dessein ? où m'allez-vous conduire ?

Vous n'avez rien à craindre; on ne veut point vous nuire,

---

[1] Cette fable religieuse de Bacchus, sous le nom d'Acétès, pouvait intéresser les Grecs et les Romains, pour qui la mythologie était une croyance reçue. Ce qui le donne à croire, c'est qu'Euripide, dans sa pièce des Bacchantes, qui n'est autre chose que l'histoire de Penthée, fait jouer à cet Acétès le même personnage qu'il joue dans la narration d'Ovide. Mais cette dispute des matelots, un peu longue et un peu familière, manque d'intérêt pour nous. Je le sens; mais je traduis.

Disent-ils : ordonnez, les flots et les zéphyrs
Vont vous pousser aux bords où tendent vos desirs.
　　Abordez à Naxos, et cette île propice
Vous offrira, nochers, un agréable hospice.
Il dit, et par la mer et ses divinités
Tous jurent de remplir ses moindres volontés.
Les vents avaient enflé la voile frémissante ;
Aux lois du gouvernail la proue obéissante
Commençait vers Naxos à diriger son cours :
Eh ! quoi ? ne vois-tu pas les écueils où tu cours[1],
Crie Ophelte : où vas-tu ? Je sentis l'artifice.
Non, non, de vos desseins mon art n'est point complice :
Qu'un autre, nautoniers, gouverne le timon.
On murmure, on se plaint : alors, Ethalion,
Crois-tu que de ton art notre salut dépende ?
Tu te trompes : soudain à ma place il commande ;

---

[1] La langue latine a le privilége d'exprimer sans bassesse les moindres choses. C'est ce qui rend la poésie d'Ovide si amusante et si variée. Il entre ici dans des détails un peu mesquins. En voici la version à-peu-près littérale : « Naxos » était à droite, et je tourne la voile à droite. Que fais-tu, » s'écrie Ophelte ? quelle folie t'égare ? prends à gauche. Je » leur deviens suspect ; et chacun s'agite. Les uns cherchent » à m'expliquer leurs desseins par des signes : les autres en » s'approchant me parlent à l'oreille ». Je n'ai pas entrepris de rendre à la lettre toutes ces petites circonstances ; et je doute qu'on puisse le faire en vers soutenus avec grace.

Et la proue, en tournant, s'éloigne de Naxos.
Bacchus qui feint toujours d'ignorer leurs complots,
Affectant quelques pleurs, d'un ton plaintif et tendre,
Ce n'est point là, dit-il, ce qu'on m'a fait entendre :
Naxos est ma patrie, et je vois vos efforts
Conjurés à l'envi pour éviter ses bords :
Eh! quoi? de vos sermens perdez-vous la mémoire?
Ou bien, est-ce pour vous une grande victoire,
Si ma faiblesse en vain contre vous se défend,
Et si tous contre un seul vous trompez un enfant?
   On se rit de ses pleurs; et le souffle d'Eole
Emporte et leurs sermens, et sa plainte frivole.

XIV. *Matelots changés en Dauphins.*

   Ecoutez maintenant : ce que je dis ici,
J'en atteste Bacchus, du mensonge ennemi,
Est aussi vrai, Thébains, qu'il est peu vraisemblable.
Le navire immobile, ainsi que sur le sable,
S'arrête, sur la mer, au milieu de son cours.
A la rame, à la voile, en vain on a recours.
Autour des avirons une chaîne de lierre
Serpente, et dans ses nœuds la voile se resserre;
Et des grappes d'azur pendent aux festons verds.
Alors Bacchus se montre à l'œil de ces pervers :
Son front à leurs regards de raisins se couronne;
Il tient un javelot que le pampre environne;

Et couchés à ses piés, des lynx, des léopards [1],
Simulacres hideux, roulent d'affreux regards.
Chacun des matelots, soit frayeur ou vertige,
Veut en vain dans la mer échapper au prodige.
Médon qui le premier s'élance dans les flots
Sous une écaille épaisse a vu noircir son dos.
Quel prodige en poisson te transforme à ma vue?
Crie Ophelte : et déjà sa bouche plus fendue,
Sous de larges naseaux s'ouvre, et s'écrie en vain.
Le hardi Lycabas veut du lierre divin
Débarrasser la rame en ses nœuds engagée :
Et sa main sacrilége en nageoire est changée.
Lybis par la frayeur et le péril pressé,
Aux longs nœuds d'un cordage à monter empressé,
N'a plus de bras; il tombe; et l'onde est sillonnée
Des replis de sa queue en croissant terminée.
Déjà ces matelots transformés en Dauphins,
Semblent s'accoutumer à leurs nouveaux destins.
On voit, en se jouant, leur troupe vagabonde
Se plonger, revenir, se replonger dans l'onde,
Et souffler en longs jets de leurs nazeaux ouverts
Les flots en arc immense élancés dans les airs.

---

[1] On croit que les tigres, les panthères, les lynx, attelés par les poètes au char de Bacchus, sont un emblême allégorique, pour exprimer les fantômes bizarres et effrayans qui troublent l'imagination des buveurs.

Je restais seul : Bacchus avec un doux sourire
Me rassure, et m'invite à guider le navire.
J'obéis, et j'arrive à ces bords desirés
Où j'embrassai du dieu les mystères sacrés.

XV. *Penthée déchiré par les Ménades.*

J'AI voulu, dit Penthée, écouter et me taire,
Et me donner le tems de juger sans colère.
De mensonges en vain tu veux t'envelopper ;
Va, je sais mieux punir que tu ne sais tromper.
Otez-le de mes yeux ; qu'au supplice on l'entraîne.
Sous des verroux d'airain on l'enferme, on l'enchaîne ;
On dresse l'échafaud, on prépare le fer,
La flamme, le bûcher, et tout l'art de l'enfer.
Tandis qu'on apprêtait l'instrument de sa perte,
D'elle-même, dit-on, sa prison fut ouverte ;
D'eux-mêmes ses liens tombèrent de ses mains.
Pour le fils d'Echion ces prodiges sont vains.
Toujours plus obstiné dans son audace extrême,
Il ne donne plus d'ordre, il marche, il va lui-même
Aux lieux où préparant leurs mystères secrets,
Les Bacchantes en chœur hurlent dans les forêts.
Tel qu'un coursier fougueux au son de la trompette.
Sent frémir tous ses sens d'une ardeur inquiète ;
Tel s'irrite Penthée aux accens, aux concerts,
Aux cris dont la Ménade épouvante les airs.

Sur le mont Cythéron s'étend un libre espace
Qu'une épaisse forêt de tous côtés embrasse.
D'un regard indiscret profanant ce saint lieu,
Il vient examiner les mystères du dieu.
Agavé la première, à l'aspect de Penthée,
Court sans le reconnaître, et d'horreur transportée
Le frappe de son thyrse, et s'écrie : Evoë.
A mon secours, Ino; venez, Autonoë;
Un sanglier farouche erre dans nos campagnes.
Exterminons le monstre, accourez, mes compagnes.
　　Les Bacchantes qu'emporte un aveugle courroux,
Toutes contre lui seul ont réuni leurs coups.
Il tremble, il se repent de son audace impie;
Il reconnaît trop tard son crime qu'il expie.
Autonoë, dit-il, par l'ombre d'Actéon[1],
Au fils de votre sœur faites grace..... A ce nom,
Elle déchire un bras de ce fils qui l'implore :
En vain il lui tend l'autre ; Ino l'arrache encore.
Aux genoux de sa mère il tombe tout sanglant;
Il supplie : Agavé le regarde en hurlant,
S'approche; et d'une main au carnage échauffée,
Elle enlève sa tête ; et tenant ce trophée,
S'écrie : Io, victoire ! et leurs derniers efforts
Déchirent en lambeaux et dispersent son corps.

---

[1] Antonoë était fille de Cadmus et sœur d'Actéon.

Un arbre, aux premiers froids, voit ses feuilles séchées
Avec moins de fureur par les vents arrachées [1].

---

[1] Quelle touche énergique ! quel ton de couleurs terrible dans la peinture tragique de la mort de Penthée ! On peut comparer la narration d'Ovide avec le récit d'Euripide dans sa tragédie des Bacchantes. Comme ce récit est excessivement long, je n'en citerai que la fin, qui en est la plus belle partie, et qui a le plus de rapport avec la narration d'Ovide. Cette comparaison fera juger qu'Ovide sait être court quand il le faut, et beaucoup plus court que des poètes qu'on n'accuse pas, comme lui, de surabondance.

« Penthée veut se dérober au sort qui l'attend. Il quitte la mître qui lui couvre le front, pour tâcher de se faire connaître à sa mère. Il a recours aux supplications : O ma mère ! reconnaissez votre sang. Mon erreur me coûterait-elle la vie, et la perdrais-je par vos mains ? L'écume coule des lèvres d'Agavé ; ses yeux sanglans roulent d'une manière horrible. Remplie du dieu Bacchus, elle n'entend, elle ne voit rien ; elle n'est plus mère. Agavé, loin de sentir ses entrailles émues, abat Penthée ; et lui prenant un bras, elle le détache et l'enlève sans presque aucun effort : Bacchus lui inspirait une force secrète. Ino, de son côté, déchire cet infortuné prince. Autonoë et toute la troupe l'entourent, et s'élancent sur lui avec des cris épouvantables. Il a gémi tant qu'il a eu un reste de vie : mais son supplice a peu duré. Mis en pièces dans un instant, à peine son corps a-t-il suffi à la rage de ces furies. Ses membres sont dispersés çà et là : Agavé porte la tête attachée à son thyrse, gage affreux qui va bientôt lui coûter des larmes ».

Traduction du P. Brumoi.

Euripide tire de sa pièce la même morale qu'Ovide exprime ainsi :

Talibus exemplis monitæ nova sacra frequentant,
Thuraque dant, sanctasque colunt Ismenides aras.

I. L

Par cet exemple instruit, le peuple de Cadmus
Offre un encens timide aux autels de Bacchus;
Et toutes à l'envi, les vierges et les mères,
De son culte nouveau célèbrent les mystères.

Mais on pourrait en tirer une leçon très-différente, et non moins importante : car si Penthée est un impie, la piété de sa mère est bien barbare et bien dénaturée; et c'est ici le cas de s'écrier avec Lucrèce :

Tantùm Relligio potuit suadere malorum!

LIVRE IV.

Cadmus et Hermione changés en Serpens.

LIVRE IV.

PREMIÈRE FABLE.

Les Filles de Minée.

Seule aux remparts Thébains, la fille de Minée,
Alcithoë toujours dans l'erreur obstinée,
S'oppose avec ses sœurs au culte de Bacchus;
Et loin de rendre au dieu les vœux qui lui sont dus,
Ose lui contester sa naissance immortelle.
Le prêtre qui préside à la fête nouvelle,
Annonce que Bacchus vengera sans pitié
Et ses droits méconnus, et son culte oublié.
Les travaux à sa voix cessent dans les familles;
Et laissant leurs fuseaux, esclaves, mères, filles,
Le pampre sur la tête, et le thyrse à la main,
D'une écharpe tigrée ont revêtu leur sein.
L'encens, ô dieu du vin! consacre ton orgie [1].
On t'appelle Iacchus, Nysée, Evan, Bromie;

---

[1] Les Grecs appelaient orgies toutes sortes de fêtes, et

Et dans les chants de joie on entend détonner
Tous les noms que la Grèce a voulu te donner.
 O Lyée ! ô Liber ! inventeur de la vigne,
Astre nouveau du ciel, gloire à ton heureux signe !
O fils de Sémélé ! dans le cours de neuf mois,
Toi seul, enfant divin, tu vins au jour deux fois.
Ton visage riant, quand ta tête sacrée
Dépouille l'ornement de sa mître dorée [1],
D'une vierge au front pur a les traits ingénus.
Le Gange t'a soumis ses peuples inconnus.

---

particulièrement les fêtes de Bacchus instituées en Thrace par Orphée. Apollonius a cru que l'étymologie de ce mot vient de ειργειν, *arcere*, parce que les hommes étaient éloignés de ces cérémonies. D'autres la tirent de οργη, fureur bachique, ou de ορος, montagne, parce qu'elles se célébraient sur les montagnes.

[1] Ovide dit à la lettre : « Lorsque tu parais sans cornes, ton visage est pareil à celui d'une vierge ».

> Tibi, cùm sine cornibus astas,
Virgineum caput est.

On représente Bacchus avec des cornes, comme un de ses attributs, ou parce qu'il avait le premier accouplé des bœufs sous le joug de la charrue ; ou comme un emblème hiéroglyphique de l'effronterie des buveurs, *tu das cornua pauperi;* ou parce que les anciens, dans leurs repas, se servaient de cornes en forme de coupes; ou parce que, dans ses voyages, ce dieu avait coutume de se couvrir de la peau d'un bouc; ou peut-être parce que, selon l'usage des Orien-

La hache de Lycurgue a puni son insulte [1] :
Tu déchiras Penthée, ennemi de ton culte.
Tu parais sur un char par des tigres traîné.
Compagnes du Satyre et du Faune effréné,
Les Bacchantes en chœur te suivent hors d'haleine.
Sur leurs pas à ta suite on voit le vieux Silène,
Qui sur son âne assis, se soutenant en vain,
Chancèle appesanti de vieillesse et de vin.
Tu parais; et réglant la musique et la danse,
L'airain frappe l'airain qui résonne en cadence;
Et les sons de la flûte et du joyeux hautbois
Se mêlent au bruit sourd des tambours et des voix.
Sois propice, ô Bacchus! aux vœux des Isménides [2];
Protége les Thébains. Les seules Minéides

---

taux, il portait un turban à deux pointes, en forme de tiare :

> A deux pendans une mître pointue
> D'or et d'argent, sur le sommet fendue.
> VOLTAIRE.

Explication plus vraisemblable, et que je n'ai lue nulle part.

[1] Penthea, tu venerande, bipenniferumque Lycurgum
Sacrilegos mactas.

Lycurgue, roi de Thrace, voulut extirper la vigne de ses états. Frappé de délire par Bacchus, il se coupa les jambes de la même hache dont il voulait couper les ceps.

[2] Les Thébaines, qui tirent ce surnom de l'Ismène, fleuve de la Béotie.

Profanent ce saint jour à l'ombre de leurs toits;
Et pressant les fuseaux qui roulent sous leurs doigts,
De leurs esclaves même elles doublent la tâche.
L'une d'elles, filant sans prendre de relâche,
Dit à ses sœurs : Tandis qu'à ses mystères vains
Bacchus voit accourir les femmes des Thébains,
Et qu'un profane encens brûle pour son idole;
Nous qui servons Pallas, déité moins frivole,
De l'ouvrage et du tems pour amuser le cours,
Mêlons à nos travaux d'agréables discours,
Et des tems reculés racontant les merveilles,
Occupons à-la-fois nos mains et nos oreilles.
Tout le cercle l'approuve, attentif à sa voix.
Elle hésite un moment dans l'embarras du choix.
Vingt fables tour-à-tour s'offrent à sa mémoire.
De Dercète d'abord dira-t-elle l'histoire [1],
Et comment cette nymphe aux marais d'Ascalon
Vit son corps écaillé s'alonger en poisson?
Comment Sémiramis, au déclin de son âge,
De l'oiseau de Vénus revêtit le plumage?

---

[1] Ovide, qui a trouvé le secret de lier avec tant d'art des fables qui n'avaient aucune liaison entr'elles, en fait raconter plusieurs aux filles de Minée; et par une prétermission adroite, en indique quelques-unes qui n'avaient pas assez d'intérêt pour être exposées plus au long.

Comment Naïs encor, par ses enchantemens,
En des poissons muets transforma ses amans?
Comme elle-même enfin prit la même figure?
Ou bien pour raconter une tendre aventure,
Dira-t-elle comment, le mûrier jadis blanc,
Changea ses fruits d'albâtre en des fruits teints de sang?
Cette fable touchante obtient la préférence [1] ;
Et parlant, et filant, Alcithoë commence.

II. *Pyrame et Thisbé.*

DANS ces murs qu'une reine, égale aux plus grands rois,
D'une enceinte de brique environna trois fois [2],
Pyrame aima Thisbé comme il fut aimé d'elle ;
Pyrame jeune, aimable, et Thisbé jeune et belle.

---

[1] Hæc placet, hanc, quoniam vulgaris fabula non est.....

Fabula de *fari*, discours, ne se prend pas toujours pour une histoire fabuleuse ; il se prend quelquefois pour une histoire véritable, comme le μυθος des Grecs. *Vera fabella*, un récit véritable. *Fabula ficta*, une fiction. Néanmoins il signifie le plus souvent une historiette, un conte. *Aniles fabulæ*, Quintilien, des contes de vieille. *Fabula*, comédie, parce que l'action représentée au théâtre est une action fictive.

[2] Les anciens se servaient, dans leurs bâtimens, de briques crues, qu'ils laissaient sécher long-tems. Il fallait qu'ils eussent une grande opinion de la bonté de ces matériaux, puisqu'ils les employaient à des murs faits pour soutenir

Enfans, le voisinage associa leurs jeux,
Et le tems chaque jour serra leurs premiers nœuds.
On leur défend l'hymen : ce qu'on n'a pu défendre,
Ils s'aiment tous les deux de l'amour le plus tendre;
Leurs gestes, leurs regards sont leurs seuls confidens,
Et leurs feux plus cachés n'en sont que plus ardens.

Leurs maisons se touchaient : un vice de structure
Avait du mur commun crevassé la clôture.
Dans ce mur autrefois bâti par leurs aïeux,
Un jour imperceptible échappe à tous les yeux.
Sans que nul ne le vît, des siècles s'écoulèrent.
L'œil de l'amour voit tout : nos amans l'observèrent,
Et surent y trouver un passage à la voix.
Là, de leurs surveillans trompant les dures lois,
Dans un doux entretien, leurs lèvres empressées[1],
L'un à l'autre en secret murmuraient leurs pensées :

---

des terres, sans craindre que l'humidité ne les détrempât. Cet usage était particulier à Babylone, où il y a une grande abondance de bitume, qui servait de mortier pour bâtir des murs de brique. Tous les lieux ne fournissent pas de quoi construire des bâtimens qui durent éternellement. *Voyez* Vitruve, liv. 1, ch. 5.

[1] Le français est ici un peu plus long que le latin; mais les latinistes assurent que telle expression latine exige une périphrase dans notre langue. *Blanditiæ*, les douces paroles qu'ils se disaient mutuellement; *tutæ*, sans crainte et à

Là, Thisbé de Pyrame écoute les desirs ;
Là, Pyrame à son tour recueille ses soupirs.

O mur jaloux ! pourquoi, disaient-ils l'un et l'autre,
Confident d'un amour aussi pur que le nôtre,
Séparer deux amans comme deux ennemis ?
Si le lit de l'hymen ne nous est pas permis,
A nos baisers du moins permets de se confondre.
Grace à toi, nous pouvons nous parler, nous répondre ;
C'est un de tes bienfaits, nous le savons : hélas !
Nous pouvons bien nous plaindre, et non pas être ingrats.

Ces amans que le soir sépare la nuit sombre,
Et qui d'un vain bonheur n'ont embrassé que l'ombre,
Chacun de leur côté se donnent pour adieux
Des baisers retenus par le mur envieux.

Les rayons du matin avaient éveillé Flore,
Et séché sur les fleurs les larmes de l'Aurore,
Revenus près du mur confident de leurs cœurs,
Ils décident enfin, pour finir leurs malheurs,
De fuir de leurs parens la contrainte odieuse.
Le soir, à la faveur de l'ombre officieuse,
Ils pourront s'évader sans être reconnus.
Le rendez-vous se donne au tombeau de Ninus.

---

l'insu de leurs parens ; *murmure*, à voix basse ; *tacito*, en secret. Ils n'auraient pas permis de passer légèrement sur des circonstances qui peignent si bien la passion, et qui ajoutent tant d'intérêt au récit.

C'est-là qu'un mûrier blanc, près d'une source pure,
Doit prêter aux amans l'abri de sa verdure.

Le soir vient : dans les mers le char trop lent du jour
Se replonge, et des mers la nuit sort à son tour [1].
Tournant sans bruit les gonds de la porte qui s'ouvre,
Thisbé sort à l'abri du voile qui la couvre,
Trompe ses surveillans, s'échappe, et loin des murs
Arrivée au tombeau par des sentiers obscurs,
Sous l'arbre convenu la première se place :
C'est l'amour qui la guide, et soutient son audace.

Voilà qu'une lionne, aux yeux étincelans,
Teinte du sang des bœufs déchirés par ses dents,

---

[1] Pacta placent : et lux tardè discedere visa
Præcipitatur aquis, et aquis nox exit ab iisdem.

On voit que je ne me suis pas borné à rendre le fond de l'idée et la ressemblance de l'image : je me suis encore asservi à rendre la forme de la phrase. Les traducteurs en vers et en prose ont coutume de s'affranchir de cette servitude. Les plus habiles distinguent les mots qui sont pour l'idée même, et ceux qui ne sont que pour le style ; ils établissent en principe que, si on ne peut jamais changer le fond de la pensée, on peut souvent en changer l'ornement, et remplacer une image ou une figure par une autre. Ce système est plus commode. Mais si vous ne reproduisez pas avec exactitude le rapport des idées accessoires avec l'idée principale, du mot avec la pensée, du son avec l'objet, ce qui est la perfection dans l'art de traduire, vous ôtez à l'original sa physionomie, et vous lui donnez la vôtre. Les équivalens ne sont permis que dans l'occasion où la forme de la phrase est indifférente ou intraduisible ; et l'occasion en est rare.

Vient se désaltérer dans la source voisine.
Aux rayons de Phœbé, la timide héroïne
La voit, fuit dans un antre, et ne s'apperçoit pas
Que son voile en arrière est tombé sur ses pas.
La lionne qui voit l'amoureuse dépouille,
La déchire, la mord, l'ensanglante, la souille,
S'abreuve dans la source, et rentre au fond des bois[1].

Sorti plus tard, Pyrame arrive, et par trois fois
Des pas de la lionne il voit la trace empreinte :
Il le voit, et trois fois il a pâli de crainte.
Mais lorsqu'il reconnaît sur la terre tombé,
Déchiré, teint de sang, le voile de Thisbé :

---

[1] Voici une de mes premières façons :

> Aussi-tôt que de sang la lionne fumante
> Eut dans l'onde à longs traits éteint sa soif ardente,
> Elle tourne les yeux sur les replis mouvans
> Du voile qui frémit, soulevé par les vents.
> Elle le voit, le mord, le souille, le déchire ;
> Et rôdant en grondant dans les bois se retire.

Bien peu de versificateurs auraient pu se déterminer à effacer des vers aussi soignés. Mais l'image du voile *soulevé par les vents*, l'hémistiche *rôdant en grondant*, si beau d'harmonie imitative, sont des accessoires qui ne sont point exigés par la circonstance ; et j'en ai fait le sacrifice. Le secret du style consiste moins dans des détails brillans que dans leur convenance et dans leur ensemble. Je regrette néanmoins de n'avoir pu conserver les deux premiers vers, qui rendaient avec une fidélité scrupuleuse :

> Ut lea sæva sitim multâ compescuit undâ.

Thisbé n'est plus, dit-il, Pyrame va la suivre;
Les deux amans ensemble auront cessé de vivre.
Cruelle nuit! ton ombre a fermé pour toujours
Les yeux d'une beauté digne des plus longs jours.
Ah! je suis son bourreau! Thisbé, je t'ai perdue!
Thisbé, je te regrette, et c'est moi qui te tue!
Je t'attire en des lieux où t'attend le trépas;
C'est moi qui t'y conduis, et ne t'y préviens pas!
O vous! hôtes sanglans de ces grottes obscures,
Tigres, lions, venez: j'implore vos morsures.
Punissez mon forfait; venez me déchirer:
Mais c'est craindre la mort que de la desirer.

Il dit, prend le tissu, gage terrible et tendre,
Il le porte sous l'arbre où Thisbé dût l'attendre,
Le couvre de baisers, l'humecte de ses pleurs:
Voile chéri, dit-il, témoin de mes douleurs,
Parure de Thisbé, que son sang a trempée,
Sois teinte encor du mien! Il saisit son épée,
L'enfonce dans son sein, la retire, et le sang
Suit le fer, et jaillit des veines de son flanc.
Telle perçant le plomb qui la retient pressée,
L'onde siffle en longs jets dans les airs élancée:
Et les fruits du mûrier de son sang colorés,
Changent leurs fruits d'albâtre en des fruits empourp.[r]

Thisbé de sa frayeur à demi-rassurée,
Mais fidelle à la foi que sa bouche a jurée,

Revient, cherche Pyrame et des yeux et du cœur.
Elle reconnaît l'arbre, et non pas sa couleur.
Elle doute, examine, et sur l'herbe sanglante
Voit un corps palpitant, recule, et d'épouvante
Frémit, comme les flots ridés par le zéphyr.
Elle voit, ciel! Pyrame à son dernier soupir.
De son sein innocent elle outrage les charmes,
Embrasse son amant, le baigne de ses larmes,
Mêle ses pleurs au sang que Pyrame a versé,
Et couvrant de baisers son visage glacé :
Pyrame! par quel sort t'ai-je perdu, dit-elle?
Cher Pyrame, réponds; c'est Thisbé qui t'appelle.
L'amant à ce doux nom soulève avec effort
Ses yeux déjà chargés des ombres de la mort,
La voit, soupire, et meurt, content de l'avoir vue [1].
Elle apperçoit son voile, et l'épée encor nue;

---

[1] La Fontaine ajoute ici une circonstance très-poétique et très-ingénieuse :
> Que devint-elle aussi? tout lui manque à-la-fois,
> Les sens et les esprits, aussi bien que la voix.
> Elle revient enfin : Clotho, pour l'amour d'elle,
> Laisse à Pyrame ouvrir sa mourante prunelle.

J'ai entendu des gens de goût blâmer cet agrément, comme un trait d'esprit qui refroidit le sentiment. Mais il me semble que la teinte d'esprit est ici fondue dans les couleurs du sentiment, et que La Fontaine, comme Ovide en beaucoup d'endroits, a su parler à-la-fois au cœur et à l'imagination, et mêler l'agrément avec l'intérêt.

Elle sait tout : Hélas ! quoi ? c'est donc ton amour,
Dit-elle, c'est ta main qui te prive du jour ?
L'amour à t'imiter instruira ta maîtresse ;
Je n'ai pas moins d'amour, si j'ai plus de faiblesse.
Je serai ta compagne, et l'on ne dira pas
Que Thisbé, sans te suivre, a causé ton trépas.
La mort qui seule, hélas ! t'a pu séparer d'elle,
La mort va la rejoindre à son amant fidèle.
O vous, parens cruels, mais, hélas ! trop punis [1],
Quand malgré vous l'amour, la mort nous ont unis,
Que la même urne encore unisse notre cendre !
Et toi qui vis le sang que l'amour fit répandre,
Le sang de mon amant !... toi qui vas voir le mien,
Gardes-en la teinture, arbre fatal ! devien
Un symbole de deuil, et transmets d'âge en âge
D'un double sacrifice un sanglant témoignage.
   Soudain elle saisit le fer encor fumant,
L'enfonce dans son cœur, et meurt sur son amant.
Sensibles à leur sort, les nymphes les plaignirent :
Les fruits en mûrissant de pourpre se teignirent.

---

[1] Tout ce discours de Thisbé est un modèle d'éloquence pathétique. Quoi de plus convenable à sa situation que ce mélange de douleur et d'amour ? Quoi de plus touchant que l'apostrophe à ses parens et à l'arbre qui a vu couler le sang de son amant, et qui va voir couler le sien ? Quelle expression déchirante de l'amour malheureux et fidèle !

Leurs parens même enfin se rendent à leurs vœux,
Et le même tombeau les enferma tous deux.

Elle avait achevé : Leuconoë commence
Et ses sœurs à son tour l'écoutent en silence.

III. *Les Filets de Vulcain.*

Eh ! qui n'a pas aimé ? Le soleil, roi des jours,
Phœbus aima lui-même. Ecoutez ses amours.
Œil du monde, il voit tout : ennemi du mystère,
De Mars et de Vénus il surprit l'adultère.
Confus de ce qu'il voit, et peut-être jaloux,
Il va le révéler à son boiteux époux,
Et lui montre le lit, théâtre de sa honte.
Vulcain est indigné : le dépit le surmonte.
Le marteau qu'il soulève échappe de sa main.
Il façonne aussi-tôt avec des fils d'airain
Une chaîne légère, amincie, et flexible,
Tissure délicate, à l'œil imperceptible [1].

---

[1] Rien de si difficile que d'exprimer en français avec élégance ces menus détails que les anciens décrivent avec un soin si curieux, et qui donnent tant de précision aux images poétiques. Rousseau, dans sa Cantate des Filets de Vulcain, se borne à dire,

Il dispose avec art d'imperceptibles nœuds.

Dans la version en prose attribuée à Malfilâtre, ces images,

Le lin sur les fuseaux arrondi sous les doigts,
La toile qu'Arachné suspend sous de vieux toits,
N'ont point le fin tissu que sa main ouvrière
Donne à l'airain ductile, ourdi par la filière.
Ce filet obéit aux moindres mouvemens.
Attaché comme un piége au lit des deux amans,
A l'instant où Vénus reçoit Mars auprès d'elle,
Il étend son réseau sur le couple infidèle.
Vulcain à ce spectacle appelle tous les dieux.
Epoux, amans, tous trois sont la fable des cieux.
On raconte qu'un dieu, dans son joyeux délire,
Voyant leur honte en butte à mille éclats de rire,
Dit à Mars, tout confus dans les bras de Cypris:
Je consens volontiers qu'on m'attrappe à ce prix.

IV. *Leucothoë ou l'Encens.*

L'injure de Vénus ne fut pas impunie.
Dans ses amours secrets Apollon l'a trahie,
Et lui-même est trahi dans ses amours secrets.
O fils d'Hypérion ! que te sert désormais [1]

---

si soigneusement peintes, se réduisent à ceci : « Bientôt il
» fit un filet délié et imperceptible, dont il enveloppa
» l'amant et la maîtresse ».

[1] Hypérion, fils de Cœlus, était regardé par quelques
uns comme le père du Soleil ; et par d'autres, comme l

Ta jeunesse immortelle et ta flamme si pure?
Toi dont les feux puissans embrasent la nature,
Tu sens un feu nouveau t'embraser à ton tour.
A l'immense univers si tu donnes le jour,
Tu veux briller aux yeux d'une jeune mortelle :
Elle est pour toi le monde, et tu ne vois plus qu'elle.
Pour elle à l'orient tu parais plus matin ;
Tu retardes le soir l'heure de ton déclin ;
Et des jours de l'hiver, refroidis par Borée,
Tes rayons amoureux prolongent la durée.
Quelquefois ton visage obscurci de chagrins,
De sa pâleur funèbre alarme les humains.
Ce n'est pas que Phœbé te couvre de son ombre ;
C'est l'amour qui te rend et si pâle et si sombre.
Un seul objet t'occupe, et lui seul est aimé.
La mère de Circé qui t'a long-tems charmé [1],

Soleil lui-même. Ovide adopte tour-à-tour les diverses croyances mythologiques.

Au surplus, on sent assez le prix de cette apostrophe et des circonstances que le poète a si heureusement saisies, et qui répandent sur sa narration tant d'agrément et de charme. Croirait-on que le traducteur, qui a pris le nom de Malfilâtre, les critique ? « Voilà encore, dit-il, un de ces » endroits où Ovide est trop indulgent à son génie. Il joue » comme un écolier; et j'ose dire qu'il cherche à montrer » de l'esprit aux dépens du bon goût ».

[1] C'est Persa ou Perseis. Apollon eut d'elle Aëtès, Persès, Circé et Pasiphaë.

Et Rhodos, et Climène ont perdu leur empire [1].
Les yeux tournés vers toi, Clytie en vain soupire;
En vain sa folle ardeur implore ta pitié :
Leucothoë l'emporte, et tout est oublié.
Fille des rois, Orchame est son illustre père :
Des Perses la plus belle, Eurynome est sa mère.
Jeune et plus belle encore, image de ses traits,
La fille a de sa mère effacé les attraits.

Sous le ciel d'occident, aux bords de l'Hespérie,
Les coursiers du soleil, dans des prés d'ambrosie,
Se reposent le soir des fatigues du jour.
Là, tandis que la nuit, qui commence son tour,
Sur des gazons fleuris, humides de rosée,
Leur laisse réparer leur vigueur épuisée;
Apollon d'Eurynome a revêtu les traits.
Impatient d'amour, il se rend au palais,
Où veillant dans la nuit, d'une lampe éclairée,
Leucothoë filait, d'esclaves entourée.
Un faux dehors la trompe : il entre, et l'immortel
Lui donne un doux baiser qu'elle croit maternel.
Qu'on s'éloigne, dit-il, il est tems : une mère
A sa fille un moment veut parler sans mystère.

[1] Rhodos, fille de Neptune et de Vénus, fut aimé d'Apollon. C'était une des Nymphes océanitides. Elle donné son nom à une île de la mer de Carpathie. Climèn mère de Phaëton.

On obéit. A peine est-il en liberté :
Je suis, dit-il, je suis le dieu de la clarté :
Je parcours des saisons la carrière féconde :
Par moi seul on voit tout : seul je vois tout au monde ;
Mais je n'y vis jamais rien de si beau que vous.
Je vous aime, et vous plaire est mon vœu le plus doux.

Elle pâlit : sa main de surprise immobile [1],
Tremble, et laisse échapper la trame qu'elle file.
Sa modeste pâleur, son embarras confus,
Aux yeux de son amant sont un charme de plus.
Apollon revêtu d'une grace nouvelle,
Se montre à ses regards sous sa forme immortelle.
Leucothoë, qu'étonne un soudain changement,
Ne sait plus se défendre, et cède à son amant.

Clytie aimait encor : l'envie aigrit son ame.
Des amours de sa fille elle avertit Orchame.
Orchame courroucé, moins juge que bourreau,
La condamne vivante à descendre au tombeau.
En vain pour excuser un amour adultère,
Si j'ai fait une faute, elle est involontaire,

---

[1] Ce vers rappelle celui de Virgile, appliqué à la mère d'Euryale.

    Excussi manibus radii ; revolutaque pensa.
    Echappé de ses mains, son fuseau se déroule.

Le poète, dans son apostrophe à Leucothoë, lui donne le nom de Nymphe, sans doute à cause de sa beauté et de sa jeunesse.

Dit-elle : en vain les bras vers le Soleil tendus,
Elle atteste le dieu, témoin de ses refus.
Un père sans pitié n'excuse point son crime,
Et la tombe homicide enferme sa victime.
 Le Soleil, malgré lui, témoin de son trépas,
Veut du sable pesant dégager ses appas.
Des traits de sa lumière il le perce, il l'entr'ouvre :
Mais, hélas! sous le poids du monceau qui la couvre,
La nymphe est déjà froide, et ne respire plus.
Non; après Phaëton, nulle perte, ô Phœbus !
Ne te fit éprouver de douleur si profonde.
Tu gémis, tu voudrais par ta chaleur féconde
Vaincre le froid mortel qui glace ce beau corps,
Mais le destin jaloux s'oppose à tes efforts.
 Pour conserver au moins les restes d'une amante
Il épanche sur elle une essence odorante.
O toi que ta beauté dut mettre au rang des dieux!
Ah ! du moins en odeurs tu monteras aux cieux !
Il dit, et de nectar la terre parfumée [1],
Change en germes féconds la victime embaumée.

---

[1] Le poète, selon le système enchanteur de la mythologie des Grecs, explique la nature par la fable. L'encens est une gomme odoriférante qu'on tire, par incision, d'un arbre qui croît dans l'Arabie, et qui ressemble au poirier par sa feuille.

Une tige nouvelle, aux rejetons naissans,
S'élève sur sa tombe, et distille l'encens.

V. *Clytie ou l'Héliotrope.*

A l'Amour qui l'excuse, et qui fut son complice,
Clytie impute en vain un envieux indice.
Apollon qui la fuit, dédaigne ses soupirs,
Et la laisse sécher de la soif des plaisirs.
Seule, exposée à l'air, de besoins épuisée,
Son jeûne se nourrit de pleurs et de rosée ;
Et les cheveux épars sur son sein dépouillé,
Son lit est le gazon de ses larmes mouillé.
Elle meurt ; mais toujours vers le dieu qu'elle adore
Elle tourne ses yeux qui le cherchent encore.
Consumé de regrets, son corps se change en fleur.
Sa feuille a conservé des traces de pâleur.
Sur une longue tige à la terre attachée,
Sa tête incessamment vers le soleil penchée,
Tourne vers ses regards son diadême d'or [1].
Elle est fleur, et pourtant elle est amante encor.

---

[1] C'est l'héliotrope ou le tournesol. La tige de cette plante éprouve, par la chaleur du soleil, un raccourcissement de fibres qui la fait pencher vers cet astre. Voilà l'origine de cette fable. *Heliotropium*, dit Pline, *se cum sole circumagit ; abeuntem sequitur : tantus amor est syderis !* « L'héliotrope tourne avec le soleil : il le regarde, et le suit » dans son cours, tant la fleur a d'amour pour l'astre ».

Ses sœurs, dont cette histoire enchante les oreilles
Ont peine toutefois à croire ces merveilles;
Ou du moins aux vrais dieux si tout semble permis,
Au nombre des vrais dieux Bacchus n'est point admis.
    Promenant sur des fils sa navette d'ivoire [1],
Arsionne à son tour conte aussi son histoire.
Dirai-je ce pasteur sur l'Ida renommé,
Daphnis par une nymphe en pierre transformé?
Scython tour-à-tour mâle et tour-à-tour femelle?
Et toi, Celme long-tems à Jupiter fidèle,
Qui le trahis depuis, et devins diamant?
Et les Curètes nés des eaux du firmament?
De Smylax et Crocus qui ne sait le prodige,
Sans les changer encore en une double tige?
Je veux laisser enfin ces antiques récits,
Et par la nouveauté réveiller les esprits.

---

[1]   Quæ radio stantis percurrens stamina telæ.
    Ce vers d'Ovide rappelle celui-ci de Virgile :
        Arguto conjux percurrit pectine telas.
        Tantôt d'un doigt léger fait rouler ses fuseaux.
                                            DELILLE.

Celme était un des Curètes qui nourrirent Jupiter dans l'île de Crète. Il osa depuis nier à ce dieu son origine céleste.

La nymphe Smylax aima le jeune Crocus, et l'aima si tendrement, que les dieux, touchés de leur union mutuelle, les changèrent en safran ou crocus, arbuste dont la fleur est petite, mais très-odorante.

On dit que Salmacis est une source impure [1],
Que l'homme dans ses flots énerve sa nature :
Mais si de ses effets on ne saurait douter,
On n'en sait pas la cause, et je vais la conter.

VI. *Salmacis.*

Aux forêts de l'Ida, verts palais des dryades,
Un enfant fut jadis nourri par les naïades :
Tendre fruit des amours d'Aphrodite et d'Hermès,
Il en avait les noms, il en avait les traits.
A peine un doux coton ombragea son visage,
Loin des vallons d'Ida, berceau de son jeune âge,
Aux prés, aux bois, aux monts qu'il ne connaissait pas,
Un instinct curieux avait guidé ses pas.
Des peuples de Carie il visita les villes,
Et voulut parcourir leurs campagnes fertiles.

---

[1] On a déjà remarqué avec quel art, et en même tems avec quelle facilité naturelle, ces diverses narrations sont amenées, avec quelle adresse ingénieuse elles se trouvent encadrées dans de petits sujets esquissés en passant d'une touche légère et rapide. On doit remarquer aussi combien elles sont variées. La fable de Pyrame et Thisbé est touchante et tragique. Celle des Filets de Vulcain est un tableau piquant et enjoué. Celle de Leucothoë et de Clytie est pleine d'intérêt : et quoi de plus voluptueux que la fable de Salmacis ?

C'est-là que le hasard découvrit à ses yeux
Un canal immobile, aussi pur que les cieux.
Là, ni les joncs aigus, ni le glayeul profane,
Ne verdissent des eaux le cristal diaphane.
Un gazon toujours frais qui borde le bassin,
D'une verte ceinture environne son sein.
La nymphe Salmacis en habite la source.
Jamais on ne la voit suivre un cerf à la course.
Un arc, un javelot eût fatigué son bras.
Diane sait son nom, et ne la connaît pas.
De sa vie indolente accusant la paresse,
Ses compagnes en vain condamnant sa mollesse,
Lui disaient : Salmacis, prends un arc, un carquois;
Mêle à tes doux loisirs les jeux sanglans des bois.
Salmacis craint des bois l'exercice trop rude,
Et de son seul repos goûte la solitude.
De son urne tantôt les humides trésors,
A flots purs épanchés, arrosent son beau corps:
Et tantôt consultant le miroir de son onde,
Elle noue avec art sa tresse vagabonde.
Quelquefois ses appas sur la mousse étendus
Se voilent à demi sous de légers tissus :
Et quelquefois de fleurs dépouillant la verdure,
Elle aime sur ses bords à cueillir sa parure.
Ce doux soin l'occupait, quand prompte à s'enflammer,
Elle vit le jeune homme; et le voir fut l'aimer.

Elle veut l'aborder : elle hésite, elle n'ose ;
Son maintien s'étudie, et son air se compose :
Le langage des yeux prépare ses discours ;
Et sa main avec art rajuste ses atours.
Elle s'avance enfin : Bel enfant, lui dit-elle,
Ah ! parle ; de quel nom faut-il que je t'appelle ?
Es-tu dieu ? si tu l'es, tu dois être l'Amour.
Serait-ce une mortelle à qui tu dois le jour ?
Ah ! combien est heureux le destin de ta mère !
Heureuse encor la sœur qui te nomme son frère !
Mais heureuse sur-tout, heureuse mille fois,
L'épouse, s'il en est, digne, hélas ! de ton choix !
Si je dois renoncer à devenir ta femme,
Au moins qu'un doux larcin récompense ma flamme !
La naïade se tut : il se trouble, il rougit :
Mais son trouble lui sied ; sa rougeur l'embellit.
Son visage ressemble à la pomme vermeille,
A la rose dont Flore embellit sa corbeille [1],

---

[1] La rose est ici substituée à l'ivoire teinte de pourpre. Cette image est plus gracieuse et mieux assortie à un tableau d'un genre si voluptueux ; c'est par choix que je l'ai préférée. Voici la version textuelle pour les partisans d'une exactitude scrupuleuse :

Son visage ressemble à la pomme empourprée,
A l'ivoire qu'à Tyr la pourpre a colorée.

Au rouge de Phœbé, quand l'airain dans la nuit
Appelle à son secours, et résonne à grand bruit [1].
 La nymphe implore au moins cette faveur légère,
Ces baisers qu'une sœur donne et reçoit d'un frère.
Que faites-vous, dit-il? c'en est trop, arrêtez,
Et je quitte ces lieux, si vous ne les quittez.
Elle a pâli de crainte. Ah! demeurez, de grace,
Demeurez, c'est à moi de vous céder la place.
Elle dit, et feignant de sortir du vallon,
A travers le taillis se glisse en un buisson,
Et là, sous des rameaux, le voit sans être vue.
 Il se croit sans témoins : sa jeunesse ingénue
A des jeux innocens amuse ses loisirs :
Libre, et dans l'âge heureux si facile en plaisirs,
Il effleure ces eaux dont le charme l'attire,
Y pose un pié, puis l'autre, et soudain le retire.
L'onde tiède et limpide invite à s'y plonger.
Il cède, et détachant son vêtement léger,

---

[1] Quand la lune s'éclipse, ou qu'elle paraît embarrassée de vapeurs sombres et rougeâtres, plusieurs peuplades grossières font un horrible vacarme avec des chaudrons, des sonnailles et des instrumens rauques et retentissans. Leurs astrologues leur persuadent que ce bruit est nécessaire pour secourir la planète, et la délivrer d'un dragon prêt à la dévorer. Cet usage a été celui des premiers Romains, longtems ignorans et superstitieux.

Dévoile d'un beau corps la nudité touchante.
La naïade le voit : sa beauté qui l'enchante
A redoublé le feu de ses desirs brûlans ;
Ses yeux sont des flambeaux d'amour étincelans ;
Semblables aux rayons de lumière embrasée
Que reflète une glace au soleil exposée.
Elle brûle, desire, et ne se contient plus.
Son cœur impatient, plein d'un trouble confus,
Du plaisir qu'elle attend palpite en espérance.
Dans l'onde au même instant le jeune homme s'élance :
Ses membres déployés sous le voile des eaux,
Imitent le poli du marbre de Paros,
Et la blancheur du lys que le cristal recèle.
Victoire ! je triomphe ; il est à moi ! dit-elle,
La naïade dans l'onde élancée à son tour,
Soudain saisit l'ingrat rebelle à son amour,
Embrasse le cruel qui résiste et qui lutte,
Dérobe avidement des baisers qu'il dispute,
L'enlace dans ses bras, s'enlace dans les siens,
De ses mains, de ses piés resserre les liens,
Et pressant sur le sien son corps souple et flexible,
L'enchaîne, malgré lui, d'une étreinte invincible ;
Tel un serpent qu'un aigle emporte dans les airs,
Entoure, en le pressant, de longs anneaux divers,
Et sa tête, et ses flancs, et ses serres cruelles,
Et de nœuds redoublés embarrasse ses ailes ;

Tel au tronc d'un érable ou d'un chêne noueux,
Serpente et s'entrelace un lierre tortueux ;
Tel encor resserrant les réseaux qu'il déploie,
Un polype sous l'onde enveloppe sa proie.
　　Trop insensible amant ! en vain tu te débats,
Dit-elle, je te tiens : tu n'échapperas pas.
Fasse le ciel vengeur que jamais rien, barbare,
Te sépare de moi, ni de toi me sépare !
La naïade a parlé : ses vœux sont entendus :
Leurs deux corps à-la-fois unis et confondus,
Ne sont homme ni femme, et sont les deux ensemble;
Et l'un et l'autre sexe en un seul se rassemble.
Tels deux jeunes rameaux serrés de nœuds étroits,
Ne forment qu'une tige, et croissent à-la-fois.
Le jeune hermaphrodite, étonné de lui-même,
Soupire ; et s'affligeant de sa mollesse extrême :
Ecoutez votre fils, ô dieux dont je suis né !
Dit-il d'un ton moins mâle et presque efféminé ;
Si quelque homme descend dans cette source infame,
Puisse-t-il en sortir à-la-fois homme et femme !
Ses vœux sont exaucés d'Aphrodite et d'Hermès ;
Cette source fameuse est impure à jamais.

VII. *Les Filles de Minée en Chauve-souris.*

On cesse de parler ; mais on travaille encore,
Et l'on insulte au dieu que Thèbe entière adore.

Tout-à-coup des tambours que l'on n'apperçoit pas,
L'airain qui sur l'airain résonne avec fracas,
Mêlent leur bruit confus aux sons de la tymbale.
La myrrhe embaume l'air des parfums qu'elle exhale.
O prodige ! la vigne a verdi sous leurs mains ;
La pourpre des tissus colore les raisins :
Autour de leurs fuseaux des pampres s'arrondissent ;
Et des festons de lierre à la trame s'ourdissent.
   C'était l'heure douteuse où la clarté s'enfuit,
L'heure où n'étant plus jour, il n'est pas encor nuit.
Le toit s'est ébranlé : des torches flamboyantes
Eclairent les lambris de lueurs effrayantes ;
Et pour comble d'effroi, des fantômes affreux,
Tigres et léopards, hurlent parmi les feux.
Tandis que les trois sœurs, dans l'ombre et la fumée,
Evitent des flambeaux la lumière enflammée,
Transformés en oiseaux, leurs membres retrécis
S'agitent, en volant, sous les plafonds noircis [1].
Leur aile est sans plumage, et n'est pas moins agile.
Elles voudraient se plaindre, et leur plainte inutile

---

[1] La Fontaine a esquivé la difficulté de ces détails descriptifs, si difficiles à exprimer avec agrément dans notre langue. Il y a suppléé par trois vers très-poétiques dans le genre familier, qui est sa manière habituelle.

  Il n'eût pas dit, qu'on vit trois monstres au plancher,
  Noirs, ailés, et velus, en un coin s'attacher.
  On cherche les trois sœurs ; on n'en voit nulle trace.

N'est plus qu'un faible cri parti d'un faible corps.
On les voit de nos toits habiter les dehors ;
Elles volent le soir sur des ailes rapides,
Et du nom de Vesper, se nomment Vespérides.

VIII. *Junon courroucée contre Ino.*

Le bruit de leur destin, chez le peuple alarmé,
Affermit de Bacchus le culte renommé.
Ino qui vit ce dieu croître sous sa tutelle,
Triomphe d'un renom qui rejaillit sur elle.
Seule du sang d'Europe exempte de malheurs [1],
Elle n'a de chagrins que les maux de ses sœurs.
Un pupille divin, Mélicerte et Léarque,
Gages doux et chéris de l'hymen d'un monarque,
Enflent d'un juste orgueil l'épouse d'Athamas :
Junon voit son bonheur, et ne le souffre pas.

Quoi ! dit-elle, il a pu, ce fils d'une adultère,
Du meurtre de Penthée ensanglanter sa mère,
Transformer en dauphins d'imprudens nautonniers,
Et de pampres couvrant leur toile et leurs métiers,
Changer en vils oiseaux les filles de Minée !
Seule à me plaindre en vain je me vois condamnée ;

---

[1] Sémélé avait été consumée par la foudre. Actéon, fils d'Autonoë, avait été transformé en cerf, et déchiré par ses chiens. Agavé, dans sa fureur bachique, avait mis en pièces son propre fils.

C'est assez pour Junon ! Non, non ; d'un ennemi[1]
pprenons à ne pas nous venger à demi.
ui, du fils d'Agavé la tragique disgrace
Ne m'enseigne que trop ce qu'il faut que je fasse.
Qu'agitée à son tour de semblables fureurs,
Par un crime semblable Ino venge ses sœurs !

IX. *Elle descend aux Enfers.*

Dans un bois, où des ifs la funèbre verdure
Joint le deuil de son ombre au deuil de la froidure,
S'enfonce un chemin creux qui descend aux enfers.
Le silence et l'horreur habitent ces déserts.
Le Styx exhale au loin sa vapeur meurtrière[2].
Là, privée à jamais de la douce lumière,

---

[1] Junon s'exprime par emphase, *nil poterit Juno !* Cette figure oratoire consiste dans l'emploi d'un mot, qui dit beaucoup dans la place où il est mis, et qui donne plus à penser qu'il n'exprime. Ainsi Mithridate, dans Racine, s'écrie :

Est-ce Monime ? et suis-je Mithridate ?

Monime me brave ! elle que j'ai tirée de la condition privée pour la faire reine ! elle qui est dans ma dépendance ! moi, dont le courroux sévère fut toujours si à craindre, et qui maintenant souffre tranquillement l'insolence d'une femme !

[2] C'est le premier fleuve des enfers qui les environne neuf fois de ses replis. On trouve ensuite l'Achéron, où

Se presse incessamment la foule des humains.
Là, les mânes nouveaux, ignorant les chemins,
Ne savent où trouver dans les demeures sombres
Le palais de Pluton, et la cité des ombres.
On y voit toutefois cent portes au-dehors
Ouvertes en tout tems à la foule des morts.
Ils y viennent sans cesse, et jamais ne l'emplissent.
Ainsi dans l'Océan les fleuves s'engloutissent.
Orateurs et clients, dans ce monde nouveau [1],
Trouvent près de Minos une ombre du barreau ;
Et de la cour encor cherchant la vaine image,
Les grands au noir Pluton vont porter leur hommage.
Poètes, artisans, guerriers, comme autrefois,
Suivent leurs premiers goûts et leurs premiers emploi

Caron passe les morts dans sa barque ; le Phlégéton, fleuve brûlant, qui roule dans le lieu des supplices ; et le Léthé, fleuve d'oubli, qui coule dans l'Elysée.

[1] Ces détails ingénieux ont le mérite de répandre quelques teintes douces sur une description sombre et terrible. Si je suis ici un peu plus long que le latin, c'est qu'Ovide ne fait que donner à entendre ce que j'exprime.

Parsque Forum celebrant, pars imi tecta tyranni.

C'est-à-dire mot à mot : « Les uns fréquentent le *Forum*, » les autres le palais intérieur du prince ». Le poète fait allusion aux mœurs et aux coutumes romaines. Le traducteur est quelquefois obligé d'interpréter l'original ; sans quoi il ne serait pas entendu lui-même.

Tandis que les méchans, au fond des noirs abîmes,
Souffrent de longs tourmens, châtimens de leurs crimes.
Que ne peut point la haine aigrie au fond d'un cœur?
Junon descend du ciel en ce lieu plein d'horreur.
Si-tôt qu'en arrivant la fille de Saturne
De l'Erèbe eut troublé le silence nocturne;
Sous ses piés le seuil tremble, et Cerbère trois fois.
De son triple gosier pousse une triple voix.
La déesse de loin appelle les Furies,
Ces trois sœurs que les pleurs n'ont jamais attendries.
Assises au-dedans sur des siéges de fer,
Les filles de la Nuit, aux portes de l'enfer,
Peignaient de leurs cheveux les couleuvres livides.
A travers la vapeur, les triples Euménides [1]
A peine ont reconnu la déesse; à sa voix,
Ces sœurs avec respect se lèvent toutes trois.

---

[1] Les commentateurs ont remarqué que le mot grec Ἐυμενης, signifie doux, débonnaire; et quelques-uns en ont conclu que les Furies ont été appelées Euménides par antiphrase, figure qui exprime une contre-vérité; comme si, par exemple, un censeur dur et atrabilaire se nommait Clément. Mais est-ce là le cas de l'ironie? Peut-être pourrait-on tirer de l'étymologie un sens plus profond et plus simple. Ἐυ présente l'idée du bien, du bon; μενος, celle de force, de puissance. Ainsi les Euménides avertissent de faire le bien, et menacent de châtier le crime.

Le lieu de leur demeure est le lieu des tortures.
Là, Tytie, aliment d'éternelles morsures [1],
Sent renaître son cœur sous le bec des vautours.
Sisyphe roule un roc qui retombe toujours.
Sur sa roue Ixion tournant avec vîtesse [2],
Sans cesse se poursuit, et s'évite sans cesse.
L'onde insulte à ta soif, ô Tantale! et le fruit
Echappe incessamment à ta main qui le suit.
Les filles de Bélus, épouses parricides,
Toujours veulent remplir des tonneaux toujours vides
Junon voit ces pervers, et détourne les yeux;
Mais pour elle Ixion est le plus odieux.
Elle observe Sisyphe : et par quelle justice [3]
Lui seul doit-il souffrir un éternel supplice?
Quand son coupable frère, Athamas que je hais,
Roi, père, époux heureux, règne et me brave en paix!

---

[1] Les vautours de Tytie sont les remords de la conscience qui rongent le cœur des criminels.

[2] L'ambitieux qui a manqué son objet, et qui vit dans le désespoir, explique la fable allégorique d'Ixion, mis sur la roue pour avoir embrassé un nuage; comme la fable de Tantale est l'emblême de l'avarice.

> Tantale dans un fleuve a soif, et ne peut boire.
> Tu ris : change le nom; la fable est ton histoire.

[3] Sisyphe était frère d'Athamas; ils étaient tous deux fils d'Eole.

Quand Ino sa complice irrite encor ma haine !
Non ; je veux me venger : voilà ce qui m'amène.
Soufflez sur ces époux la rage des forfaits,
Et des fils de Cadmus périsse le palais !
Junon aigrit ces sœurs devant qui l'enfer tremble,
Commandant, promettant, et priant tout ensemble.
L'horrible Tisiphone écarte les serpens [1]
Qui sifflant sur sa tête et sur son front rampans,

---

[1] Quel tableau frappant et terrible ! Sous le pinceau poétique, l'horreur a ses beautés.

> Il n'est point de serpent ni de monstre odieux,
> Qui par l'art imité ne puisse plaire aux yeux.
> D'un pinceau délicat l'artifice agréable,
> Du plus affreux objet fait un objet aimable.

S'il était besoin de montrer, par un exemple, que la mythologie est le principal soutien de la poésie, il suffirait de la fable d'Ino et d'Athamas. Quel en est le fond ? Un prince attaqué d'une démence furieuse, saisit dans sa rage un de ses fils, et l'écrase sur le marbre. Sa femme éperdue prend l'autre dans ses bras, s'enfuit épouvantée, et dans son effroi se précipite dans la mer. Voyez de quels brillans accessoires la fiction enrichit cette scène tragique ! quelle magie terrible elle y répand ! Junon, les Furies, Neptune interviennent à l'action. Chacune de ces divinités y joue un rôle conforme à ses passions et à son caractère. Et que d'images frappantes et pleines de vie, quelles sublimes descriptions ne fournit pas au poète cette intervention des puissances du ciel, de l'enfer et de la mer ? Ces fictions qui ont survécu au culte qui les a consacrées jadis, ne peuvent jamais vieillir. On peut, a dit Voltaire, détruire les objets de la crédulité, mais non ceux du plaisir.

Retombent sur sa bouche, et couvrent son visage.
C'est trop vous arrêter ; fiez-vous à ma rage,
Dit-elle : abandonnez un odieux séjour,
Et remontez au ciel respirer l'air du jour.
Junon remonte au ciel, sûre de sa vengeance.
L'officieuse Iris, d'une divine essence,
Sur elle à son retour épanche les odeurs,
Et du Styx nébuleux dissipe les vapeurs.

X. *Tisiphone sort des Enfers.*

Tisiphone saisit une torche fumante,
Des nœuds d'un long serpent ceint sa robe sanglante,
Et dans cet appareil elle sort des enfers.
L'épouvante, l'horreur, tous les crimes divers,
Le désespoir, le deuil, autour d'elle s'assemblent.
Elle arrive au palais : les portes d'airain tremblent.
Elle rouille les gonds de son souffle infecté,
Et son aspect du jour a souillé la clarté.
Athamas veut en vain échapper à sa rage :
L'implacable Erinnys lui ferme le passage ;
Et secouant ses bras ceints de serpens hideux,
Sur son front hérissé redresse ses cheveux.
Ses hydres irrités sur sa tête frémissent,
Sur son dos, dans son sein, ils rampent, ils se glissent
Roulent sur son épaule, et l'un sur l'autre épars,
De leur langue, en sifflant, enveniment les dards.

Soudain de ses cheveux l'Euménide dénoue
Deux serpens irrités que sa rage secoue [1],
Jette l'un sur Ino, l'autre sur Athamas.
Les serpens, en sifflant, élancés dans leurs bras,
Leur dardent le venin de leur langue subtile :
Leur corps n'est point blessé : l'aiguillon du reptile
Pénètre dans leur ame, et blesse leur raison.
Elle avait apporté des bords du Phlégéton

---

[1] On peut comparer la Tisiphone d'Ovide avec l'Alecton de Virgile, liv. 7 de l'Enéïde. Il y a quelques traits de ressemblance.

> Huic dea cœruleis unum de crinibus anguem
> Conjicit, inque sinum præcordia ad intima subdit;
> Quo furibunda domum monstro permisceat omnem.
> Ille, inter vestes et levia pectora lapsus,
> Volvitur adtactu nullo, fallitque furentem,
> Viperream inspirans animam. Fit tortile collo
> Aurum ingens coluber, fit longæ tænia vittæ,
> Innectitque comas, et membris lubricus errat.

Je vais essayer de donner une esquisse de cette belle poésie dans une version en prose.

« Elle lui jette dans le sein un serpent arraché de ses cheveux azurés, et le cache au fond de son cœur, afin qu'agitée des fureurs de ce monstre, elle mette le trouble dans le palais. Ce serpent, sans se faire sentir par aucune blessure, se glisse entre le tissu de sa robe et l'albâtre vivant de son sein, et trompe l'insensée en lui soufflant une haleine de vipère. Il s'enlace comme un collier autour de son col, il s'entortille comme un ruban autour de sa tête et de ses cheveux, et court le long de ses membres ». Cette image est ingénieuse et très-agréable ; mais il me semble que la peinture d'Ovide est plus forte, et s'il m'est permis de le dire, plus horriblement belle.

Les plus subtils poisons, l'écume de Cerbère,
Et le venin de l'hydre, et du fiel de vipère,
Les pleurs, la soif du sang, la rage et ses erreurs,
L'oubli de la raison, le crime et ses fureurs ;
Et dans l'airain fumant, l'exécrable Euménide
A détrempé de sang ce mélange homicide.
Les deux époux tremblaient : Tisiphone soudain
Jette avec ces poisons la rage dans leur sein.
La Furie autour d'eux, d'une main tournoyante,
Roule en cercles de feu sa torche flamboyante,
Et triomphant des maux que la barbare a faits,
Les laisse à leur délire, et les livre aux forfaits.
Elle rentre aux enfers, et dans sa chevelure
Rattache le serpent qui lui sert de ceinture.

XI. *Athamas furieux.*

Athamas furieux hurle dans son palais.
Il s'agite, il s'écrie : Amis, dans ces forêts,
Avec deux lionceaux je vois une lionne :
Venez, que de vos rêts l'enceinte l'environne.
A son aspect farouche Ino tremble, elle fuit ;
Mais, ainsi qu'une proie, Athamas la poursuit.
Léarque, enfant chéri, souriait à son père :
Il court, il le saisit, il l'arrache à sa mère ;
Trois fois le roule en cercle, et sourd à tous ses cris
Sur le marbre sanglant il écrase son fils.

A ce spectacle affreux, Ino d'horreur troublée,
Soit vertige ou douleur, s'élance échevelée,
Et pressant dans ses bras Mélicerte effrayé,
Court comme une bacchante, et s'écrie : Evoé [1] !
Ce bachique Evoé, Junon, te fait sourire :
Tu veux que son pupille ajoute à son délire.

XII. *Ino et Mélicerte en Dieux marins.*

Un roc dont le sommet se cache dans les airs [2],
S'avance en précipice, et penché sur les mers,
Défend des eaux du ciel, des vents et de l'orage,
Le flot qui sous ses flancs a creusé le rivage.
Forte de sa douleur, Ino dans son transport
Y monte, et sans frémir à l'aspect de la mort,

---

[1] *Evoé*, cri des bacchantes agitées de la fureur bachique. Ce mot vient d'*Evan*, surnom de Bacchus, qui veut dire *bon fils ;* de sorte que ce cri semble faire allusion à la situation de la malheureuse mère de Mélicerte.

[2] Cette description d'un lieu particulier est ce qu'on nomme une topographie. C'est une des plus belles figures, et une des plus propres à faire connaître le talent du poète. Mais il n'y faut rien de vague. C'est ici sur-tout que la poésie doit être un tableau de la nature. *Ut pictura poesis erit.* L'art de peindre avec ces couleurs neuves et frappantes, qui, comme la nature dont elles sont la fidelle image, ne vieillissent jamais, est ce qui distingue l'homme de génie de celui qui n'a qu'un talent médiocre.

S'élance avec son fils de sa cime escarpée;
Et la mer a blanchi, de sa chute frappée.

Ses malheurs ont touché Vénus, fille des eaux.
Elle implore Neptune, et lui parle en ces mots :
Puissant dieu du trident, toi qui régnant sur l'onde,
Possèdes le second des trois sceptres du monde,
J'attends beaucoup de toi; mais prends pitié des miens,
Déplorables jouets des flots Ioniens.
Pour eux parmi tes dieux je demande une place;
La mer peut bien encor m'accorder cette grace,
Si l'écume des mers fut jadis mon berceau,
Si le nom d'Aphrodite est mon nom le plus beau [1].
Le souverain des eaux, empressé de lui plaire,
Met au rang de ses dieux Mélicerte et sa mère.
Ainsi que de nature, ils ont changé de nom.
Elle est Leucothoë; son fils est Palémon [2].

---

[1] Ce surnom de Vénus vient du grec αφρος, qui signifie *écume*, par allusion à l'origine fabuleuse de la déesse, née de l'écume de la mer. Voilà pourquoi Ovide appelle Neptune son oncle : *sic patruo blandita suo est;* idée que j'ai eu intention de reproduire par *Vénus, fille des eaux*. On a vu dans le troisieme livre que Cadmus, père d'Ino, était devenu gendre de Vénus, par l'hymen d'Hermione sa fille.

[2] C'était un usage chez les anciens de changer les noms des morts déifiés, sans doute pour faire oublier qu'ils étaient nés mortels.

XIII. *Les Compagnes d'Ino en Rochers.*

Les compagnes d'Ino, de sa fuite alarmées,
Suivant au bord des mers ses traces imprimées,
Arrivent au rocher, le terme de ses pas :
Et sûres que la reine a cherché le trépas,
Des filles de Cadmus déplorent la ruine,
Accusent de Junon la fureur assassine,
Et confondent leurs cris, leurs sanglots et leurs pleurs.
Junon s'offense encor du cri de leurs douleurs :
Eh ! bien, de mes fureurs toujours plus implacables,
Vous aussi, vous serez des monumens durables.
Elle dit : la menace eut bientôt ses effets.
L'une en son désespoir, lasse de vains regrets,
S'écrie : O chère Ino ! je ne puis te survivre.
Et déjà dans la mer se prépare à la suivre ;
Un froid mortel l'enchaîne au sommet du rocher.
L'autre qui sur les flots commence à se pencher,
Sur les flots en suspens n'est plus qu'une statue.
L'une veut se frapper, et roidis à sa vue,
Ses bras sans mouvement sont levés sur son sein.
L'autre veut arracher ses cheveux, et soudain
Sent, ainsi que ses doigts, durcir sa chevelure.
Toutes sur le rocher conservent leur posture.
Quelques-unes enfin, nouveaux hôtes des airs,
Rasent, en l'effleurant, la surface des mers.

XIV. *Cadmus et Hermione en Serpens.*

L'INFORTUNÉ Cadmus ne sait pas qu'Amphitrite
A pris quelque pitié de sa race proscrite.
Poursuivi de malheurs l'un à l'autre enchaînés,
De prodiges sans nombre à sa perte obstinés,
Comme si de son sort la rigueur peu commune
Fut le malheur des lieux plus que de sa fortune,
Des murs qu'il a fondés s'exile, et cherche ailleurs
Un séjour moins funeste, et des destins meilleurs.
Compagne de ses pas, de ses maux, de sa vie,
Hermione le suit au fond de l'Illyrie [1].
Surchargés sous le poids des ennuis et des jours,
Là, de leurs longs revers l'interminable cours
Se retrace sans cesse à leur triste mémoire.
Ah ! s'écria Cadmus, n'ai-je pas lieu de croire
Que le courroux d'un dieu dès long-tems offensé
Venge en nous le dragon que ma lance a percé ?
Peut-être de ses dents la semence guerrière
Fut-elle de nos maux la semence première.
Dieux ! si c'est un serpent que vous voulez venger,
Achevez, en serpent puissiez-vous me changer !

---

[1] L'Illyrie, qui, selon Appien, tire son nom d'un fils de Polyphême, est une contrée de l'Europe, voisine de l'Epire.

Cadmus avait parlé : son corps qui se resserre,
S'arrondit en anneaux, et rampe sur la terre.
Ses flancs de taches d'or et d'azur émaillés
Déroulent à longs plis leurs cercles écaillés.
Il a des bras encore : il les tend à sa femme ;
Et le visage en pleurs : O moitié de mon ame !
Ne m'abandonne pas, viens, et prends cette main,
Tant qu'il me reste encor quelque chose d'humain.
A peine achève-t-il, sa langue plus aiguë [1],
Se fend, s'aiguise en dard, et sa voix s'est perdue.
Il veut gémir : sa voix n'est plus qu'un sifflement.
Hermione frémit : D'où vient ce changement ?
Et que vois-je, dit-elle ? Elle crie, elle pleure,
Et se frappant le sein : Ah ! cher époux, demeure ;
Où sont tes piés, tes bras, et tout ce que tu fus ?
Demeure, et si tu peux, rends-moi, rends-moi Cadmus.
O dieux qui le changez en un serpent énorme,
Que ne puis-je avec lui prendre la même forme !
Elle dit : son époux par d'amoureux replis
Entrelace ce sein qu'il embrassa jadis,
Et semble encor chercher des baisers sur sa bouche.
Ses compagnons troublés, que sa vue effarouche,

---

[1] La langue des serpens a une vibration si rapide, que les poètes ont supposé qu'elle avait une pointe double et même triple.

Ont senti leurs cheveux d'horreur se hérisser :
Mais elle dans ses bras aime à le caresser.
Elle-même en serpent s'alonge et lui ressemble.
Comme un double reptile, ils s'enlacent ensemble,
Rampent au fond des bois, et sans nuire aux humains
Semblent se souvenir de leurs premiers destins.

XV. *Gouttes du sang de Méduse en Serpens.*

BACCHUS, né de leur sang, par sa gloire immortelle
Les console du moins de leur forme nouvelle.
L'Inde entière soumise encense son autel,
Et la Grèce lui rend un culte solemnel.
Seul, issu comme lui du dieu qui le fit naître [1],
Acrise, roi d'Argos, ose le méconnaître,
Et le fer à la main lui ferme ses états.
Que n'oserait-il point? l'impie ! il ne veut pas
Avouer ce héros né du maître du monde,
Ce fils de Danaë que l'or rendit féconde.
Mais il fallut céder : son repentir confus
Avoue enfin Persée, et reconnaît Bacchus.
Déjà l'un foule en paix les voûtes éternelles ;
L'autre à travers les airs emporté sur des ailes,

---

[1] Acrise, fils d'Abas, roi d'Argos, avait pour aïeul Bélus, fils de Jupiter.

Vainqueur de la Gorgonne, et sa tête à la main,
Plane d'un vol hardi sous le ciel africain.
Des gouttes de son sang distillent de ses veines,
Pleuvent sur les rochers, et germent dans les plaines;
L'Afrique en est souillée, et voit depuis ce tems
Pulluler dans son sein d'innombrables serpens.

XVI. *Atlas en Montagne.*

Jouet des vents fougueux dans les plaines d'Eole,
Le héros repoussé de l'un à l'autre pole,
Comme un nuage errant dans le vague des airs,
Vole et revole encore aux bouts de l'univers.
Trois fois il se retrouve emporté dans sa course
De l'aurore au couchant, et du cancer à l'ourse.
Au retour de Vesper menacé de la nuit,
Aux bords où règne Atlas son essor le conduit.
Le héros, las d'un vol qu'il doit reprendre encore,
Veut attendre en sa cour le réveil de l'Aurore.
Atlas, fils de Japet, colosse des humains,
Fier du sceptre qu'il tient dans ses puissantes mains,
Asservit à ses loix l'extrémité du monde,
Et les bords où le jour va se coucher dans l'onde.
Ce roi n'a pour voisins que Neptune et les mers,
Et de troupeaux féconds voit tous ses champs couverts.

Ses arbres dont la feuille en or léger voltige [1],
Sous des fruits pesans d'or, courbent l'or de leur tige.
　Prince, dit le héros, permets qu'un étranger
Ce soir en ton palais prenne un repos léger.
Si par toi d'un beau sang l'éclat se considère,
Je peux vanter le mien : Jupiter est mon père :
Ou si plus que le sang tu prises les exploits,
Les miens à ton accueil me donnent quelques droits.
　Aux desirs de Persée, Atlas veut mettre obstacle.
Un jour, si de Thémis il croit un vieil oracle,
Il doit voir ses vergers dépouillés de leur or.
Un fils de Jupiter, maître de ce trésor,
A ses autres exploits doit joindre cette gloire.
Cet oracle sans cesse alarme sa mémoire.
Ce roi, pour démentir les arrêts des destins,
Avait de murs épais enfermé ses jardins.

---

　[1]　Arboreæ frondes auro radiante nitentes
　　　Ex auro ramos, ex auro poma tegebant.

　Il y a un agrément infini dans cette répétition ; elle grave dans l'esprit l'image que le poète veut peindre. Si vous l'effacez, l'image est bien moins frappante. C'est ce que n'a pas manqué de faire le traducteur, qui a pris le nom, mais non pas le talent de Malfilâtre. « Ses jardins sont remplis » des plus beaux arbres, dont les feuilles, les branches et les » fruits réfléchissent l'éclat de l'or ». Et d'ailleurs, est-ce là une version fidelle ?

Un dragon vigilant en défendait l'entrée [1],
Et jamais étranger n'abordait sa contrée.
Fuis, dit-il à Persée, et sors de mes états ;
Le sang de Jupiter, ta gloire, tes combats,
Ne pourraient m'empêcher de punir ton audace.
Sors. A ces mots, joignant l'insulte à la menace,
Il veut insolemment repousser de sa cour
Le héros qui résiste et menace à son tour.
Mais qui peut égaler sa force plus qu'humaine ?
Trop faible contre lui : « Si ton ame hautaine
Méconnaît lâchement l'honneur que je poursuis,
Reçois-en le salaire, et connais qui je suis ».

Il dit, et le héros, armé de sa conquête,
De Méduse en sa main lui présente la tête.
A cet aspect hideux, d'horreur inanimé [2],
En un mont sourcilleux Atlas est transformé.

---

[1] On est accoutumé, en lisant les poètes, de trouver des dragons pour gardiens des choses les plus précieuses, telles que la toison d'or, les pommes des Hespérides, la fontaine de Mars. Quelques mythologues ont prétendu que c'étaient des hommes de ce nom qui avaient gardé ces précieux trésors : mais cette explication n'est qu'une nouvelle fable, moins poétique et moins ingénieuse.

[2] On croit qu'Atlas fut un astronome célèbre, inventeur de la sphère armillaire. Voilà pourquoi les poètes ont feint qu'il portait le ciel sur ses épaules. Il est vrai que l'Atlas est une montagne si haute, qu'elle semble toucher les cieux.

Sa taille s'agrandit : son front sombre et terrible
Est la cime d'un roc neigeux, inaccessible.
Sa barbe et ses cheveux se changent en forêts,
Ses épaules, ses flancs, en coteaux, en sommets;
Ses vastes ossemens se durcissent en pierre :
Ses piés sont des rochers affermis sur la terre.
Sa hauteur est immense, et par l'ordre des dieux,
Ce colosse à jamais porte le poids des cieux.

XVII. *Andromède.*

L'AURORE a reparu ; les orages s'appaisent :
Rentrés dans leurs prisons, les vents fougueux se taisen
Et monté dans les airs, déjà le char du Jour
Du travail aux humains annonce le retour.
Persée à son réveil a repris son armure ;
Il rattache à ses piés les ailes de Mercure,
Plane sur vingt pays, sur vingt peuples épars,
Et sur l'Ethiopie abaisse ses regards.

Là, par l'ordre d'Ammon, injuste en sa colère,
Andromède expiait le crime de sa mère [1].

Elle s'étend depuis l'Océan occidental, à qui elle donne le nom d'Atlantique jusque près de l'Egypte, l'espace de plus de deux mille lieues, et laisse la Barbarie d'un côté et le Bilédulgérid de l'autre. Les anciens ont cru qu'elle bornait le monde au midi.

[1] Cassiope, fière de sa beauté et de sa destinée, s'était

A la voir immobile enchaînée au rocher,
Où, comme une victime, on vient de l'attacher;
Sans ses cheveux mouvans, où le zéphyr se joue,
Sans la source de pleurs qui coule sur sa joue,
Il eût cru voir un marbre, ouvrage du ciseau.
Il se sent dans les airs atteint d'un feu nouveau;
Il s'arrête; et charmé par des formes si belles,
Il a presque oublié l'usage de ses ailes [1].

---

vantée d'être plus belle et plus heureuse que les Néréides et que Junon même.

> Heureuse épouse, heureuse mère,
> Trop vaine d'un sort glorieux,
> Je n'ai pu m'empêcher d'exciter la colère
> De l'épouse du dieu de la terre et des cieux
> J'ai comparé ma gloire à sa gloire immortelle.
> La déesse punit ma fierté criminelle.

Les Néréides, pour venger leur injure et l'offense de Junon, envoyèrent un monstre qui ravagea la contrée. L'oracle d'Ammon consulté, répondit que, pour appaiser les Néréides, il fallait exposer Andromède au monstre pour en être dévorée.

> L'implacable Junon cause notre infortune :
> Elle arme contre nous l'empire de Neptune.
> Un monstre en doit sortir, qui viendra dévorer
> L'innocente Andromède :
> Et Thétis et ses sœurs viennent de déclarer
> Qu'il n'est plus permis d'espérer
> De voir finir nos maux sans ce cruel remède.

C'est ainsi que Quinault fait parler Cassiope dans l'opéra de Persée.

[1] Cette circonstance vraie et ingénieuse prouve qu'Ovide ne néglige aucune des images que son sujet lui présente.

Il descend à ses piés : O ciel! à vous des fers !
Vous que l'amour forma pour des liens plus chers!
Où suis-je? apprenez-moi de qui vous êtes née,
Et pourquoi sur ces bords je vous trouve enchaînée.
   Andromède au héros répond par sa rougeur [1].
Vierge, un homme à ses piés alarme sa pudeur.
Sa main voudrait couvrir son visage modeste ;
Sa main est enchaînée à ce rocher funeste.
Elle pouvait pleurer; elle versa des pleurs.
Enfin pressée encor de dire ses malheurs,
Craignant que ce héros, vengeur de l'innocence,
A quelque aveu honteux n'impute son silence,
Andromède lui dit son pays et son nom,
Et comment sur ces bords, par l'oracle d'Ammon,
A périr condamnée, innocente victime,
De l'orgueil de sa mère elle expiait le crime.
   Elle parlait encor : l'onde écume et gémit,
Et de frayeur au loin le rivage frémit.
Soudain vomi des flots un monstre affreux s'élance,
Et sous ses vastes flancs presse une mer immense.

---

[1]   Primò silet illa, nec audet
   Appellare virum virgo.

Appellare virum signifie adresser la parole à un homme
Le silence d'Andromède est une belle expression de mœurs
Le poète ne pouvait peindre d'une manière plus naïve
pudeur et la modestie d'une vierge.

Andromède le voit, et jette un cri d'horreur.
Cassiope et Céphée, éperdus de terreur,
Sont punis dans leur fille, et plus justement qu'elle.
Son père malheureux, sa mère criminelle,
Ne pouvant que la plaindre, et non la secourir,
Pour elle, en l'embrassant, demandent à mourir.

Ne perdons point en pleurs l'instant de la défendre,
Dit Persée : écoutez ; si je m'offrais pour gendre,
Moi, fils du dieu puissant, qui fit dans une tour
Pleuvoir en or fécond son immortel amour [1],
Vainqueur de la Gorgone, et qui seul sur des ailes
Voyage dans les airs par des routes nouvelles,
M'ôteriez-vous l'espoir de vaincre mes rivaux ?
Mais je veux à ces droits en joindre de nouveaux,
Je veux la mériter en lui sauvant la vie.
On accepte son offre ; on fait plus, on le prie :
Le destin d'Andromède en ses mains est remis,
Et l'empire pour dot avec elle est promis.

Tel qu'un vaste navire à la proue écumante
Sous les robustes bras d'une jeunesse ardente [2],

---

[1] Ce discours de Persée est parfaitement adapté à la circonstance. C'est un inconnu : il expose sa naissance et ses exploits pour intéresser les parens d'Andromède, et finit par une proposition qui justifie ce qu'il dit de lui-même.

[2] La comparaison du navire exprime, par une grande image, la grosseur énorme et la force prodigieuse du

Fend l'onde qui blanchit, et s'enfle à gros bouillons;
Tel repoussant le flot qui roule en tourbillons,
Le monstre affreux s'élance, il approche, il menace;
Et le jet d'une fronde eût mesuré l'espace
Qui le sépare encor du rivage des mers [1].
Persée au même instant s'élève dans les airs.
Le monstre qui sur l'eau voit voltiger son ombre,
Déjà pour l'assaillir forme des bonds sans nombre.

---

monstre ; et l'agilité de Persée n'est pas moins bien exprimée par la similitude de l'aigle. Et un peu plus loin :

> Bellua puniceo mistos cum sanguine fluctus
> Ore vomit : maduère graves aspergine pennæ;
> Nec bibulis ultrà Perseus talaribus ausus
> Credere ; conspexit scopulum.

Remarquez la vérité de ces images poétiques. Voyez comme les circonstances de l'action varient progressivement, et comme elles sont toutes tirées de la chose même.

[1] Après avoir lu cette fable, on est émerveillé de la riche imagination du poète. Il semble qu'il a tout dit, tout épuisé. Qu'on la compare avec l'épisode d'Andromède dans le poëme astronomique de Manilius; on verra, par les nouvelles beautés que celui-ci a tirées du même sujet, que deux grands maîtres, en traitant la même matière de composition, ne se ressemblent pas, et diffèrent même dans leurs ressemblances. Rien n'est plus propre que ces sortes de comparaisons, à former l'esprit et le goût des jeunes gens, et à les initier dans les secrets de l'amplification poétique.

Ovide peint Andromède exposée toute nue sur le rocher, et tire parti de cette circonstance. Manilius la représente

Comme un aigle en un champ de ses blés dépouillé
Voit reluire au soleil un serpent écaillé :

---

vêtue des ornemens préparés pour sa noce. Quel intérêt
dans ce vers !

  Induiturque sinus non hæc in vota paratos.

« Elle est revêtue de tissus préparés pour une destination
bien différente ».

 Elle est si belle, que le supplice même lui sied.

  Supplicia ipsa decent.

Elle est si malheureuse, que les alcyons, les flots, les
zéphyrs, les Néréides même, tout l'admire et la plaint. Et
par combien d'images gracieuses et délicates cette idée
n'est-elle pas développée ?

  Te circum Alcyones pennis planxere volantes,
  Fleveruntque tuos miserando carmine casus,
  Et tibi connextas umbram fecêre per alas.
  Ad tua sustinuit fluctus spectacula pontus,
  Assuetasque sibi desiit perfundere ripas.
  Extulit et liquido Nereïs ab æquore vultum,
  Et casus miserata tuos roravit et undas.
  Ipsa levi flatu refovens pendentia membra
  Aura, per extremas resonavit flebile rupes.

 Ovide dit de Persée :

  Pene suas quatere est oblitus in aëre pennas.

Manilius le peint saisi de surprise et stupéfait, lui qui
n'avait pu l'être par la Gorgone. La tête de Méduse échappe
presque de ses mains.

  Isque ubi pendentem vidit de rupe puellam,
  Diriguit facie, quem non stupefecerat hostis :
  Vixque manu spolium tenuit.

Il semble que les deux poètes ne pouvaient éviter de se
ressembler dans la peinture du monstre qui sort de la mer

Sur le dos du reptile il fond d'un vol rapide,
L'attaque, le surprend, saisit son cou livide;
Et redoutant ses dards contre lui redressés,
Tient ses ongles tranchans dans sa tête enfoncés :

pour dévorer sa victime. Et cependant, que de variétés, que de différences dans les accessoires de cette description! quelle beauté poétique et touchante dans cette apostrophe à Andromède !

> Infelix virgo, quamvis sub vindice tanto,
> Quæ tua tunc fuerat facies? ut fugit in auras
> Spiritus! ut toto caruerunt sanguine membra!
> Cùm tua fata cavis è rupibus ipsa videres,
> Adnantemque tibi pœnam.

« O vierge infortunée! malgré un si puissant vengeur, quelle fut alors la pâleur de ton visage! comme tu perdis l'haleine et la respiration! comme ton sang se glaça dans tes membres transis, quand tu vis du creux des rochers s'approcher ton dernier moment, et ton supplice s'avancer sur les flots »!

Et un peu plus loin, quel trait de sentiment que celui-ci!

> Spectabat pugnam pugnandi causa puella,
> Jamque oblita suî metuit pro vindice tali
> Suspirans, animoque magis quam corpore pendet.

« Andromède, témoin du combat entrepris pour elle, s'oublie elle-même, craint pour son vengeur, soupire; et son esprit est plus au supplice que son corps ». *Voyez* Manilius, liv. v. L'épisode entier mérite d'être lu et étudié avec attention. On pourrait le mettre en vers. J'invite Perceval de Grand-Maison, ou son émule Cournand, à le joindre aux fragmens des poëmes du genre épique, dont ils se proposent de publier la traduction ou l'imitation en vers français.

Tel le héros dans l'air vole, se précipite,
Fond sur le monstre, échappe à ses dents qu'il évite,
Et son glaive en ses flancs se plonge tout entier.
Le dragon qui s'irrite, ainsi qu'un sanglier
Qu'assiége au fond des bois une meute aboyante,
Se roule furieux sur l'onde tournoyante,
Se cache sous les flots ou bondit dans les airs.
Persée autour de lui voltige sur les mers,
Tantôt d'une aile agile évite ses morsures,
Et tantôt le perçant de nouvelles blessures,
Tour-à-tour à ses flancs d'écaille hérissés,
A sa queue, à son dos porte des coups pressés.
Le monstre avec son sang vomit l'onde écumeuse;
Persée est assailli d'une pluie orageuse :
Son aile en est trempée, et ne le soutient plus.
Il découvre un rocher battu des flots émus,
Qui domine la mer, quand la mer est tranquille.
C'est-là que le héros vole et cherche un asyle.
De la pointe du roc qu'il saisit d'une main,
Il se penche sur l'onde, et d'un bras plus certain,
Dans les flancs du dragon, qui sous ses coups expire,
Trois fois plonge le fer, et trois fois l'en retire.
Soudain de mille voix les cris victorieux
S'élèvent du rivage, et montent jusqu'aux cieux.
Cassiope et Céphée, heureux et pleins de joie,
Embrassent le sauveur que le ciel leur envoie;

Et du combat fameux pour sa cause entrepris,
Libre enfin de ses fers, Andromède est le prix.

XVIII. *Origine du Corail.*

Le héros sur ses mains épanche une eau lustrale,
Et prêt à célébrer la fête nuptiale,
Sur un lit de feuillage et d'arbustes rampans
Il dépose la tête aux cheveux de serpens.
La sève des rameaux qui lui servent de couche,
Vive encore, a pompé le venin qui les touche.
La force du poison qui pénètre le bois
Endurcit et la tige et la feuille à-la-fois;
Et la branche devient une plante vermeille.
Les nymphes de la mer admirant la merveille,
Veulent la confirmer par de nouveaux essais.
Chaque épreuve nouvelle a le même succès.
Ces rameaux par leurs mains semés au loin dans l'onde
Deviennent du corail la semence féconde [1];
Arbuste qui sous l'onde est un flexible osier,
Et qui, frappé de l'air, durcit comme l'acier.

---

[1] Les perles du corail, dit Pline, liv. 32, ch. 2, sont molles et blanches au fond de la mer : elles se durcissent et rougissent presque tout d'un coup à l'air. *Baccæ coralii sub aquis candidæ et molles : exemptæ confestim durantur et rubescunt.* Ovide a suivi la physique de son tems.

XIX. *Persée épouse Andromède.*

On élève à trois dieux trois autels de verdure.
Persée offre à Minerve une victime pure,
A Mercure un bélier ; mais pour toi, roi du ciel,
Un superbe taureau succombe à ton autel [1].
Jaloux de sa conquête, et non du diadême,
Il ne veut pour sa dot qu'Andromède elle-même.
L'Hyménée et l'Amour, garans de nœuds si beaux,
Au-devant des époux agitent leurs flambeaux.
Un nuage d'encens embaume les portiques.
On tapisse les murs de festons magnifiques ;
Et l'on entend par-tout des concerts et des chants,
De la publique joie interprètes touchans.
Du palais en ce jour les portes sont ouvertes :
Des mets les plus exquis les tables sont couvertes ;
Et la cour de Céphée, invitée au festin,
Célèbre l'hyménée, et l'amour, et le vin.
   Quand on fit succéder aux plaisirs de la table
La douce liberté d'un entretien aimable,
Le fils de Danaé, sagement curieux,
Veut connaître les mœurs, les usages des lieux.

---

[1] Persée rend graces aux dieux de sa victoire. Mercure lui avait prêté ses ailes, Minerve son égide, et Jupiter protégeait en lui le fils de Danaé.

Lyncide, interrogé par ce noble convive,
Captive, en l'instruisant, son oreille attentive.
Mais, ô vous! reprit-il, guerrier, apprenez-nous
Par quels secours puissans, quels prodiges, quels coups,
Votre bras de Méduse a pu trancher la tête,
Et remporter dans l'air cette horrible conquête?

XX. *Les Gorgones.*

Sous les flancs de l'Atlas, il est, dit le héros [1],
Un lieu toujours glacé, de longs rochers enclos.
Nul ne peut aborder cette froide contrée.
Deux filles de Phorcus habitent à l'entrée.
Le destin leur donna, pour veiller à l'entour,
Un seul œil que ses sœurs se prêtent tour-à-tour.

---

[1] Diodore et Pausanias rapportent que Méduse fut reine d'une nation guerrière, près du lac de Triton; que Persée la surprit de nuit, défit son escorte, et la tua elle-même dans la mêlée. Toute morte qu'elle était, elle lui parut d'une beauté si surprenante, qu'il emporta sa tête dans la Grèce, pour la donner en spectacle au peuple, qui ne pouvait la regarder sans être stupéfait d'étonnement.

Paléphate, philosophe qui a écrit un Traité des choses incroyables, prétend que Phorcus, roi des Cyrénéens, laissa en mourant à ses trois filles, trois îles qu'elles partagèrent entr'elles, et une statue d'or de Minerve, appelée Gorgone. Elles n'avaient toutes trois qu'un seul ministre, homme intègre et éclairé, qui passait souvent d'une île à l'autre;

Je sus, en épiant ces deux sœurs sentinelles,
Enlever de leurs mains cet œil commun entr'elles.
Je marche dans des lieux sans cesse entrecoupés
De bois en précipice, et de rocs escarpés.
Par-tout dans ces forêts par l'aquilon battues,
Quadrupèdes, humains transformés en statues,
Des regards de Méduse attestent les effets.
De la Gorgone enfin j'aborde le palais.
Je vis impunément son visage homicide
Réfléchi sur l'airain de l'immortelle égide.
Tandis qu'un lourd sommeil engourdit tous ses sens,
Je tranche d'un seul coup sa tête et ses serpens.
Pégase, de son sang né soudain à ma vue,
Coursier au dos ailé, s'envole dans la nue.
  Il leur apprend encor quels climats, quelles mers
Il a vu sous ses piés par la route des airs,

---

ce qui a donné lieu de feindre qu'elles n'avaient à elles trois qu'un œil unique, qu'elles se prêtaient alternativement. Persée, fugitif d'Argos, courant les mers en pirate, enleva ce ministre dans un trajet d'une île à l'autre ; ce qui a encore donné lieu à la fiction qu'il avait volé leur œil unique aux filles de Phorcus, dans le tems que l'une le passait dans les mains de l'autre. Persée promit de le rendre, si on lui livrait la statue d'or appelée Gorgone ; et sur le refus de Méduse, il la tua. De cette aventure vraie ou fausse, Ovide a fait une fable poétique, et suppose que Méduse fut la victime de la vengeance de Minerve. Mais n'imitons pas la scientifique prolixité de Bannier : en voilà assez.

Comment il voyagea du couchant à l'aurore :
Il avait achevé, qu'on l'écoutait encore.
On demande d'où vient que des serpens hideux
D'une seule Gorgone entouraient les cheveux.
Cette histoire, dit-il, que vous voulez entendre,
En est digne en effet, et je vais vous l'apprendre.

XXI. *Cheveux de Méduse changés en Serpens.*

Le croiriez-vous? objet des voeux de mille amans,
Méduse posséda les traits les plus charmans.
On admirait sur-tout sa belle chevelure,
Des graces de son front séduisante parure.
Neptune qui la vit, épris de ses appas,
Osa les profaner au temple de Pallas.
La déesse, à l'abri de l'égide céleste,
Couvrit en rougissant son visage modeste ;
Et vengeant ses autels par Méduse souillés,
Hérissa ses cheveux d'hydres entortillés.
Sa cuirasse depuis, pour imprimer la crainte,
De ce monstre hideux porte l'image empreinte.

LIVRE V.

PREMIÈRE FABLE[1].

Phinée, frère de Céphée, attaque Persée au milieu du Festin.

Tandis que le héros raconte ces merveilles,
Un bruit tumultueux étonne les oreilles.
Ce n'est plus l'alégresse, et ses joyeux éclats ;
C'est le signal du meurtre, et le cri des combats.

---

[1] Ce livre, qui a moins de variété et d'intérêt que le précédent pour le fond des choses, a néanmoins de grandes beautés. On a vu à la fin de l'autre les fêtes de l'hymen d'Andromède, le festin nuptial, les grands et le peuple livrés également à la joie. On a laissé à la fin du repas Céphée et ses convives attentifs aux récits de Persée. On voit dans celui-ci les horreurs de la guerre succéder aux plaisirs de la table. L'agitation de cette scène sanglante, la fureur des mutins, et les horribles catastrophes qui en résultent, y sont représentées si vivement, que les objets semblent présens. Les images les plus variées y sont peintes avec une richesse de couleurs inépuisable, mais qui ne dégénère jamais en profusion. Chacun des personnages y paraît

Les plaisirs de la fête au tumulte ont fait place.
Telle frémit des mers la tranquille surface,
Quand les vents en sifflant déchaînés sur les flots
D'Amphytrite étonnée ont troublé le repos.
Chef des mutins, Phinée à leur tête s'avance :
D'un geste menaçant il agite sa lance ;
Et tournant sur Persée un regard furieux :
Te voilà, lui dit-il, ravisseur odieux [1] !
Tes ailes où tu mets ta plus sûre défense,
Ni le dieu que tu feins auteur de ta naissance,
Rien ne peut en ce jour te sauver de mes coups.
 Comme il allait frapper: Ah, ciel ! que faites-vous,

---

avec un caractère distinctif. On y reconnaît les habitans de l'Asie et de l'Afrique à leurs mœurs et à leur costume. La variété des détails est surprenante. On n'épargne ni les prêtres, ni ceux qui ne combattent pas, ni ceux qui sont nés pour les arts et les exercices de la paix. Je ne parle pas des beautés épiques qui naissent des circonstances du combat. C'est en quoi les anciens excellent, et surpassent de beaucoup tous nos écrivains retenus par une circonspection trop timide, ou par la crainte de blesser le goût de la nation. La Henriade est presque entièrement dénuée de ce genre de beautés.

[1] *En, ait, en adsum*. La répétition de la particule exclamative exprime l'indignation avec force. L'idiôme français exige une tournure inverse. C'est ainsi qu'Athalie arrivant dans le temple, dit au grand-prêtre :

    Te voilà, séducteur,
De brigues, de complots pernicieux auteur.

Lui crie alors Céphée : arrêtez, ô mon frère !
Du salut de ma fille est-ce là le salaire ?
Ce n'est point ce héros qui vous ravit sa main ;
C'est le ciel, c'est Ammon, c'est l'oracle inhumain [1] :
C'est ce monstre odieux, vengeur des Néréides,
Prêt à la dévorer de ses dents homicides.
Oui, le cruel arrêt qui condamna ses jours,
De son hymen promis vous priva pour toujours.
Si vous perdez sa main, dois-je perdre ma fille ?
Auriez-vous desiré le deuil de ma famille ?
Et doit-elle mourir, ne vivant plus pour vous ?
C'est donc peu qu'infidèle aux noms d'oncle et d'époux,
On ne vous ait pas vu secourir Andromède !
Osez-vous demander que son vengeur la cède [2] ?

---

[1] Quintilien fait sentir la force de la particule disjonctive, répétée trois fois

>Sed grave Nereïdum numen, sed corniger Ammon,
>Sed quæ visceribus veniebat bellua ponto
>Exsaturanda meis.

dans cet exemple, qu'il rapporte chap. 3, liv. 7 de ses Instructions sur la Rhétorique. J'ai essayé de reproduire en français cette répétition redoublée.

[2] Tout ce discours est un modèle d'éloquence : l'exclamation par laquelle débute Céphée, est inspirée par son émotion et par la circonstance. L'interrogation donne plus de force aux reproches qu'il adresse à son frère. La péroraison est un résumé vif et pathétique de tout ce qui précède.

Pourquoi, si vous l'aimiez, aux piés du roc fatal,
L'avoir abandonnée aux secours d'un rival?
Un autre l'a sauvée au péril de sa tête;
Laissez à ce héros le prix de sa conquête,
Le prix de son amour, le gage de ma foi.
L'hymen lui donne un bien qui n'était plus à moi:
Oui, c'est bien moins à vous que mon choix le préfère,
Qu'au monstre qui sans lui m'ôtait le nom de père.

L'agresseur, sans répondre, armé du dard fatal,
Menace tour-à-tour Céphée et son rival.
C'est à Persée enfin que sa fureur le lance:
Mais ce fut sans succès: le héros qui s'élance
A retiré le fer dans son siége enfoncé,
Et contre un furieux l'a soudain repoussé.
D'un ennemi superbe il eût tranché la vie:
Un autel, ô destin! protégea cet impie [1].
Mais le dard rejeté contre les factieux
Va frapper, en sifflant, Réthus entre les yeux.
Réthus tombe, il palpite; et le sang du parjure
Sur la table à longs flots jaillit de sa blessure.
Chacun veut le venger; et déjà mille dards,
Suivis de mille cris, sifflent de toutes parts.

---

[1] Pectora rupisset, nisi post altaria Phineus
  Isset, et (indignum!) scelerato profuit ara.

L'indignation du poète, exprimée par une parenthèse exclamative, est d'un effet remarquable.

LIVRE V. 225

La troupe des mutins au combat échauffée,
Non moins que le héros, veut immoler Céphée.
Mais attestant les dieux de l'hospitalité,
Attestant de la foi l'auguste sainteté,
Qu'il n'a pu conjurer les fureurs de Phinée,
Céphée échappe aux coups de sa main forcenée.

II. *Pallas protège Persée.*

PALLAS vole au secours du fils de Jupiter,
Le couvre de l'égide, et repousse le fer.
Atys, jeune Indien, sert le parti rebelle;
Semblable au bel Atys, si chéri de Cybèle,
Une fille du Gange, à ce fils de l'Amour,
Dans son palais humide avait donné le jour.
Seize ans étaient son âge : une molle parure
Relève les attraits de sa belle figure.
L'or et l'écaille en peigne artistement formés [1],
Attachaient ses cheveux de myrrhe parfumés;

---

[1] Tous les interprètes expliquent *crinale* par bandelette; mais l'épithète *curvum* indique un peigne courbe. Cette image est moins vulgaire, et m'a paru préférable. Le poète ne semble décrire la beauté du jeune Atys avec une touche si voluptueuse, que pour préparer un contraste avec son genre de mort, qui est terrible. Et quelle teinte suave et douce ne répand pas sur ce tableau affreux l'amitié du syrien Lycabas pour ce bel Indien?

Et vêtu d'une robe où l'or retombe en frange,
L'or enchaîne à son cou les diamans du Gange.
Sûr d'atteindre le but où s'adresse son dard [1],
S'il tend son arc, il est plus habile en cet art.
Tandis que son genou veut assouplir l'ébène
De son arc qui résiste et se courbe avec peine;
Saisissant un tison fumant sur un autel,
Le fils de Danaë lui porte un coup mortel,
Et du choc enflammé de la massue ardente
Ecrase en la brûlant sa tête si charmante.

Le sang du bel Atys jaillit sur Lycabas,
Qui l'aime d'amour tendre, et ne s'en cache pas.
Les yeux du Syrien versent des pleurs de rage [2].
Il prend l'arc dont Atys sut en vain faire usage:
D'un jeune enfant, dit-il, exécrable assassin,
Lâche ! voici le trait qui dut percer ton sein,
Le trait qui va punir ta coupable victoire.
Ton triomphe est un crime, et non pas une gloire.

---

[1] Ille quidem jaculo quamvis distantia misso
Figere doctus erat ; sed tendere doctior arcus.

Il est à propos de faire remarquer aux jeunes latinistes que cette locution, *tendere doctior arcus*, est un hellénisme. Selon l'idiôme latin, Ovide aurait dit *doctior tendendi*.

[2] *Assyrius* signifie *Syrien*. Hérodote dit que les Barbares appelaient Assyrie la même contrée que les Grecs nommaient Syrie. Ces deux noms ont été souvent confondus par les poètes anciens. *Assyrium amomum*, baume de Syrie.

Tandis qu'il parle encor, le coup part, et l'acier,
Sans blesser le héros, pend à son baudrier.
Il fond sur Lycabas, et de la même épée
Que de son sang affreux la Gorgone a trempée,
Le presse avec furie, et lui perce le flanc.
Lycabas près d'Atys, renversé dans son sang,
Tourne ses yeux mourans sur cet ami si tendre,
Chez les morts avec lui consolé de descendre.

Empressés à combattre, Amphimédon, Phorbas,
Dans le sang répandu glissent, et sur un bras
Redressés à demi, retombent sur la terre,
Abattus sous les coups du fatal cimeterre.
Mais contre Erite armé d'une hache d'airain,
Son glaive est inutile; il le quitte, et soudain
Sur la table à deux mains prend une urne pesante,
Ouvrage ciselé par une main savante;
Et lui frappant le front d'un coup inattendu,
Dans son sang qu'il vomit, le renverse étendu.

Le vainqueur sous son fer qu'aucun guerrier n'évite,
Abat Clytus le Mède, et le Thrace Abarite;
Et toi, Polydémon, qui de Sémiramis
Vantais le sang royal dans tes veines transmis.
Il foule sous ses piés des monceaux de carnage.
Phinée eût craint de près d'éprouver son courage [1]:

---

[1] Phinée n'ose attaquer de près son rival; cette circons-

Le perfide de loin lui fait voler un dard
Que sur Idas détourne un aveugle hasard,
Idas, qui, malgré lui, témoin de la querelle,
N'avait point pris parti dans la guerre cruelle [1].
Il tourne sur Phinée un regard courroucé :
Puisqu'à combattre aussi ta rage m'a forcé,
Tremble de l'ennemi que tu viens de te faire;
Ton sang paîra mon sang. Il veut dans sa colère
Lui rejeter le dard arraché de son flanc;
Et tombe sans vengeance, épuisé de son sang.
Le satrape Odités, le second de l'empire,
Est atteint par Climène, et sous son glaive expire.
Hypsée à Proténor a fait perdre le jour,
Et frappé par Lyncide, il le perd à son tour.
Un vieillard cher aux dieux, défenseur de leur culte,
Emathion s'agite au milieu du tumulte.
Si la religion, si l'âge, pour ses rois,
Lui défend de combattre, il combat de la voix;
Il maudit des mutins la sacrilége audace.
Mais tandis qu'il s'appuie aux autels qu'il embrasse,

---

tance est une expression de mœurs. Les traîtres sont toujours lâches.

[1] L'aventure d'Idas, qui est resté neutre, et qui néanmoins est tué dans la querelle, offre un incident naturel, imaginé avec autant d'esprit que de vérité.

Du barbare Cromis le glaive meurtrier
A fait tomber sa tête au milieu du brasier.
Sa voix murmure encore une plainte fatale,
Et son dernier soupir dans les flammes s'exhale.

Ammon et Brotéas, nés dans le même flanc,
Sous le fer de Phinée ont vu couler leur sang.
Dans les combats de Mars leur adresse est trompée :
Ils vivraient, si le ceste eût pu vaincre l'épée [1].
Auprès d'eux Amphycus, pontife de Cérès,
Ceint du bandeau sacré, tombe aussi sous ses traits.

Tu meurs : déjà le glaive est levé sur ta tête,
Iampis, toi qui fais l'ornement de la fête,
Toi qui né pour la paix, né pour les doux emplois,
Joins aux sons de ton luth le charme de ta voix.
Faible, et tenant sa lyre, il s'éloigne des armes.
Pettale qui le voit, insulte à ses alarmes.
Va finir tes accords aux festins de l'enfer [2]
Dit-il ; et dans la gorge il lui plonge le fer.

---

[1] Le ceste était un gantelet dont les athlètes armaient leurs poings.

[2]   Stygiis cane cætera, dixit,
    Manibus, et lævo mucronem tempore fixit.

C'est-à-dire, selon la littéralité scholastique : « Va chanter le reste aux manes infernaux, dit-il ; et il lui plongea la pointe de son glaive dans la tempe gauche » ; circonstance indifférente, qu'Ovide n'eût pas exprimée s'il eût écrit en

Le chantre, de ses doigts qui tremblent sur sa lyre,
Tire un son lamentable au moment qu'il expire.

Furieux de ce meurtre indigne d'un héros,
Lycormas de la porte arrache un des barreaux [1],
Abat le meurtrier, le terrassse, le tue.
Ainsi tombe le bœuf sous la lourde massue.
Pélas veut arracher l'autre levier d'airain ;
Mais Coryte, d'un dard qui lui perce la main,
A la porte cloué, l'arrête sans défense.
Abas impunément l'achève de sa lance ;
Il perd la vie, il meurt ; mais il ne tombe pas,
Retenu par la porte où le suspend son bras.

Le parti du héros voit périr Ménalée :
Dorilas avec lui tombe dans la mêlée,
Dorilas possesseur dans les champs Nasamons [2],
D'innombrables arpens, d'innombrables moissons

---

français, puisque *tempe gauche* n'est pas admissible en vers, ni même en prose. Il semble d'ailleurs que la circonstance équivalente a plus d'intérêt, puisque le musicien périt par l'organe même de son chant et de sa voix.

[1] Ovide a tellement varié les particularités du combat qu'il décrit, il répand tant d'intérêt sur différens acteurs de cette scène tragique, qu'il semble qu'elle s'est passée sous ses yeux. Ce n'est pas un poète qui imagine ; c'est un témoin présent à l'action, et qui vous y rend présent vous-même.

[2] Les Nasamons étaient des peuples de la Lybie, contrée

andis que de sa vie il exhale le reste,
Halcionée, auteur de son destin funeste...
e tes champs si nombreux, si féconds en trésors,
Possède désormais ce que couvre ton corps[1].
Il dit, et foule aux piés un cadavre sans vie.
Le héros, enflammé d'une juste furie,
Tire le javelot du sein de Dorilas,
Le darde à son vainqueur, et venge son trépas.
Sa main, par le succès au carnage échauffée,
De deux frères jumeaux fait un double trophée.
Unis par la naissance, ils le sont par la mort.
L'un reçoit dans les dents un javelot qu'il mord;
L'autre atteint d'une flèche à ses flancs attachée,
Roule sur les mourans dont la terre est jonchée.

---

d'Afrique, célèbre par la fertilité de ses moissons. *Quicquid de Lybicis verritur areis*. Horace.

On n'a pas rendu en termes exprès,

Hujus in obliquo missum stetit inguine ferrum.

A la lettre : « La javeline lui resta piquée obliquement dans l'aine ». De pareilles images répugnent à notre goût et à notre idiôme.

[1] Hoc quod premis, inquit, habeto
De tot agris terræ.

Cette sentence, jetée comme au hasard dans le cours de la narration, vous arrête avec une sorte d'effroi sur une pensée religieuse et philosophique, et vous laisse dans l'ame une leçon frappante.

Persée immole encor Céladon de Mendès,
Etion qui du sort présage les décrets,
Mais qui n'a pas prévu sa propre destinée ;
Le hardi Thoastès, écuyer de Phinée,
Astréus, orphelin sans parens et sans nom,
Né d'une Syrienne aux plaines d'Ascalon ;
Et l'infame Argitès, exécrable victime,
Du meurtre de son père expie enfin le crime.
　　Mais sa force s'épuise, et le danger renaît :
De la perte d'un seul mille ont juré l'arrêt.
Mille bras contre un seul sont armés par la rage :
On le presse, et le nombre accable le courage.
Le héros n'a pour lui, contre tant d'ennemis,
Qu'un beau-père, une épouse, et des pleurs, et des cris.
Que peuvent lui servir leurs plaintes, leurs alarmes ?
Les clameurs des mourans et le fracas des armes
Etouffent leurs accens dans le bruit confondus.
La discorde triomphe, et leurs cris sont perdus.
De Phinée et des siens l'ardeur se renouvelle ;
Et sur le sang qui fume un nouveau sang ruisselle.
Plus épais que la grêle, un orage de dards
Sur Persée, en sifflant, vole de toutes parts.
Il se met à l'abri d'une colonne immense,
Et contre elle appuyé, ménage sa défense.
Deux Arabes égaux en valeur, en renom,
A la gauche Molpée, à la droite Ethémon,

Le pressent à-la-fois, à-la-fois le harcèlent.
Tel qu'un tigre affamé, dont les yeux étincèlent,
S'il entend deux taureaux en deux vallons mugir,
Hésite, ne sachant de quel côté courir;
Il voudrait, et ne peut les attaquer ensemble.
Entre deux ennemis que la fureur rassemble,
Tel Persée incertain qui des deux immoler,
Blesse et force d'abord Molpée à reculer.
Sa fuite lui suffit; il lui permet de vivre.
Pressé par Ethémon, il ne peut le poursuivre.
Mais Ethémon lui-même est blessé par son fer,
Qui se brise en éclats, et qui jaillit en l'air.
Le héros le voyant pâlir de sa blessure,
Lui plonge dans le flanc le glaive de Mercure [1].

III. *Persée change Phinée et tous ses Ennemis en Statues de pierre.*

Le fils de Jupiter combat avec chaleur;
Mais le nombre eût enfin opprimé la valeur.
Puisqu'il faut employer ma dernière défense,
Dit-il, mon ennemi va venger mon offense.

---

[1] Cyllenide confodit harpe.

Harpe, épée recourbée de Mercure, avec laquelle il trancha la tête d'Argus, et qu'il prêta à Persée pour combattre la Gorgone.

S'il est quelque guerrier qui me serve en ces lieux,
Qu'il détourne la tête, et qu'il ferme les yeux.
Il découvre à ces mots la tête de Méduse.
Cherche ailleurs des esprits qu'un vain prestige abuse,
Dit Thescèle; et glacé par l'effroi des serpens,
Prêt à lancer un dard, son bras reste en suspens.
Ampis, le fer levé, prêt à frapper Lyncide,
Garde, en marbre changé, sa posture homicide.
Nilée a vu le jour aux remparts de Memphis,
Et du Nil faussement se vante d'être fils :
Son écu d'or, empreint des sept bouches du fleuve,
Porte de sa naissance une orgueilleuse preuve.
Meurs de ma main, Persée, et connais ton vainqueur,
Et du moins chez les morts emporte cet honneur.
Il dit, et devient pierre. Immobile et farouche,
Pour insulter encore il semble ouvrir la bouche.

    Lâches, s'écrie Eryx, c'est l'effroi, ce n'est pas
La Gorgone qui glace et vos cœurs et vos bras;
Frappez, et de Persée étendu sur la place,
Confondons le prestige, et punissons l'audace.
Il menace, et soudain en marbre transformé,
Ce vain guerrier n'est plus qu'un simulacre armé.

    Tous ont la même peine, et tous l'ont méritée.
Un soldat du héros, l'imprudent Acontée,
Le regarde, et demeure immobile et glacé.
Le Mède Astiagès, non loin de lui placé,

Le croit vivant, le frappe; et tandis qu'il s'étonne
Du cliquetis aigu dont son glaive résonne,
Il est marbre lui-même, et ses yeux stupéfaits,
De sa surprise encore expriment les effets.
    Qui pourrait cependant décrire ici le reste
Des guerriers, tous frappés de ce trépas funeste?
Deux cents étaient encore au combat engagés;
Deux cents par la Gorgone en pierre sont changés.
Phinée enfin se trouble; il reconnaît son crime;
Et de ses attentats frémit d'être victime.
Il tremble, il se repent : que peut-il faire alors?
Les siens glacés d'horreur n'ont plus qu'un vain dehors.
Il reconnaît leurs traits, les nomme, les appelle;
Il veut en croire encor l'apparence infidelle;
Il les touche, et sa main confirme ses regards.
Humble, baissant ses yeux timides et hagards :
    Tu triomphes, Persée, et ma haine est vaincue,
Dit-il; écarte au moins ce monstre qui me tue.
Ni la soif de régner, tu ne l'ignores pas,
Ni la soif de ton sang, n'ont point armé mon bras.
Non, je redemandais une épouse enlevée.
On me promit sa foi, si ton bras l'a sauvée.
Je cède à mon vainqueur les droits de mon amour;
Qu'il possède Andromède, et me laisse le jour.
    Humilié, confus, et la tête baissée,
Il n'ose en l'implorant envisager Persée.

Sois sûr, dit le héros, de recevoir de moi
Le prix, le digne prix d'un lâche tel que toi :
Des exploits de ce jour témoin sûr et durable,
Je veux que désormais tu sois invulnérable[1].
Je veux qu'en ce lieu même Andromède à jamais,
En perdant ton amour, retrouve au moins tes traits.

Le vainqueur, à ces mots, aux regards du perfide
Présente, malgré lui, la Gorgone homicide.
Il veut se détourner ; mais le monstre fatal
Endurcit de ses yeux le stupide cristal.
Il est une statue, et son visage exprime
La honte, la pâleur, la bassesse du crime.

IV. *Prétus.*

PERSÉE en sa patrie, aux murs sacrés d'Argos
Emmène son épouse, arrive, et le héros
Y rend à son aïeul sa couronne usurpée.
Un frère ambitieux, par le droit de l'épée,

---

[1] Pone metum, tribuam : nullo violabere ferro.

Ce vers a d'autant plus de force, qu'il est en situation. Jamais ironie n'a été plus noble, ni mieux placée, et plus accablante. La punition de Phinée termine dignement cette scène, pleine de mouvement et d'énergie. Les fables de Prétus et de Polydecte doivent paraître un peu minces après celle-ci : mais elles sont très-courtes.

-rétus, avait d'Acrise envahi les états.
n vain il a pour lui ses tours et ses soldats;
e traître, de Méduse à peine a vu la tête,
n coup-d'œil lui ravit la vie et sa conquête.

V. *Polydecte.*

Et toi, fier de régner sur des rochers déserts [1],
Polydecte, sa gloire et ses travaux divers
Ne peuvent adoucir ta haine envenimée.
Jaloux de ses exploits et de sa renommée,
Tu dis que le héros de Méduse vainqueur,
Se vante à l'univers d'un triomphe imposteur.
Peut-être, dit Persée, en croira-t-il sa vue.
Soudain tu vois le monstre, et tu deviens statue.

VI. *Pallas visite les Muses.*

Sœur de ce demi-dieu, la guerrière Pallas,
Invisible à ses yeux, accompagne ses pas.
Mais du héros enfin Minerve se sépare.
Elle quitte Séryphe, et vole sur Gyare;

---

[1] Te tamen, ô parvæ rector Polydecta Seryphi!

L'île de Séryphe, où régnait Polydecte, a été ainsi appelée, à cause des rochers dont elle était remplie; ce qui l'a fait nommer par Tacite, *Saxum Seryphium.*

Et traversant les airs sur un nuage d'or,
Au sommet d'Hélicon arrête son essor [1].
Elle aborde en ces mots les doctes immortelles.

La source qu'un coursier si fameux par ses ailes,
Sur la cime d'un roc fit jaillir dans les airs,
Du bruit de sa merveille étonne l'univers.
Le sang de la Gorgone à mes yeux le fit naître.
On lui doit l'Hypocrène, et je viens la connaître.

O déesse! l'objet qui vous guide vers nous,
Nous procure un honneur et bien cher et bien doux,
Lui répond Uranie : oui, sachez que notre onde
D'un renom mensonger n'a point rempli le monde;
Elle doit à Pegase et sa source et son nom.
Elle dit, et soudain dans le sacré vallon
Elle conduit Pallas vers l'onde merveilleuse.
Admirant de ses flots la chute sourcilleuse,
Les grottes, les gazons, les ombrages, les fleurs,
La déesse s'écrie : Heureuses les neuf sœurs [2],

---

[1] La visite que Minerve rend aux Muses, est une transition adroite imaginée par le poète, pour amener le récit de différentes métamorphoses que celles-ci racontent à la déesse.

[2] Les talens ont un charme qui rend heureux ceux qui les cultivent. Qu'ils aient du loisir et un peu d'aisance, leur travail est leur récompense.

Que faut-il à l'abeille? un asyle et des fleurs.
DELILLE.

e pouvoir joindre en paix dans cette solitude
ux charmes d'un beau lieu les charmes de l'étude !

VII. *Elle apprend d'elles pourquoi elles se changèrent en Oiseaux.*

O vous ! digne à nos chants de mêler votre voix [1],
Si vous n'aviez de Mars endossé le harnois,
Oui, nos travaux sont doux en un si doux asyle :
Heureux notre destin, s'il était plus tranquille !
Mais que n'ont point à craindre en des jours de forfaits
Des vierges sans défense, amantes de la paix ?
De Pyrénée encor la sacrilége audace
A mon esprit troublé sans cesse se retrace.
Aux combats aguerris, ses Thraces inhumains,
Par-tout de la Phocide occupaient les chemins.

---

[1] Pallas, déesse savante et guerrière, vient visiter les Muses : elle se plaît dans leur entretien ; elle en est accueillie avec honneur. L'explication de cette allégorie est facile. Dans tous les siècles, les grands hommes ont aimé le commerce des grands écrivains. Les vrais héros ont toujours honoré les talens : ils se sont plu à les accueillir sous la tente et à l'ombre des lauriers. Ces exemples n'étaient pas rares chez les anciens. Les deux Scipions cultivèrent les lettres dans le tumulte des camps; et César maniait également bien la plume et l'épée.

Gaudet enim Virtus comites sibi jungere Musas ;
Carmen amat quisquis carmine digna facit.
CLAUDIEN.

Nous suivions le sentier de la double colline.
Le tyran vient à nous : Filles de Mnémosine [1],
Dit-il, dissimulant ses odieux projets,
L'orage vous menace ; entrez dans mon palais ;
Arrêtez-y vos pas : les dieux, loin des profanes,
Ont souvent habité sous de simples cabanes.
Nous acceptons son offre, et nous cédons au tems.
Mais à peine vainqueur des pluvieux Autans,
L'Aquilon de son souffle eut dissipé l'orage ;
Nous sortions : l'insolent nous ferme le passage.
Sur des ailes alors échappant au pervers,
Nous fuyons loin de lui par les chemins des airs.
Son transport forcené redouble à cette vue.
Oui, la route des airs, comme à vous, m'est connue,
Nous dit-il ; et poussé par son aveugle amour,
Il monte, pour nous suivre, au sommet d'une tour:
Il veut voler, il tombe ; et dans sa rage extrême,
Ecrasé sur la pierre, il se punit lui-même.

---

[1] Les Muses sont filles de Mnémosine ; et leur naissance allégorique apprend que la mémoire est la mère du génie. Selon l'ingénieuse expression de Fontenelle, inventer, c'est se ressouvenir. Elles président aux sciences, et principalement à la poésie. Elles se nomment Calliope, Clio, Erato, Thalie, Melpomène, Therpsicore, Euterpe, Polymnie et Uranie.

VIII. *Les Piérides disputent aux Muses le Prix du chant.*

De battemens ailés l'air frémit à l'entour,
Et Minerve s'entend saluer d'un bonjour [1].
Elle cherche de l'œil, à travers la feuillée,
D'où peut venir la voix si bien articulée.
C'est la voix d'une pie, un ramage d'oiseaux,
Qui criant, se plaignant de leurs destins nouveaux,
De la parole encore ont conservé l'usage.
Ces oiseaux qui de l'homme imitent le langage,
Dit la Muse, ont été des vierges autrefois :
Leur orgueil les perdit au combat de la voix.
Piérus, si fameux aux champs de l'Emathie,
Piérus dans Pella leur a donné la vie [2].

---

[1] Ovide amène par une circonstance simple, naturelle, et d'autant plus ingénieuse, la fable des Piérides changées en pies. Il faut se rappeler qu'après la bataille d'Actium, un corbeau amené sur le passage d'Octave le salua en ces mots : *Ave, Cæsar Victor.* On trouve une heureuse allusion à ce trait dans un poète moderne. Il s'agit du perroquet.

    Sincère courtisan d'un roi prudent et juste,
    Qu'il dise à l'œil de bœuf: Bonjour, César Auguste.

[2] L'imagination brillante d'Ovide, qui presque toujours embellit un texte aride, quelquefois ne peut pas en faire disparaître la sécheresse. Cette fable des Piérides en est une preuve. Que peut faire alors son interprète, si ce n'est d'être simple, clair et précis ?

Evippe lui donna neuf fruits de son amour,
Et féconde neuf fois, mit neuf filles au jour.
Leur nombre, égal au nôtre, enfla leur ame vaine.
On les vit accourir aux bords de l'Hypocrène,
Et du chant, par ces mots, nous disputer le prix.

Thespiades, c'est trop abuser les esprits [1] ;
Osez-vous aujourd'hui combattre des rivales,
En talens comme en nombre aux neuf Muses égales
Si l'on nous doit la palme et des chants et des vers,
Cédez-nous l'Hélicon et ses bois toujours verds ;
Ou si de ce combat vous remportez la gloire,
L'Emathie est à vous pour prix de la victoire.

La gloire de les vaincre a pour nous peu d'appas
Mais il était honteux de ne les vaincre pas.
Pour décerner le prix de la savante lutte,
Les Nymphes des vallons, juges de la dispute,
Sur des bancs de cristal prennent place ; et d'abord
Sans attendre son tour et les arrêts du sort,
Préludant sur son luth, l'une de nos rivales
Raconte ces combats et ces guerres fatales

---

[1] Les Muses étaient surnommées Thespiades, de Thespis ville de Béotie. C'est par mépris que les Piérides les dénomment ainsi. C'est comme si elles les appelaient déesses des Béotiens. Or on sait que les Béotiens passaient pour de hommes grossiers, et nés avec des organes peu délicats.

Où l'on vit les Géans escalader les cieux.
Elle abaisse à dessein ce que firent les dieux,
Quand la Terre eut vomi le monstrueux Typhée ;
Et des Titans hardis relevant le trophée,
Elle chante leur chef, vainqueur de Jupiter,
Répandant la terreur aux plaines de l'Ether,
Les dieux chassés du ciel, forcés dans leur défaite
De chercher dans l'Egypte une indigne retraite,
Et près du Nil errans entre les sept canaux,
Prenant, pour se cacher, des formes d'animaux.
Glorieux changemens pour la troupe immortelle!
Jupiter fut bélier, et c'est de-là, dit-elle [1],
Qu'un bélier en Lybie est l'emblême d'Ammon :
Junon se fit génisse, et la sœur d'Apollon,
Diane, d'une chatte emprunta la fourrure.
Lui-même d'un corbeau prit la noire figure.

---

[1] Ce fut Bacchus qui, à son retour de l'Inde, bâtit à Jupiter un temple magnifique dans les déserts de la Lybie. On dit que son armée, mourant de soif, trouva à sa rencontre un bélier qui la conduisit à une source où elle puisa la vie. Ce bélier parut un emblême de Jupiter, qui, en reconnaissance, fut adoré sous cette forme. Il semble que cette fable des dieux, transformés en Egypte en divers animaux, soit une allusion au culte du pays. On sait que les dieux de la Grèce n'étaient pas ceux des Égyptiens, qui adoraient des béliers, des vaches, des chats, des ibis. L'ibis est une espèce de cigogne.

Bacchus se change en bouc, et Mercure en ibis.
Le fier dieu des combats hurla comme Anubis,
Et Vénus d'un poisson prit la forme écailleuse.

Ainsi pinçant son luth chanta cette orgueilleuse.
On veut à notre tour juger de nos concerts :
Mais nos récits sont longs et vos momens sont chers;
Un soin plus important sans doute vous appelle.
Non, redites-moi tout, lui répond l'immortelle,
Redites-moi par ordre et vos chants et vos vers:
Elle dit, et s'assied sous les ombrages verds.

Une seule de nous, continue Uranie,
Calliope soutint l'honneur de l'Aonie.
Debout, ceinte de lierre, elle chante, et sa voix
S'accorde au luth savant qui parle sous ses doigts.

IX. *Chants de Calliope en l'honneur de Cérès.*

CÉRÈS a la première apporté dans le monde
Des blés aux gerbes d'or la semence féconde [1].
L'homme lui doit le soc qui nourrit l'univers;
L'homme lui doit ses loix : et je lui dois mes vers.

---

[1] Cette fable de Cérès et de Proserpine est une des plus belles de la mythologie. Aussi le poète la fait-il raconter par les Muses. La Sicile est appelée *Trinacris*, île à trois pointes, parce qu'elle est d'une forme triangulaire, et terminée par trois caps. Ovide suppose que deux de ces promontoires, le

Que du moins, s'il se peut, mes vers soient dignes d'elle.

Ce monstrueux Titan, dont l'audace rebelle
Osa dans l'empirée attaquer Jupiter,
Gémit sous la Sicile aux cachots de l'enfer.
Il voudrait sous son poids se soulever encore :
Mais ici le Pachyn, là le roc de Pélore,
Enchaînent de ses bras les impuissans efforts.
Le vaste Lylibée ensevelit son corps.
L'Etna charge sa tête, et ce mont qui l'écrase
Vomit des rocs ardens que son haleine embrase.
Il s'agite en ses fers, il lutte, et quelquefois
Des monts et des cités veut secouer le poids.
La terre en a tremblé jusqu'au centre du monde.
Pluton lui-même craint que sa voûte profonde
Ne croule, et qu'un rayon de l'astre qui nous luit
N'épouvante les morts dans l'éternelle nuit.

Ce dieu sort de l'Erèbe, et vient dans la Sicile
Visiter sur son char les fondemens de l'île.
Tout lui paraît solide ; et non loin de l'Etna,
Tandis que son char roule aux campagnes d'Enna,
La mère des plaisirs, la déesse d'Eryce,
Le voit ; et caressant l'enfant plein de malice :

Pachyn et le Pélore, accablent par leurs poids les bras de Typhée, et que le troisième, appelé Lylibée, est assis sur ses piés, et les enchaîne. C'est métamorphoser en images poétiques une description géographique.

O toi ! dit-elle, ô toi ! mon appui, mon vengeur [1],
Mon fils, prends ton carquois, choisis un trait vainqueur
Blesse, embrase le dieu qui reçut en partage
De ce triple univers le dernier héritage.
Jupiter dans les cieux, Neptune au fond des mers,
Ont senti ta puissance ; il faut que les enfers
D'un nouveau tiers du monde accroissent ton empire.
Qu'attends-tu ? contre nous dans le ciel on conspire ;
Déjà ne vois-tu pas échapper à nos lois
Pallas aux champs de Mars, Diane au fond des bois ?
La fille de Cérès, s'il faut que tu l'endures,
Nous prépare à tous deux de nouvelles injures.
Que Pluton et sa nièce, unis d'un doux lien,
Vengent, il en est tems, ton honneur et le mien.

Vénus parle, et l'Amour à ses leçons docile,
Prépare un fer aigu qu'il choisit entre mille.
Nul parmi les traits d'or, fils ailés du carquois,
N'est plus prompt sur la corde à partir de ses doigts.

---

[1] Les poètes latins, remplis de la lecture des Grecs et de leurs inventions mythologiques, les imitent sans cesse, soit dans les fictions, soit dans les pensées, soit dans les tours. Ces imitations occasionnent entr'eux de fréquentes ressemblances. Virgile fait apostropher l'Amour par Vénus, qui lui adresse une prière à-peu-près dans les mêmes termes qu'Ovide.

Ergò his aligerum dictis affatur amorem.
Nate, meæ vires, mea magna potentia.

LIVRE V.

L'Enlèvement de Proserpine.

L'enfant sur son genou courbe son arc fidèle.
Le trait vole, et du dieu perce le cœur rebelle.

X. *Enlèvement de Proserpine.*

Non loin des murs d'Enna, murs chéris de Cérès,
Le lac Perguse étend son canal toujours frais.
Le Caïstre jamais ne vit sur son rivage [1],
Plus de chantres ailés humecter leur plumage.
Un bocage touffu le couronne à l'entour
D'un rideau de verdure impénétrable au jour.
L'ombre donne au gazon une fraîcheur plus vive.
Un éternel printems fleurit sur cette rive.
Tandis qu'en se jouant dans ces rians bosquets
L'aimable Proserpine assemble des bouquets,
Et moissonne, à l'envi des nymphes de son âge,
La violette née à l'ombre du bocage,
Pluton la voit; pressé d'un amoureux tourment,
La voir et l'enlever n'est pour lui qu'un moment.
La déesse pâlit, tremble, se désespère;
Elle appelle à grands cris ses compagnes, sa mère,

---

[1] C'était une opinion reçue chez les anciens, que la mélodie des chants du cygne. On ne sait trop pourquoi; car son chant est un cri enroué et désagréable. On trouve dans le poëme des Jardins une allusion charmante à cette ancienne erreur.

Le cygne à qui l'erreur prêta des chants aimables,
Et qui n'a pas besoin du mensonge des fables.

Sa mère, hélas! sa mère.... et la moisson de lys
Que renferme sa robe échappe de ses plis.
O candeur de son âge ! en ce désordre horrible
Un chagrin si léger la trouve encor sensible [1].
Le ravisseur farouche, impatient d'amour,
Exhorte ses coursiers, les nomme tour-à-tour;
Il agite leur frein rouillé de leur écume :
A travers des sentiers de lave et de bitume,
Sur un sol crevassé par le feu des volcans,
Déjà du lac Palique il franchit les étangs,
Et les bords où la mer que traverse Aréthuse,
Enferme entre deux ports les murs de Syracuse.

XI. *Cyane changée en Fontaine.*

Près de ces murs fameux un bras du flot amer,
Pressé par deux rochers, forme une étroite mer,
Qui sépare Aréthuse et le lac de Cyane [2].
Dans ces flots que jamais le nocher ne profane,
Cyane sur ces bords par son nom si connus,
Promenait, en nageant, ses charmes demi-nus.

---

[1] Combien cette réflexion naïve jetée au milieu du récit, y répand d'intérêt ! Cet ornement n'est pas absolument essentiel à la narration : mais supposez qu'il ne s'y trouve pas. Quelle beauté de moins !

[2] Cyane est une fontaine de Sicile, qui se mêle avec les eaux de l'Anape, dans le territoire de Syracuse.

Elle apperçoit Pluton : Où courez-vous, dit-elle !
Arrêtez, respectez une jeune immortelle.
Soyez, sans offenser sa mère et votre sœur,
L'époux de Proserpine, et non son ravisseur.
Anapis, on le sait, me trouva quelques charmes ;
Mais il ne triompha qu'en me rendant les armes.
Loin d'inspirer l'effroi, que Pluton à son tour
Se rende à Proserpine, et la doive à l'amour.

 Soudain la nymphe au char qui recule en arrière,
De ses bras étendus oppose la barrière.
Le sombre dieu s'irrite ; il ne l'écoute pas ;
Il pousse ses coursiers, les excite ; et son bras
Dans l'onde avec fureur jette son sceptre horrible.
La terre au fond des eaux tremble à ce coup terrible.
Elle s'ouvre, et le char dans ses flancs entr'ouverts
S'enfonce, disparaît, et retourne aux enfers.

 Cyane inconsolable en sa grotte profonde,
Se plaint qu'un dieu barbare a violé son onde,
Regrette Proserpine ; et se fondant en pleurs,
Goutte à goutte en rosée épanche ses douleurs.
Alors vous eussiez vu par degrés insensibles
Ses ossemens mollir et devenir flexibles.
Vous eussiez vu ses yeux, ses cheveux, et ses doigts,
Se changeant en canaux qui pleuvent à-la-fois,
Ajouter à sa source une source nouvelle.
Ce qu'elle fut n'est plus. Tout est liquide en elle.

Son sang qui se distille, en larmes se résout.
Cette nymphe de l'onde en onde se dissout.

XII. *Cérès cherche sa Fille. Un Enfant changé en Lézard.*

De contrée en contrée, errante, vagabonde,
Cérès cherche sa fille aux deux bornes du monde :
Et l'étoile du soir, l'étoile du matin,
La voit incessamment se fatiguer en vain.
Aux volcans de l'Etna deux sapins qu'elle allume [1],
Pareils à deux flambeaux de poix et de bitume,
Lui prêtent leurs clartés dans l'ombre de la nuit ;
Et quand le jour succède à l'ombre qui s'enfuit,
Redemandant sa fille au lever de l'aurore,
Jusqu'au retour du soir elle la cherche encore.
Hors d'haleine, elle sent son aride gosier
Dévoré par la soif comme par un brasier.

---

[1] Quelle image magnifique ! C'est le propre de la poésie de peindre : *ut pictura poësis*. Ovide est un grand poète, parce qu'il est un grand peintre. Son expression copie les tableaux que dessine son imagination, et les peint avec tous les traits qui leur appartiennent. Et comme le sentiment est fondu dans la couleur poétique ! On sent que le poète est touché de la douleur maternelle de Cérès, et on est touché soi-même par la force et la vérité de la peinture.

Elle marche long-temps sans trouver une eau pure.
Le hasard à ses yeux découvre une masure.
Une vieille l'habite, et présente à Cérès
Un jus d'orge et de miel, qu'elle boit à longs traits.
Tandis que la déesse éteint sa soif ardente,
Un enfant au cœur dur, à la langue impudente,
De son avidité se rit avec mépris.
Cérès ne peut souffrir l'insulte de ses ris ;
Et vengeant le respect que l'on doit à son âge,
Lui jette avec dépit le reste du breuvage.
Son corps se retrécit ; et semblable au lézard,
Il rampe sur ses mains, il serpente au hasard ;
Et sa peau se verdit de taches étoilée.
La vieille, à son aspect d'épouvante troublée,
Recule, le contemple, et n'ose le toucher ;
Mais lui-même il la craint, fuit, et court se cacher.

XIII. *Cérès revient en Sicile.*

Quels climats de Cérès ne virent point la peine ?
Le monde manque enfin à sa recherche vaine.
Aux champs de la Sicile à peine de retour,
Elle visite encor tous les lieux d'alentour,
Vient aux bords de Cyane, et ne peut de sa bouche
Apprendre le secret du malheur qui la touche.
Cyane n'est plus nymphe ; elle n'a plus de voix.
Du destin de sa fille elle sut toutefois

Donner à la déesse un signe manifeste.
La ceinture échappée à la vierge modeste [1],
A replis sinueux surnage sur les flots.
Cérès la reconnaît : elle éclate en sanglots,
Comme si dans l'instant de sa perte cruelle,
Cette mère eût appris la première nouvelle ;
Vingt fois dans sa douleur elle meurtrit son sein.
Elle ignore le lieu complice du larcin ;
Mais à tous les climats elle impute sa peine :
Tous, ingrats à ses dons, ont mérité sa haine,
Et sur-tout la Sicile, où de muets témoins
Lui confirment sa perte, et confondent ses soins.
Elle brise le soc, elle tue, elle immole
L'innocent laboureur, et le bœuf agricole,
Trompe l'espoir des grains confiés aux guérets,
Ravage son domaine, et détruit ses bienfaits.
La Sicile en moissons autrefois si féconde,
Perd sa fertilité célèbre dans le monde.
Le blé germe et périt de nielle infecté.
Brûlé par le soleil ou de pluie humecté,
L'épi meurt, et des airs accuse l'inclémence.
Les avides oiseaux dévorent la semence,

---

[1] Cette circonstance est très-délicate et très-ingénieuse. La ceinture perdue de Proserpine est un emblême de la perte de son innocence virginale.

La gerbe mince et frêle est en proie aux chardons ;
Et l'herbe parasite usurpe les sillons.

XIV. Aréthuse apprend à Cérès l'enlèvement de sa Fille.

Cependant Aréthuse, à l'ombre de ses saules,
Lève au-dessus des eaux ses humides épaules,
Et s'écrie : O Cérès ! ô mère des moissons !
Mère de Proserpine, écartez vos soupçons.
Ah ! c'est trop ravager une terre fidelle.
Son sein au ravisseur s'ouvrit en dépit d'elle.
Non, non, ne pensez pas que pour vous appaiser,
L'amour de mon pays me porte à l'excuser.
Hôtesse de ces bords, cette île m'a su plaire ;
Mais je suis en Sicile une nymphe étrangère.
L'Elide est ma patrie ; et vous saurez un jour,
Comment pour éviter Alphée et son amour,
Mon onde au sein des mers fugitive et rebelle,
Se fraie en Ortygie une route nouvelle [1].

---

[1] La fable d'Aréthuse a fourni à Voltaire, dans la Henriade, le sujet d'une comparaison qui a toujours paru aussi neuve que brillante.

> Belle Aréthuse, ainsi ton onde fortunée
> Roule au sein furieux d'Amphitrite étonnée,
> Un cristal toujours pur et des flots toujours clairs,
> Que jamais ne corrompt l'amertume des mers.

Très-peu de gens de lettres savent que l'idée en est emprun-

Mais je dois aujourd'hui respecter vos chagrins.
La terre ouvre à mon cours des canaux souterrains;
Et roulant à travers ses cavernes profondes,
Au jour long-tems perdu je ramène mes ondes.
Tandis que vers le Styx mes pas vont s'égarer,
Là, j'ai revu l'objet qui vous fait soupirer,
L'aimable Proserpine, encor pâle et craintive,
Mais reine toutefois de l'infernale rive,
Mais unie à jamais, par les nœuds les plus chers,
A l'un des trois grands dieux, maîtres de l'univers.

---

tée du P. Lemoine, dans une épître à madame la duchesse de Schomberg; l'application en est absolument la même. Peu de personnes, dit-il, ont assez de vertu pour échapper à la contagion des mœurs de la cour :

> Semblables à ce fleuve, en Grèce si vanté,
> Qui jaloux de son onde et de sa pureté,
> Passe à travers la mer, sans prendre d'amertume,
> Et sans charger ses flots de gravier ni d'écume.

L'expression du P. Lemoine est plus précise, ce me semble, sans être moins poétique. « Dans cette comparaison, » d'ailleurs si heureuse et si rare, observe Marmontel en parlant de la première, » quoique l'épithète *étonnée* pré-» sente une idée à l'esprit, on peut croire que le poète » l'aurait sacrifiée à la précision, s'il n'eût fallu l'accorder » à la rime; et la même nécessité lui a fait répéter l'image » d'*un cristal toujours pur* dans celle *des flots toujours clairs* ».

XV. *Cérès se plaint à Jupiter.*

Au récit d'Aréthuse, interdite, abattue,
Cérès est immobile, ainsi qu'une statue.
Le dépit la ranime, et ses dragons ailés
L'emportent sur son char aux palais étoilés.
Là, devant Jupiter, mère désespérée,
Exhalant les douleurs de son ame ulcérée :
Tu me vois à tes piés, grand dieu, sois mon soutien,
Et défends, lui dit-elle, et ton sang et le mien.
Si tu n'as plus ni soin, ni pitié de la mère,
Ah! que la fille au moins touche le cœur d'un père.
Tu ne peux la haïr : songe qu'elle est ton sang,
Et ne la punis pas d'être née en mon flanc.
Cette fille si chère, à sa mère enlevée,
Long-tems cherchée en vain, est enfin retrouvée :
Si je l'ai retrouvée, hélas ! quand je la perds,
Quand j'apprends que Pluton la retient aux enfers.
Pluton me l'a ravie, et je la redemande :
Je peux lui pardonner, pourvu qu'il me la rende.
Veux-tu qu'un ravisseur retienne malgré toi
Ta fille, car, hélas! elle n'est plus à moi [1].

---

[1] Ce discours de Cérès est un modèle de l'éloquence la plus vraie et la plus touchante ; c'est le cri déchirant du cœur d'une mère désespérée de la perte d'une fille chérie. Dans ce dernier vers, *si jam mea filia non est*, ce que l'esprit

Jupiter lui répond : Votre fille m'est chère ;
Le soin de son bonheur est le devoir d'un père.
Mais à voir les objets sous un plus heureux jour,
L'injure de Pluton n'est qu'un excès d'amour.
Digne de Proserpine, et de vous digne encore,
Un gendre tel que lui n'a rien qui déshonore.
Ne fût-il que mon frère, est-il à dédaigner ?
Non : si je règne au ciel, l'enfer le voit régner ;
Et je ne dois qu'au sort la puissance absolue.
Mais votre fille encor peut vous être rendue,
Pourvu que Proserpine, au royaume des nuits,
Des jardins de Pluton n'ait point goûté les fruits :
Car enfin, par des loix aux dieux même terribles,
Ainsi l'ont arrêté les Parques inflexibles.

XVI. *Ascalaphe changé en Hibou.*

Cérès croit ramener sa fille sur ses pas ;
Mais les Destins jaloux ne le souffriront pas.
Tandis que Proserpine, errante à l'aventure,
Des jardins de Pluton admire la culture,

---

a de plus ingénieux se trouve fondu dans ce que la sensibilité maternelle a de plus tendre. Dans la traduction attribuée à Malfilâtre, on a mis : « Car enfin votre fille, que je » n'ose devant vous nommer la mienne ». C'est un contre-sens qui efface l'expression du sentiment la plus exquise.

D'une grenade offerte à ses timides mains,
Elle a rompu l'écorce et sucé quelques grains.
Ascalaphe, qu'Ophné, nymphe du sombre Averne,
Enfanta dans les flancs d'une humide caverne,
Quand le fleuve Achéron, de ses charmes épris,
De sa flamme secrète eut obtenu le prix,
Ascalaphe la voit, et soudain la décèle [1].
C'en est fait ; plus d'espoir, plus de retour pour elle.
La déesse gémit, et vengeant sa douleur,
Change en un vil oiseau l'odieux délateur.
De l'eau du Phlégéton elle arrose sa tête.
De ses yeux stupéfaits la prunelle s'arrête :
Son corps s'est revêtu d'un plumage hideux ;
Sa bouche est un bec tors ; engourdi, paresseux,
Il vole pesamment dans l'horreur des ténèbres :
Triste hibou, ses cris sont des accens funèbres.

---

[1] De sa voix indiscrette et de ses sons perçans,
Ascalaphe remplit la voûte ténébreuse.
Poëme sur l'origine de la Musique.

Ovide entre ici dans des détails si rebutans pour des lecteurs français, qu'il eût fallu désespérer de les rendre, si Despréaux ne nous avait pas enseigné, par ses préceptes et par ses exemples, cette magie du style,

Qui dit, sans s'avilir, les plus petites choses,
Fait des plus secs chardons des œillets et des roses.

XVII. *Les Sirènes.*

De sa langue indiscrète Ascalaphe eut le prix.
Mais vous, charme des cœurs de vos doux sons épris,
Filles d'Achéloüs, d'où vous viennent vos ailes?
Serait-ce qu'autrefois ses compagnes fidelles
Vous suiviez dans Enna la fille de Cérès [1]?
Après l'avoir long-tems, aux rochers, aux forêts,
Redemandée en vain de contrée en contrée,
Pour la chercher encor dans les champs de Nérée,
Vous eussiez desiré les ailes des oiseaux.
Le ciel vous exauça: dans vos destins nouveaux,
Des plumes aussi-tôt sur vos bras s'étendirent:
Mais de vos voix encor les doux sons s'entendirent;
Le ciel, pour conserver vos chants et vos attraits,
Vous laissa des humains le langage et les traits.

Cependant Proserpine à Pluton destinée,
Entre Cérès et lui doit partager l'année [2],

---

[1] Les Sirènes étaient au nombre de trois. Lysie touchait la lyre, Leucosie jouait de la flûte, et Parthénope chantait.

> Phœbus avait donné des leçons à Lysie ;
> Pan plaça savamment les doigts de Leucosie ;
> Et Parthénope enfin, par les soins de l'Amour,
> Possédait du beau chant l'élégance et le tour.
> *Poëme sur l'origine de la Musique.*

[2] J'aime à voir dans la fable de Proserpine une belle allégorie. C'est un emblême de la semence du blé, qui d'abord

Et fille autant qu'épouse, accorder tour-à-tour
Six mois à la nature, et six mois à l'amour.
Cet accord rend la joie au cœur de la déesse.
Son front triste où rayonne une douce alégresse,
N'est plus enveloppé des ombres du chagrin.
Tel un jour nébuleux se change en jour serein.

XVIII. *Alphée et Aréthuse.*

Cérès demande alors: Pourquoi, belle Aréthuse,
Tu fuis loin de l'Elide aux champs de Syracuse ?
Ta tête sur les flots s'élève à son aspect ;
L'onde silencieuse écoute avec respect.

---

s'élève à peine de terre. *Proserpina est herba segetis è terrâ proserpens.* Elle est fille de Cérès et de Jupiter; c'est-à-dire que le froment est une production de l'air et de la terre. Elle est enlevée par Pluton, et descend chez les morts ; c'est-à-dire que la semence est enfouie dans les sillons, et qu'elle y meurt, en quelque sorte, avant de se reproduire. Elle passe six mois aux enfers et six mois à la clarté du jour : autre allusion au blé, qui reste caché sous la terre dans les mois d'hiver, et qui germe et mûrit dans les mois du printems et de l'été. Cette allusion a été très-agréablement saisie par le cardinal de Bernis, dans son joli poëme des Saisons.

> O Cérès ! presse ton retour.
> Sur nos plaines le dieu du jour
> Répand la chaleur et la vie.
> Proserpine a quitté la cour
> Du sombre époux qui l'a ravie.

Tu presses sous tes doigts ta molle chevelure,
Et d'Alphée en ces mots tu contes l'aventure.

L'Achaïe autrefois me vit dans ses forêts
Suivre les daims légers ou tendre des filets.
On vantait ma beauté : mais vouée à Diane,
Simple, je dédaignais un éloge profane;
Et comme si c'était un crime de charmer,
J'avais honte de plaire, et je craignais d'aimer.
Un jour, il m'en souvient; aventure fatale!
Un jour je revenais des forêts de Stymphale;
Lassée et de fatigue et du poids des chaleurs,
Je trouve un ruisseau pur qui glisse entre des fleurs.
Sur ses bords que le saule ombrage de son ombre [1],
L'œil de ses sables d'or eût pu compter le nombre.
Je mets un pié dans l'onde, et puis jusqu'aux genoux
Entrant dans ce canal dont le cours est si doux,
J'avance dans les flots où ma jambe se mouille.
Sur un saule courbé je suspens ma dépouille.
Nue, au milieu des flots je plonge et je m'étends.
Tandis qu'en me jouant je m'agite, j'entends

---

[1] Comparez cette description de l'Alphée à celle du Pénée dans le premier livre, de la fontaine d'Actéon dans le second, de la fontaine de Narcisse dans le troisième, de la fontaine de Salmacis dans le quatrième, du lac Perguse dans celui-ci, vous trouverez dans l'art d'Ovide la vérité, la variété et la fécondité de la nature.

Sortir du sein du fleuve une clameur soudaine.
Je frissonne, et je cours à la rive prochaine.
Où courez-vous? s'écrie Alphée au fond des eaux;
Où courez-vous? deux fois fait-il dire aux échos.
Laissant mes vêtemens restés sur l'autre rive,
Je m'échappe en désordre, et nue et fugitive.
Alphée impatient me presse, et dans son cœur
Se promet ma défaite, et s'estime vainqueur.
Ainsi la grive échappe à l'épervier avide [1];
Ainsi fond l'épervier sur la grive timide.
Je fuis, je cours, je vole au-delà de Psophis,
Au-delà d'Orchomène, et des plaines d'Elis;
Sa vîtesse à courir ne m'égale qu'à peine :
Mais sûr enfin de vaincre Alphée a plus d'haleine.
Je me jette à travers des chemins écartés.
Je franchis des ravins, des rocs infréquentés.
Il me poursuit, déjà son ombre me menace.
J'entends à pas pressés ses piés suivre ma trace,
Et je sens son haleine agiter mes cheveux.
Je tremble, je pâlis. Diane! entends mes vœux;

---

[1] Ovide fait un usage fréquent de la similitude; mais toutes ses comparaisons sont remarquables par leur briéveté et leur justesse. En cela, il surpasse de beaucoup Homère et Virgile, qui alongent assez souvent la similitude, par des accessoires qui n'ont pas un rapport assez direct avec l'objet comparé.

Toi qu'adore Dictys, ô puissante déesse [1] !
Viens, m'écriai-je, viens secourir ma faiblesse;
Ne m'abandonne pas, s'il est vrai que ton choix
Cent fois m'a confié ton arc et ton carquois.
Diane qui m'entend, dans une épaisse nue
M'enveloppe, et soudain me dérobe à la vue.
Alphée en vain me cherche : et ne me trouvant pas,
Il passe, il va, repasse, et revient sur ses pas.
Peignez-vous, pour vous peindre alors mon épouvant
A l'approche d'un loup une brebis tremblante :
Aux aboîmens des chiens prêts à la dévorer,
Un lièvre qui se cache, et n'ose respirer.
Alphée observe, écoute, et vingt fois examine
La place où de mes pas la trace se termine.
Il s'arrête, il m'appelle. Une froide sueur
Coule de tout mon corps, glacé par la frayeur :
Mes humides cheveux se fondent en rosée.
Sous mes piés en étang la terre s'est creusée.
Je suis une fontaine, et je poursuis mon cours.
Alphée a reconnu l'objet de ses amours :
Lui-même il devient fleuve ; et son onde enflammée,
Pour se mêler à moi, poursuit mon onde aimée.

---

[1] Dictys, nom d'une ville de Crète, où l'on inventa les filets des chasseurs. Le surnom de Dictyne fut donné à Diane, comme déesse de la chasse.

Diane ouvre la terre, et dans ses flancs ouverts,
Je suis long-tems cachée à la clarté des airs.
Je reparais enfin aux rives d'Orthygie [1],
Et je chéris cette île où Diane est chérie.

XIX. Triptolême enseigne l'Agriculture. Lyncus changé en Lynx.

Aréthuse à ces mots termine son discours.
Cérès sur ses dragons s'élève, et dans son cours
Vole aux murs de Pallas d'une vîtesse extrême.
Elle remet son char au jeune Triptolême [2],
Et veut dans l'univers répandre par ses mains
Ces grains si précieux, alimens des humains.
Triptolême traverse et l'Europe et l'Asie.
A la cour de Lyncus il arrive en Scythie.
Quel est, lui dit le roi, ton nom et ton pays?
Et quel sujet t'amène aux bords du Tanaïs?
Triptolême est mon nom, ma patrie est Athène,
Lui répond l'étranger : je n'ai point avec peine

---

[1] Quoique l'île de Délos ait été surnommée Orthygie, ce n'est point de Délos qu'il s'agit ici, comme l'a cru Duryer: Aréthuse n'y parut jamais ; mais d'une presqu'île de la Sicile, qui se nommait Orthygie.

[2] Cérès, reconnaissante des bons offices de Céléus, roi d'Eleusis, alaita Triptolême son fils, pour le rendre immortel, et lui enseigna l'art de cultiver la terre.

Suivi de longs chemins, ni sillonné les mers.
Sur le char de Cérès, je traverse les airs.
Possesseur de ses dons, j'enseigne leur culture,
Des mortels que j'instruis féconde nourriture.
Le perfide Lyncus l'accueille en son palais;
Et jaloux d'usurper l'honneur de ces bienfaits,
Tandis que le sommeil lui livre sa victime,
Il vient, le fer en main, pour achever son crime.
Cérès le change en lynx, et veut que de ses dons
Triptolême aille ailleurs enseigner les leçons.

XX. *Les Piérides changées en Pies.*

Calliope unissant sa voix avec sa lyre,
Avait fini les chants que je viens de redire:
Les Naïades en vain nous décernent le prix.
Nos rivales encore ont recours au mépris.
Eh! quoi? quand votre orgueil doit nous demander grace,
Vous ajoutez l'injure à votre indigne audace?
Non, non: impunément c'est trop nous outrager,
Nous saurons vous punir, dit-elle, et nous venger.
Loin de se repentir, et loin d'être confuses,
Leur dépit brave encor les menaces des Muses.
Elles veulent crier, et mêler à-la-fois [1]
L'insolence du geste à celle de la voix.

---

[1] On sait que les pies caquettent sans cesse; mais leur

Leurs bras en s'ébattant, et leurs mains menaçantes
Se changent tout-à-coup en des ailes naissantes :
En un bec alongé leur bouche se durcit :
De plumage couvert leur corps se rétrécit ;
Et se désespérant de leurs formes nouvelles,
Voulant frapper leur sein, elles battent des ailes.
Elles ont conservé l'usage de la voix ;
Et leur cri babillard importune les bois.

---

chant est désagréable. C'est un emblême des rimeurs jaloux et vains, qui se croient les émules des vrais poètes, et qui les étourdissent sans cesse de leurs plates productions ou de leurs critiques ineptes et injurieuses.

Perse, dans son prologue, se raille finement des mauvais poètes faméliques de son temps ; et par allusion à cette fable, il les compare aux perroquets, aux pies et aux corbeaux, à qui la faim apprend même à parler.

> Quis expedivit Psitaco suum χαῖρε,
> Picasque docuit verba nostra conari ?
> Magister artis, ingeniique largitor
> Venter, negatas artifex sequi voces.
> Quod si dolosi spes refulserit nummi,
> Corvos poëtas, et poëtridas picas
> Cantare credas Pegaseïum melos.

Je donne en vers la traduction de ce passage : car la prose ne présente jamais qu'une idée imparfaite de la poésie.

> Quel art de la parole enseigne le secret
> A la pie enrouée, ainsi qu'au perroquet ?
> La faim est un grand maître : elle forme au langage
> Ceux à qui la nature en refusa l'usage.
> Que l'espoir de l'or brille à son œil envieux :
> Le corbeau va se croire un cigne harmonieux.

Ce livre, beaucoup moins long que les précédens, a en

Marsyas écorché par Apollon.

LIVRE VI.

PREMIÈRE FABLE.

Arachné défie Minerve.

Pallas qui des neuf Sœurs approuve la vengeance [1],
Se condamne à son tour de son trop d'indulgence.
Louer est bon, dit-elle, être loué vaut mieux [2] :
Réprimons d'Arachné l'orgueil injurieux.

---

[1] Observez avec quel art facile le poète passe sans interruption d'un livre à l'autre. Le défi des Piérides rappelle à Minerve le défi d'Arachné. Voilà sa transition. Toutes les fables qui suivent sont amenées avec une adresse non moins naturelle. Les transitions sont si délicates, qu'il faut de la réflexion pour les appercevoir. C'est un tissu imperceptible, comparable à la toile d'Arachné, où la teinte des ombres et des jours est nuancée par des degrés si insensibles, qu'il est difficile de dire où l'une commence et où l'autre finit.

[2] Tùm secum : laudare parum est ; laudemur et ipsæ.

Cette pensée ingénieuse, et si essentielle, est omise dans la traduction attribuée à Malfilâtre. Tout le début de ce livre est réduit à ce sec précis : « Pallas approuva la ven-

C'est souffrir trop long-tems que l'ingrate se vante
D'ourdir mieux que Pallas une toile savante.
 Arachné dont la gloire est connue en cent lieux
Devait tout à son art, et rien à ses aïeux.
Un obscur artisan, Idmon était son père.
Humble épouse assortie à cet époux vulgaire,
Sa mère n'était plus. Fille d'humbles parens,
Elle illustra son nom par ses rares talens.
Pour elle, désertant les verts coteaux du Tmole,
Pour elle, désertant les rives du Pactole,
Les nymphes des vallons et les nymphes des eaux
Admiraient à l'envi son art et ses travaux.
Voyiez-vous une laine artistement ourdie
En pelotons légers sous ses doigts arrondie,
Ou la neige du lin en flocons s'étaler [1],
La navette courir, ou le fuseau rouler;
La voyiez-vous broder, ou peindre avec l'aiguille;
Tant de savoir en elle, et tant d'adresse brille,
Que vous reconnaissiez l'élève de Pallas.
Elle ose le nier. Sa fierté ne veut pas

---

geance des Muses. Mais, se dit-elle en elle-même, cet exemple m'apprend à ne pas souffrir qu'on méprise ma divinité ». En bonne-foi, a-t-on voulu traduire ou atténner Ovide?

[1] Cette fable est composée avec une habileté infinie. Mais combien n'était-il pas difficile d'exprimer en français avec élégance les détails mécaniques qu'elle renferme?

Avouer les leçons, de qui ? d'une immortelle.
Que l'on juge entre nous : qu'elle vienne, dit-elle :
Qu'elle vienne.... Vaincue, à tout je me soumets.

 Pallas qui d'une vieille a revêtu les traits,
Feignant sur un bâton de courber sa faiblesse,
L'aborde et parle ainsi : Jeune, on fuit la vieillesse :
On a tort ; la vieillesse est mère du bon sens.
Ecoutez mes avis. Vantez-vous, j'y consens,
D'exceller dans votre art et seule et sans partage ;
Mais à Pallas au moins accordez l'avantage :
Avouez votre offense ; elle peut l'oublier.

 Laissant là de dépit l'aiguille et le métier,
Arachné l'envisage, et d'un regard sévère
Exprimant le mépris, l'orgueil, et la colère :
Vieille folle, à qui l'âge a troublé le cerveau,
Certes, l'avis, dit-elle, est unique et nouveau.
A ta fille, à ta bru va porter ta morale ;
Je sais me conseiller. Que prétend ma rivale ?
Me vaincre dans mon art ? Que ne vient-elle ici ?
N'ose-t-elle à mes yeux paroître ? La voici,
Dit Pallas, qui reprend sa splendeur immortelle.
Les nymphes par respect s'inclinent devant elle :
Mais Arachné la voit sans perdre sa hauteur.
Elle rougit pourtant. Une fausse pudeur
A paru sur son front plus prompte à disparaître.
Tel le pourpre douteux que l'aurore a fait naître,

Aux premiers feux du jour se dissipe soudain.
La pitié de Pallas a fait place au dédain.
Mais dans son vain défi l'orgueilleuse s'obstine,
Se flatte du triomphe, et court à sa ruine.

II. *Minerve accepte le Défi.*

On dresse deux métiers : toutes deux à-la-fois
Exercent à l'envi l'adresse de leurs doigts.
Entre les fils tendus court la navette agile,
Et le peigne affermit leur tissure fragile.
Sans cesse les ressorts élevés, abaissés,
Vont, viennent tour-à-tour, poussés et repoussés.
Chacune avec ardeur à sa tâche occupée
S'oublie : et du travail la fatigue est trompée.
L'art d'assortir les fils, émule du pinceau,
De reflets variés nuance le tableau.
Dans l'écharpe qu'Iris déroule sur la nue,
Ce grand arc qui des cieux embrasse l'étendue,
La teinte qui commence et la teinte qui suit,
Telle, en se confondant, échappe à l'œil séduit ;
Tant de mille couleurs l'accord imperceptible
Rend des tons différens le passage insensible :
Tant du prisme voûté qui colore les airs
Le mélange à la fois est semblable et divers !
Sous leurs doigts en tissu l'or se mêle à la soie,
Et l'histoire des dieux en longs fils se déploie.

III. *Description de l'ouvrage de Minerve.*

Pallas qui de Cécrops dessine les remparts [1],
Y peint les dieux assis sur le rocher de Mars.
Chacun d'eux à ses traits y peut se reconnaître.
A son air de grandeur on distingue leur maître.
Neptune est peint debout : frappé de son trident
Le roc s'ouvre : un coursier impétueux, ardent,
Sort de ses flancs, s'élance, et bondit sur l'arène;
Et le dieu croit déjà sa victoire certaine.
 La déesse se peint l'égide sur le sein,
Le casque sur la tête, et la lance à la main.
Elle a frappé la terre ; et produit par sa lance
Tout chargé de ses fruits l'olivier se balance.
La surprise des dieux exprime son succès [2];
Et là finit l'ouvrage, ainsi que le procès.

---

[1] Le poète raconte tantôt par lui-même, tantôt par la bouche des personnages qu'il met en scène dans ses narrations. Ici il donne un nouveau cadre à ses récits. C'est l'aiguille de Minerve et de sa rivale qui les expose sur la toile.

[2] La dispute de Neptune et de Minerve est susceptible d'une explication morale et politique. L'olivier peut être regardé comme le symbole de la paix, et le cheval comme l'emblème de la guerre. Cette fable peut donc signifier que la culture des arts et des productions de la terre fait fleurir les

Mais afin qu'Arachné s'instruise par l'exemple,
Afin que dans autrui son orgueil se contemple,
Minerve trace encore en portraits raccourcis
Des châtimens divers pour de pareils défis.
  De Rodope et d'Hémus on voit ici l'audace,
Autrefois souverains, aujourd'hui monts de Thrace;
Insensés! qui des dieux usurpèrent le nom.
Là par un fol orgueil, victime de Junon,
Pygas changée en gruë attaque le Pygmée [1].
En cigogne au long bec comme elle transformée
Antigone est plus loin. Ni les rois ses aïeux [2],
Ni les murs d'Ilion que bâtirent les dieux,
Ne purent la sauver de son destin funeste.
Cynire atteste encor la vengeance céleste.

états plus que l'exercice des armes et des travaux guerriers, ou, si l'on veut, que l'ordre équestre n'est pas préférable à la classe des cultivateurs, des artisans et des commerçans, qui seuls font la force et la richesse des empires.

[1] Junon, piquée de l'orgueil de Pygas, reine des Pygmées, la changea en gruë. Les oiseaux de cette espèce volent par bandes, et forment dans les airs un bataillon carré. Les anciens ont cru que les grues faisaient la guerre aux Pygmées.

[2] Antigone, fille de Laomédon, eut aussi l'orgueil de se comparer à Junon, et fut métamorphosée en cigogne. Que dire sur tout cela? sinon qu'il faut prendre tous ces contes mythologiques sur le pié des fables de la cigogne.

Au temple de Junon, sur le seuil étendu,
L'œil humide de pleurs, il se roule éperdu [1]
Sur le marbre qui fut autrefois sa famille.
Dans chacun des degrés il embrasse une fille.
    L'olivier pacifique autour de ces tableaux
En festons sinueux enlace ses rameaux.

IV. *Description de l'ouvrage d'Arachné.*

ARACHNÉ d'autre part peint Europe enlevée.
De l'onde et du taureau l'image est achevée.
Le taureau semble vivre, et la mer s'agiter.
L'œil tourné vers les bords qu'elle vient de quitter,
Elle semble à grands cris appeler ses compagnes,
Et sillonnant le dos des liquides campagnes,
Disputer aux zéphyrs ses voiles déployés,
Et redouter le flot qui caresse ses piés.
Cygne, un dieu voit Léda palpiter sous son aile [2].
Aigle, il dompte Astérie à ses desirs rebelle.

---

[1] Cynire, roi d'Assyrie. Ses filles se vantèrent d'être aussi belles que Junon. La déesse les changea en pierre, et les fit servir de degrés à son temple. On croit que ce qui donna lieu à cette fiction, c'est qu'elles y furent inhumées. Alors cette fable aurait un sens moral ; car on peut dire que les tombeaux sont comme autant de degrés par où l'homme s'élève à la connaissance de la grandeur de Dieu, et de son propre néant.

[2] C'est Jupiter qui, pour séduire Léda, prit la forme

Satyre, d'Antiope il couronne l'amour;
Et faux Amphytrion, il met Alcide au jour.
Or avec Danaë, feu pur avec Egine [1],
Il se glisse en serpent aux piés de Proserpine [2].

Et toi, Neptune, aussi, l'art savant d'Arachné
Sous les traits d'un taureau, te couche aux piés d'Arné.
Tu vois Iphimédie, et deviens Enipée;
Et par toi, faux bélier, Bisaltis est trompée.
Coursier fougueux, tu plais à la blonde Cérès [3].
Dauphin, pour Mélanto ta forme a des attraits.

Les sites, les objets, tout s'y peut reconnaître.
On y voit Apollon prendre un habit champêtre,

---

d'un cygne aux bords de l'Eurotas. Dans une strophe d'une ode à la Beauté, quelques-unes de ces métamorphoses se trouvent encadrées avec une précision très-heureuse.

> En satyre pour Antiope,
> En taureau pour la belle Europe,
> On vit Jupiter se changer;
> Bacchus d'un raisin prend la forme,
> Neptune en dauphin se transforme,
> Apollon se change en berger.

[1] Egine est appelée, dans Ovide, Asopide, c'est-à-dire, fille d'Asope. Elle eut de Jupiter Eacus et Rhadamante.

[2] Ovide la nomme Déoïde, c'est-à-dire, fille de Cérès, surnommée par les Grecs Δηώ.

[3] Que penser de Benserade, qui prétend, dans ses rondeaux, que la bonne déesse n'allait pas sans doute *d'un pas réglé*, et qu'elle a dû faire plus d'une *culbute?* Quel pitoyable

Les longs crins d'un lion, les plumes d'un vautour.
Issé le croit berger, et cède à son amour.
Bacchus se change en grappe : Erigone l'admire :
Et Saturne en coursier bondit près de Philyre.

Pour couronner l'ouvrage, un lierre tortueux,
Entrelacé de fleurs y serpente en longs nœuds.

V. *Arachné changée en Araignée.*

L'Envie aux yeux perçans n'y pourrait rien reprendre,
Et d'un dépit jaloux ne pouvant se défendre,
Pallas, pour se venger d'un succès odieux [1],
Rompt la toile où sont peints tous les crimes des dieux,
S'arme de sa navette, et la frappe au visage.
Sa rivale ne peut endurer cet outrage.
Elle cherche à mourir à l'aide d'un cordon.
La pitié de Pallas ne fut pas un pardon.

---

esprit ! C'est dans ce même goût qu'il dit des amours de Saturne et de Philyre :

> Au siècle d'or, le vieux Saturne un jour
> Se fit cheval. En matière d'amour,
> Un franc cheval est meilleur qu'un vieux homme.
> A sa maîtresse il plut sous cet atour.

[1] Il faut dire aux jeunes gens que la vengeance de Minerve est d'un bien mauvais exemple. Elle prouve que les grands talens ne sont pas toujours exempts d'une jalousie atroce. La déesse devait se venger de sa rivale en la surpassant, et non pas la punir de l'avoir égalée.

Vis, lui dit-elle, vis, mais toujours suspendue ;
Apprends à l'avenir que l'orgueil t'a perdue ;
Et transmets d'âge en âge à ta postérité
Le juste châtiment de ta témérité.

En achevant ces mots, sur cette infortunée
Elle répand le suc d'une herbe empoisonnée.
O soudaine vertu de ce suc venimeux !
Arachné perd ses traits, sa forme, ses cheveux.
Insecte, du venin dont elle est imprégnée
Tout son ventre se gonfle : et fileuse araignée,
A l'aide des longs doigts qui lui servent de piés,
Elle ourdit une toile en tissus déliés.

VI. *Niobé méprise Latone.*

La Lydie à ce bruit tremble, et la Renommée
Instruit de son destin la Phrygie alarmée.
Niobé qui connut l'infortunée.... hélas !
Voit ce terrible exemple, et n'en profite pas.
Tout enivrait son cœur d'un orgueilleux délire :
Mais ni les murs bâtis aux accords de la lyre,
Ni le sceptre des rois, ni l'hymen d'Amphion,
N'enflaient, ô Niobé ! ta folle ambition,
Autant que les enfans, que ta couche a vus naître;
Trois fois heureuse, hélas ! si tu n'eus pas cru l'être !

L'interprète du ciel, l'organe de ses loix [1],
Manto sort de son temple, et crie à haute voix :
Thébaines, de laurier courez ceindre vos têtes ;
Latone sur mes pas vous appelle à ses fêtes.
On se rend dans le temple ; et déjà sur l'autel
Monte avec la prière un encens solemnel.
Tous les fronts sont couverts de verdure sacrée.
Cependant Niobé, de sa cour entourée,
Arrive, et sa démarche étale avec fierté
De sa robe à longs plis l'auguste majesté.
La colère l'amène à la nouvelle fête ;
Mais malgré sa colère elle est belle : sa tête
Rejetant ses cheveux sur son épaule épars,
Promène avec dédain de superbes regards ;
Et respirant l'orgueil dont son ame est remplie :
Thébains ! que faites-vous ? quelle est votre folie [2] ?

---

[1] Manto, thébaine célèbre par ses prédictions, se retira en Italie après la ruine de Thèbes, et donna son nom à la ville de Mantoue, patrie de Virgile. Elle était fille du devin Tirésias. *Nam sata Thiresiâ.* Le traducteur a omis cet hémistiche latin ; mais ce n'est pas sa faute : car les versificateurs français prétendent que *la fille de Tirésias* ne peut entrer dans la mesure d'un vers.

[2]   Quis furor auditos, inquit, præponere visis
    Cœlestes?

Cet exorde brusque convient à l'orgueilleuse indignation de Niobé. *Furor* signifie souvent folie, et quelquefois enthousiasme poétique ou prophétique.

Dit-elle : osez-vous bien préférer, à mes yeux,
Aux dieux que vous voyez, vos invisibles dieux?
Latone a des autels où votre encens s'exhale :
Et j'en attends encor ! moi, fille de Tantale,
Seul mortel par les dieux admis à leurs repas,
Moi, qui reçus le jour d'une fille d'Atlas,
Moi, de qui Jupiter est aïeul et beau-père !
Le Phrygien me craint : le Thébain me révère.
Epouse d'Amphion né des dieux dont je sors,
Je règne dans les murs bâtis par ses accords [1].
Plutus en mon palais rassemble ses richesses.
Je suis par ma beauté rivale des déesses.
Sept filles et sept fils attendent dans ma cour
Sept gendres et sept brus, promis à leur amour.

---

[1] Croirait-on que Benserade, qui, pour ses rondeaux imprimés au Louvre, et enrichis d'un frontispice et de gravures dessinées par Lebrun, avait reçu deux mille écus de Louis XIV, s'écrie à ce sujet :

> Ah ! pour bâtir, si les charmans accords,
> Si les bons vers tenaient lieu de trésors,
> Que de palais de splendeur infinie !
> Nos Amphions sont en chambre garnie :
> S'ils n'y sont pas, c'est qu'ils couchent dehors.

N'en déplaise à Benserade, si les bons poètes seuls avaient la faculté de bâtir avec magnificence, il n'y aurait rien de si rare qu'un palais. Quant à lui, il se serait vu réduit à coucher à la belle étoile avec ses confrères du Pont-Neuf et de l'Opéra comique ou non comique.

LIVRE VI.

Et n'ai-je pas le droit de me croire offensée
Des honneurs que l'on rend à la fille de Cée [1],
Elle qui, sans asyle en ce vaste univers,
Se vit bannir du ciel, de la terre et des mers;
Jusqu'à ce que Délos, flottante et vagabonde [2],
Errante sur les mers comme elle dans le monde,
A votre déïté, par pitié de ses maux,
Offrît un roc mobile et battu par les flots.
C'est-là que, moins que moi digne du nom de mère,
Deux jumeaux lui sont nés, enfans de sa misère.
Pour moi, je suis heureuse, et le suis pour toujours.
De mes félicités qui peut borner le cours?
Fortune, je te brave : et que pourrais-je craindre?
Au faîte où je me vois, comment peux-tu m'atteindre?

---

[1] *Genitam Titanida Cœo.* C'est par une expression de mépris que Niobé dénomme ainsi Latone. Cette fille d'un Titan était une déesse puissante que Jupiter avait aimée. Junon, pour se venger de sa rivale, la fit poursuivre par un serpent énorme, qui ne lui laissa d'asyle dans le monde que l'île de Délos, où elle accoucha d'Apollon et de Diane.

[2] Les Grecs ont feint qu'Apollon était né à Délos, par une allusion allégorique au soleil, qui semble se lever pour eux sur l'île de Délos, une des Cyclades. La fluctuation fabuleuse de cette île exprime, par un emblème, la variation du lever du soleil, occasionnée par la déviation oblique de sa marche dans l'éclyptique, selon qu'il s'approche ou s'éloigne de l'un ou l'autre tropique.

Amuse ton caprice à me persécuter;
Tu me laisseras plus que tu ne peux m'ôter.
Dans ce peuple d'enfans prends un fils, une fille;
Tu le peux; mais Latone envîra ma famille.
Otez donc ces lauriers qui ceignent vos cheveux,
Et cessez, ô Thébains! vos sacriléges voeux.

On n'ose résister; le sacrifice cesse:
Mais le peuple en son coeur adore la déesse.

VII. *Latone se plaint à son Fils et à sa Fille.*

Latone est indignée, et va dans sa fureur
Implorer, sur le Cynthe, Apollon et sa soeur.

Après l'indigne affront que l'on ose me faire,
O ma fille! ô mon fils! suis-je encor votre mère?
Hélas! moi qui faisais ma gloire de ce nom,
Fière de ne céder qu'à l'auguste Junon,
Si vous ne me vengez, on abolit mon culte.
C'est peu de m'offenser: Niobé vous insulte.
La fille de Tantale, aux dieux nés de mon sang [1],
Préfère avec orgueil les fils nés dans son flanc.

---

[1] C'est par mépris que Latone appelle à son tour Niobé *Tantalis*, la fille de Tantale, si célèbre par ses crimes et son supplice au Tartare. Cette figure a le nom d'emphase. Une grandeur de style excessive ou déplacée s'appelle aussi quelquefois emphase; et alors ce mot marque un vice. Ce n'est

Ah ! puisse être bientôt sa race si féconde
Le sujet de ses pleurs, et l'exemple du monde !
　　Elle eût joint la prière au récit de l'affront ;
Apollon indigné l'arrête et l'interrompt.
O ma mère ! cessez ; la plainte de l'offense
Retarde les momens hâtés par la vengeance.
Et Diane à son tour : C'est trop, n'achevez pas ;
Des fils de Niobé nous jurons le trépas.
Cachés dans un nuage, Apollon et Diane
Descendent aussi-tôt sur la cité profane.

VIII. *Apollon et Diane vengent Latone.*

　　Un cirque spacieux s'étend hors des remparts,
Foulé par les chevaux, applani par les chars [1].
Là, deux fils d'Amphion exerçaient sur l'arène
Deux coursiers au frein d'or qui l'effleurent à peine.
Au moment qu'Isménis à la course aguerri,
Tourne et retourne en cercle, il jette un dernier cri :
Il expire percé d'une flèche homicide ;
Et de ses doigts mourans laisse échapper la bride.

---

point dans ce sens que je le prends ici. Les rhéteurs nomment emphase l'emploi d'un mot qui dit beaucoup dans la place où il est, et qui donne plus à penser qu'il n'exprime.

[1] Le cirque destiné aux exercices du cheval, était appelé chez les Grecs l'Hippodrôme.

Au sifflement de l'arc qui résonne dans l'air,
Sypile tremble; il fuit. Tel qu'un pilote en mer,
Au premier bruit des vents, précurseurs de l'orage,
La voile déployée, appelle le rivage :
Tel il presse sa fuite : hélas ! en vain il fuit;
Il ne peut échapper au trait qui le poursuit.
Déjà le cou tendu, penché sur la crinière,
Il tombe, et tout sanglant roule dans la poussière.

Après avoir tous deux fatigué leur coursier,
Du nom de son aïeul déplorable héritier,
L'infortuné Tantale, et Phédime son frère,
A la lutte exerçaient leur adresse ordinaire;
Ces rivaux corps à corps se tenaient embrassés :
Tous deux d'un même trait en même tems percés,
Pour la dernière fois en même tems soupirent[1],
Tombent en même tems, en même tems expirent.

---

[1] Il y a une cadence simple, commune, ordinaire, qui se soutient également dans tous les vers, et qui écarte avec soin tout ce qui peut blesser l'oreille.

Outre cela, il y a une harmonie imitative, qui est, en quelque sorte, l'accent du sentiment et de la pensée, et qui produit beaucoup d'effet. Telle est l'harmonie expressive des vers suivans:

> Ingemuêre simul, simul incurvata dolore
> Membra solo posuêre ; simul suprema jacentes
> Lumina versârunt : animam simul exhalârunt.

Le vers spondaïque est très-propre à peindre une image

Alphénor, empressé de leur donner ses soins,
Court pour les secourir, les embrasser du moins :
Mais ce pieux devoir est puni comme un crime ;
Et déjà l'arc vengeur a frappé sa victime.
Il retire le fer enfoncé dans son flanc.
Son ame gémissante en sort avec son sang :
Et toi, tu ne meurs pas d'une seule blessure,
Jeune Damasicton ! une flèche moins sûre
De ton genou flexible a blessé les ressorts :
Tu fais pour l'arracher de douloureux efforts ;
Mais atteint dans le cœur d'une flèche nouvelle,
Ton sang qui la repousse en jaillit avec elle.
Son frère Ilioné, au ciel tendant les bras,
A tous les dieux en vain s'adresse, et ne sait pas
Qu'ils ne peuvent pas tous exaucer sa prière.
Sa plainte eût retenu la flèche meurtrière :
Il n'est plus tems : le trait de la corde échappé,
Au cœur de cet enfant avait déjà frappé.

---

triste et lugubre. Le poète en a fait un heureux emploi pour exprimer le dernier soupir des deux lutteurs qui meurent ensemble. *Spondæus in quintâ sede moram animæ ægrè nec sine luctâ è corpore migrantis exprimit.* Farnabe. En ce point, la versification latine a un avantage incomparable sur la versification française. J'ai tâché néanmoins de donner aux vers français la défaillance prosodique des cadences latines, sans omettre la répétition *simul*, qui appuie sur une circonstance essentielle et touchante.

La voix de tout un peuple et de la Renommée
A répandu le deuil dans la ville alarmée.
Des larmes, des sanglots, de lamentables cris
Instruisent Niobé du meurtre de ses fils.
Surprise, et s'indignant qu'une main immortelle
Ait eu tant de pouvoir, tant d'audace contre elle,
Elle apprend que du fer empruntant le secours,
Son époux a fini ses douleurs et ses jours.
Que devint Niobé? Ce n'est plus cette reine,
Offensant les regards de sa pompe hautaine,
Entraînant sur ses pas des flots d'adorateurs,
Enviée en secret même de ses flatteurs.
Elle pleure sept fils, quel espoir de sa race!
Presse leurs corps glacés, tour-à-tour les embrasse,
Triste objet de pitié même à ses ennemis [1].
Les yeux levés au ciel: Triomphe, je gémis,
Triomphe, tu le peux, Latone impitoyable,
Lui dit-elle; assouvis ton cœur insatiable;
Repais-toi de mon sang, repais-toi de mes pleurs;
Hélas! dans tous mes fils, c'est par toi que je meurs.
Tu l'emportes. Non, non, dans mon malheur extrême,
Je suis, tous mes fils morts, plus mère que toi-même.

---

[1] Invidiosa suis at nunc miseranda vel hosti.
Remarquez le grand effet de ce contraste. Ce n'est point une vaine antithèse; c'est une réflexion morale qui présente une double leçon.

Va, je te brave encor; leur tombe est mon autel.

Elle parle; et déjà sur son arc immortel
Diane a fait siffler une flèche rapide.
On a frémi de crainte; elle est seule intrépide;
Et contre ses malheurs s'arme de son orgueil.
Ses filles se couvrant de longs voiles de deuil,
Autour des sept bûchers accompagnent leur mère.
L'une se jette en pleurs sur le corps de son frère,
Et meurt en l'embrassant pour la dernière fois.
L'autre en nommant sa mère expire et perd la voix.
L'une en fuyant la mort est frappée; elle tombe :
Et sur sa sœur mourante une autre sœur succombe.
Une autre en vain se cache; en vain une autre, hélas!
Tremble de son destin, qu'elle n'évite pas.

Une seule restait. Sa malheureuse mère
Couvre de tout son corps cette fille si chère.
De sept filles que j'eus et que je perds par toi,
Une seule me reste; au moins laisse-la-moi,
Latone, par pitié laisse-moi la dernière.
Le sifflement de l'arc répond à sa prière.

IX. *Niobé en Statue.*

Au milieu de leurs corps, étendus et sanglans,
Veuve de son époux, veuve de ses enfans [1],

---

[1] Que de tableaux présente la fable de Niobé! que d'atti-

Par le mal endurcie, elle n'est plus sensible.
Ses longs cheveux épars n'ont plus rien de flexible;
On a vu se roidir et ses piés et ses bras;
Son œil sans mouvement regarde et ne voit pas.
Son sang s'est refroidi; son coloris s'efface.
Sa lèvre est pâle et morte, et sa langue se glace.
Rien ne vit plus en elle. Au-dedans, au-dehors,
Un froid mortel en marbre a durci tout son corps.
On voit pleurer encor son image sans vie.
Un tourbillon l'emporte aux champs de la Phrygie.

---

tudes diverses dans la peinture du meurtre de ses fils et de ses filles, quoique toutes ces victimes aient la même destinée ! Malheur à qui ne sentirait pas combien cette composition est riche et variée ! Pour nous, admirons la fertile imagination du poète. Transportons-nous avec lui aux portes de Thèbes, pour voir ces jeunes princes, montés sur de superbes coursiers, faire leurs exercices dans le cirque. Apollon les perce impitoyablement à coups de flèches. Leurs sœurs viennent leur rendre les derniers devoirs, et tombent sous les coups invisibles de Diane. Enfin la mère, outrée de douleur et de désespoir, est changée en statue. Ovide ajoute qu'elle fut transportée sur une montagne de Phrygie. Cette fiction vient sans doute de ce que la cime du mont Sypile semblait avoir de loin la figure d'une femme qui pleure. Pausanias rapporte qu'il a eu la curiosité d'aller au sommet de cette montagne, qui, vu de près, ne ressemble en rien à la statue d'une femme en pleurs, mais qui, de loin, en offrait l'apparence.

Là, sur un mont placée, elle pleure toujours [1],
Et le tems, de ses pleurs ne tarit point le cours.

D'un si grand châtiment la terreur exemplaire
Fait révérer Latone, et trembler le vulgaire;
Un Thébain passe alors à des faits moins nouveaux,
Rappelle un autre exemple, et le conte en ces mots.

X. *Rustres changés en Grenouilles par Latone.*

Aux rustres de Lycie, instruits de sa puissance,
Latone a fait sentir jusqu'où va sa vengeance.
L'histoire peu connue est obscure comme eux;
Mais on n'en peut douter. J'ai vu le lac fameux
Qui du prodige encor conserve la mémoire;
J'ai passé sur les lieux, et vous pouvez m'en croire.
Mon père sous son toit retenu par les ans,
M'envoya jeune encor dans ces fertiles champs.
Un Lycien guidait ma route vagabonde.
En parcourant ces prés où le bétail abonde,

---

[1] Cette tradition, transmise par les poètes grecs, est confirmée par un passage de l'hymne de Callimaque, en l'honneur d'Apollon. « A ce cri (Io Pæan ! c'est-à-dire, gloire à Apollon !).... ce roc humide, inébranlablement fixé dans la Phrygie, ce marbre qui fut femme, et qui semble encore jeter le cri de la douleur, suspend le cours de ses larmes». *Traduction de du Theil.*

J'apperçois dans un lac, entre les joncs croissans,
Un autel ceint de mousse, et noirci par l'encens.
Là, mon guide s'arrête, et dit : Sois-moi propice [1].
Comme lui, je m'arrête, et dis : Sois-moi propice.
Quel dieu, lui dis-je alors, ici révère-t-on ?
Est-ce Faune ? est-ce Pan ? est-ce un dieu du canton ?
Non, me répond mon guide : en ce marais inculte,
A ces dieux montagnards on ne rend point de culte.
C'est l'autel de Latone. Hélas ! dans ses revers
Junon aurait voulu lui fermer l'univers.
Délos alors flottante en son sein la recueille,
Et l'arbre de Pallas la couvrit de sa feuille.
A deux jumeaux divins, doux fruits de son amour,
Là, malgré leur marâtre, elle donna le jour.
 Cette mère, jouet d'une haine ulcérée,
Ses enfans dans les bras, de contrée en contrée,
Fuit encore : elle arrive à ces champs montagneux
Que la Chimère ardente a noircis de ses feux [2].

---

[1] Restitit, et pavido, faveas mihi, murmure dixit
 Dux meus : et simili, faveas mihi, murmure dixi.

On voit que, pour rendre ces vers d'une ressemblance
à-peu-près parfaite, il fallait deux vers français à-peu-près
semblables en tout point. L'art qui défend de faire rimer
ensemble le même mot, prescrivait ici de transgresser la
règle.

[2] Selon les poètes, la Chimère était un monstre vomissant la flamme, ayant la gueule d'un lion, le corps d'une

Haletante de soif, ses nourrissons avides
Avaient, hélas ! tari ses mamelles arides.
Elle découvre un lac dans un vallon fangeux
Où des rustres coupaient des joncs marécageux.
Elle approche, et déjà sur la rive penchée,
Elle croit voir sa soif dans cette onde étanchée,
Et voit à ses desirs ces rustres s'opposer.
Quoi ? dit-elle, en ce lac on défend de puiser ¹?

---

chèvre et la queue d'un dragon. Ce monstre imaginaire n'était, en effet, qu'une montagne de ce nom, située aux confins de la Lycie, dont la cime, habitée par des lions, était un volcan enflammé : des chèvres occupaient le milieu, et y broutaient les arbustes sauvages, tandis qu'aux piés de la montagne des serpens rampaient dans la fange.

¹ Ce discours de Latone est un modèle de composition classique, qui mérite d'être expliqué avec soin. Les maîtres, par une explication détaillée, en feront sentir les beautés à leurs élèves. L'exorde est sans préparation, tel que la situation le demande. Latone est indignée ; mais c'est l'indignation d'une mère faible et souffrante, qui mêle la prière aux reproches.

>   Quid prohibetis aquas ? usus communis aquarum est ;
>   Nec solem proprium natura, nec aëra fecit,
>   Nec tenues undas : ad publica munera veni.

D'abord elle réclame le droit de la nature, droit reconnu dans tous les pays et par tous les hommes. C'est le premier motif sur lequel elle fonde sa plainte.

Ensuite elle veut bien renoncer à ce droit commun, et

L'osez-vous ? La nature, aussi bonne que sage,
Et de l'air et des eaux nous donne à tous l'usage.
Je puis user ici d'un bien commun à tous :
Mais, non ; comme un bienfait, je l'implore de vous.
Je n'y viens pas du bain goûter le frais humide ;
J'y viens calmer ma soif. Hélas ! ma bouche aride

demander comme une grace ce qu'on n'a pu lui interdire sans injustice.

 Quæ tamen ut detis, supplex peto.

En troisième lieu, ce bienfait sera accordé, non au caprice, à la fantaisie, à la sensualité, mais au besoin, et au besoin le plus pressant. La soif la brûle ; elle est hors d'haleine.

     Non ego nostros
 Abluere hîc artus, lassataque membra parabam ;
 Sed relevare sitim : caret os humore loquentis,
 Et fauces arent, vixque est via vocis in illis.

A tous ces motifs se joint celui de sa reconnaissance. On lui donnera peu, et elle devra beaucoup.

 Haustus aquæ mihi nectar erit ; vitamque fatebor
 Accepisse : simul vitam dederitis in undis.

Enfin la péroraison fortifie toutes ces raisons par le motif de la commisération. N'aura-t-on aucune pitié d'une mère ? Verra-t-on sans attendrissement deux enfans suspendus à son cou, qui, au défaut des paroles, semblent s'exprimer par leurs petits gestes ?

 Hi quoque vos moveant, qui nostro brachia tendunt
 Parva sinu. Et casu tendebant brachia nati.

Quoi de plus pathétique que cette image ! Le commentateur Farnabe en a senti le charme. *Festivum Pathos*, dit-il, *atque ingeniosissimus conceptus poetæ.*

Laisse à peine un passage à ma débile voix.
Cette onde est un nectar que de vous je reçois ;
Que je m'y désaltère, et je vous dois la vie.
Hélas ! et si c'est peu d'une mère qui prie,
Voyez ces deux enfans à mon cou suspendus ;
Voyez, pour vous fléchir, leurs bras vers vous tendus.
 Quel cœur n'eût pas ému sa plainte maternelle ?
Mais eux, dans leur refus, osent se railler d'elle.
Ils joignent la menace à leurs cris inhumains.
On les voit, dans le lac, et des piés, et des mains,
S'agiter, et bondir, et soulever la fange.
La déesse outragée et s'indigne et se venge.
Sa soif est oubliée. Eh bien ! donc à jamais
Habitez dans la fange au fond de ces marais.
Elle dit ; et déjà ses desirs s'accomplissent.
Grenouilles, dans l'étang ils sautent, ils bondissent.
On les voit à l'envi nager sous les roseaux,
Se cacher, se montrer, rentrer au fond des eaux.
Ils insultent encore, et leur gosier rustique
Croasse au fond du lac d'une voix aquatique [1].

---

[1] Quamvis sint sub aquâ, sub aquâ maledicere tentant.

Ovide a eu l'intention de peindre par des sons imitatifs le croassement de la grenouille. Quelle facilité naturelle dans cette onomatopée ! Rien ne lui coûte.

XI. *Le Satyre Marsyas puni par Apollon.*

On se rappelle encor le sort de Marsyas [1],
Puni d'un vain défi par un cruel trépas.
Quel supplice ! criait le malheureux Satyre.
Ah! pourquoi, dieu vainqueur, veux-tu qu'on me déchire

---

[1] Voici ce que les poètes racontent du satyre Marsyas. On dit que Minerve fut élevée au bord du lac Triton, d'où elle fut surnommée Tritonide. Ce fut là qu'elle inventa la flûte.

> Elle dit, et soudain le docile roseau
> Devint entre ses doigts un instrument nouveau.
> Elle l'applique aux bords de ses lèvres vermeilles ;
> Il en sort mille sons qui charment les oreilles.
> Ce plaisir dura peu : le paisible ruisseau
> A peine eut retracé son image dans l'eau,
> Qu'un trouble la saisit ; ses regards plus timides
> Lui font voir à regret son front chargé de rides,
> De ses sourcils froncés les cercles ravalés,
> Ses traits nobles et doux par le souffle gonflés :
> Elle en rougit de honte, et quittant le rivage,
> Abandonne aux mortels le fruit de son ouvrage.
>
> *Poëme sur l'origine de la Musique.*

Le Satyre la trouva, se plut à en tirer des sons, et fut si vain de cet art, qu'il osa défier Apollon lui-même. Ce dieu le fit écorcher vif. La punition est horrible. Mais au moins cette fable peut donner une leçon aux satiriques envieux et aux critiques ignorans.

> Ne faut-il pas être un fou bien complet,
> Pour défier, avec son flageolet,
> Apollon même, et n'être qu'un Satyre ?
>
> BENSERADE.

Ah ! périsse à jamais et mon art et mon chant !
Pardonne, dieu des vers ; mon crime est-il si grand?

Il crie; on le déchire; et son supplice effraie.
Dépouillé de sa peau, son corps n'est qu'une plaie.
Son sang à longs ruisseaux coule de toutes parts.
Le tissu de ses nerfs afflige les regards.
Vous auriez pu compter ses fibres transparentes,
Ses muscles découverts, ses veines palpitantes.
Les demi-dieux des bois, des monts et des vergers,
Les Nymphes, les Sylvains, les Faunes, les Bergers,
Les Satyres sur-tout le pleurèrent ensemble.
Humide de leurs pleurs, la terre les rassemble,
Et forme un nouveau fleuve, au cours limpide et clair,
Et qui va sous son nom se perdre dans la mer [1].

XII. *Epaule d'ivoire de Pélops.*

Après ces vieux récits que le présent atteste,
On revient à tes fils, à leur destin funeste,
O Niobé ! chacun t'accuse de leur mort,
Et ton frère Pélops pleure seul sur ton sort.

---

[1] Le fleuve Marsyas prend sa source, ainsi que le Méandre, dans un marais entouré de roseaux. Peut-être toute cette fable n'est-elle qu'une allégorie pour exprimer le dessèchement de ce fleuve par les chaleurs solaires. Quoi qu'il en soit, la poésie d'Ovide n'en est pas moins belle.

Il déchire sa robe, et, qui l'aurait pu croire?
Il laisse voir à nu son épaule d'ivoire.
Tantale, hôte des dieux, à leur repas admis,
Osa servir pour mets les membres de son fils.
D'horreur et de pitié tous les dieux se troublèrent;
Ses membres ranimés entr'eux se rassemblèrent :
L'ivoire a remplacé par leur pouvoir divin
Une épaule qui manque et que l'on cherche en vain.

XIII. *Térée, Progné et Philomèle.*

LES envoyés des rois et des villes de Grèce [1],
Sont venus de Pélops consoler la tristesse.
Tous partagent son deuil; Sparte, Mycène, Argos,
Corinthe dont l'airain reproduit les héros,

---

[1] Observez par quelle transition naturelle et ingénieuse le poète passe de l'épaule d'ivoire de Pélops à la fable de Térée. Observez avec quelle énergie, avec quelle vérité il a su peindre le caractère de ce Thrace féroce. Voyez comme il est soutenu d'un bout à l'autre. C'est un tableau effrayant par ses horribles beautés. S'il était mis en action sur le théâtre, il révolterait; mais en récit, il est admirable.

<blockquote>
Ce qu'on ne doit point voir, qu'un récit nous l'expose.
Les yeux, en la voyant, saisiraient mieux la chose :
Mais il est des objets que l'art judicieux
Doit offrir à l'oreille, et reculer des yeux.
</blockquote>

L'art d'Ovide consiste à varier les sujets qu'il traite, et à mêler au gracieux et au familier noble le sombre et le terrible.

Calydon que Diane a vouée à sa haine,
L'humble Cléone, et vous, opulente Orchomène,
Messène riche en blés plus précieux que l'or,
Pyle où régna depuis le père de Nestor,
Trézène, et les cités que l'Isthme au loin contemple.
Athène, de la Grèce et la gloire et l'exemple,
Qui l'eût cru? manque seule à ces pieux égards,
Mais en ce tems la guerre assiégeait ses remparts,
Le pirate inhumain ravageait la contrée.
Roi du Thrace aguerri, le belliqueux Térée,
S'arme pour sa défense, et chasse les brigands.
Ses exploits, ses secours en des périls si grands,
Le nom de fils de Mars, auteur de sa famille,
Tout porte Pandion à lui donner sa fille.
Junon n'assista point à cet hymen fatal [1].
Le dieu n'alluma point son flambeau nuptial.
Les Graces, des époux n'ont point paré la couche.
Erinnis y souffla les poisons de sa bouche.
Euménides, c'est vous qui teniez les flambeaux,
Funéraires brandons dérobés aux tombeaux.
Un hibou de leur lit profana le mystère.
C'est ainsi que Progné devint épouse et mère.
O combien l'apparence abuse les mortels!
Hélas! de cet hymen on rend grace aux autels;

---

[1] *Pronuba Juno* : Junon présidait aux cérémonies nuptiales avec l'Hyménée, et aux accouchemens avec Lucine.

Et le jour où du roi Progné fut la conquête,
Le jour qu'elle eut un fils, se nomme un jour de fête.

Le soleil voyageant dans ses douze maisons,
Avait déjà cinq fois ramené les saisons;
Quand Progné: Si jamais, dit-elle au roi de Thrace,
J'eus quelques droits sur vous, je demande une grace.
Philomèle est ma sœur; l'embrasser, la revoir,
Est le plus grand des biens que je puis vous devoir.
Allez, et dans Athène à Pandion qui l'aime
Promettez de bientôt la ramener vous-même.

On prépare un navire; et les vents et les flots
Aux remparts de Cécrops emportent le héros.
Il arrive au palais. A sa première entrée,
Pandion joint sa main à la main de Térée.
Leur entretien commence; et l'époux de Progné
Expose le sujet qui l'avait amené.
Voilà qu'en ses atours a paru Philomèle.
Ses ornemens sont beaux; mais sa grace est plus belle.
Telles on pourrait voir les nymphes des forêts,
Si la pourpre avec l'or travaillée à grand frais
Joignait à leurs appas une riche parure,
Fouler d'un pas décent leurs tapis de verdure.

Comme le chaume aride, ou le gazon séché,
S'allume en un instant, si le feu l'a touché;
Ainsi par Philomèle, à sa première vue,
Térée est embrasé d'une flamme imprévue.

Elle aurait pu séduire un cœur moins effréné;
Mais le penchant du sien est un penchant inné.
C'est ce poison des sens transmis de race en race,
Cette fureur commune aux amans de la Thrace,
Dont Vénus a voulu que leur sang s'allumât.
Il brûle de ses feux, et des feux du climat.

Corrompre ses suivans, la séduire elle-même,
Pour obtenir son cœur, perdre son diadême,
L'enlever, et pour elle armer tous ses soldats,
Se porter, s'il le faut, à tous les attentats,
Il n'est rien que ne fasse, et que n'ose Térée.
Son cœur ne contient plus sa flamme immodérée.

Il ne peut plus souffrir les lenteurs du retard.
C'est au nom de Progné qu'il presse le départ.
Son cœur est éloquent; c'est l'amour qui l'inspire.
Il va jusqu'à pleurer; il s'afflige, il soupire.
Si son empressement le trahit quelquefois,
C'est Progné, disait-il, qui parle par ma voix:
Ces pleurs et ces soupirs sont ordonnés par elle.
Sous ces déguisemens, il couvre son faux zèle.
O du cœur des humains obscures profondeurs!
O de nos jugemens déplorables erreurs!
Au moment qu'il médite et l'inceste et le crime,
C'est en lui la vertu qu'on aime et qu'on estime.
Que dis-je? Philomèle aide à ses noirs desseins.
Complice de ses vœux par les vœux les plus saints,

Afin qu'il y consente, elle embrasse son père.
Tout ce qu'elle doit craindre, est tout ce qu'elle espère.
Le perfide est jaloux de ces baisers pieux;
Il les voit, et du moins les savoure des yeux.
O que n'est-il alors ce père qu'il envie [1] !
Et quand il le serait, serait-il plus impie?
Caresse filiale, et tendres sentimens,
Tout donne à sa fureur de nouveaux alimens.
Pandion attendri lui cède; et Philomèle
Rend grace, et croit heureux pour sa soeur et pour elle,
Ce qui fera la perte et d'elle et de sa soeur.

Les coursiers du soleil, écumant du sueur,
Touchaient de l'occident la barrière atlantique.
On sert dans le palais un festin magnifique.
Bacchus coule à grands flots dans l'or pur et vermeil;
Et la nuit qui survient est donnée au sommeil.
Mais loin de Philomèle, en proie à son image,
Térée est agité d'un violent orage.
Il nourrit un poison qu'il savoure à longs traits,
Se rappelle son air, sa démarche, ses traits,
Repasse, en soupirant, jusqu'à son moindre geste;
Et sur ce qu'il a vu, se figure le reste.

---

[1] Voilà un de ces endroits où l'abondance d'Ovide, sans être pénible, tient de l'art, et va jusqu'au luxe. Il présente la même pensée sous différentes faces; mais la nuance n'en est pas assez variée. On sent ici l'abus d'une facilité excessive.

Le jour luit. Le vieux roi, qui l'accompagne au port,
De sa fille, à ses soins, recommande le sort.
 Philomèle le veut ; vous le voulez vous-même ;
J'y consens : emmenez une fille que j'aime.
C'est un dépôt sacré que je mets en vos mains.
Par tous les droits du sang, par les nœuds les plus saints,
Ramenez-moi dans peu l'appui de ma vieillesse.
Jugez de mes regrets, vous voyez ma tendresse.
Vous, ma fille, si j'eus des droits à votre amour,
N'oubliez pas qu'un père attend votre retour.
 Il l'embrasse à ces mots, en répandant des larmes,
Et ces pleurs de tendresse ont pour lui quelques charmes.
Il reçoit dans ses mains la foi de leurs sermens,
Leur donne pour Progné de doux embrassemens :
Mais, hélas ! ses sanglots, présage trop funeste,
De ses derniers adieux achevèrent le reste.
 Il voit partir son gendre, et sa fille avec lui.
La rame fend les flots, et le rivage a fui.
J'ai vaincu, dit Térée en triomphant de joie ;
Le vaisseau qui m'emporte, emporte aussi ma proie.
Il diffère à regret ses plaisirs odieux,
Et le regard sur elle, il en jouit des yeux.
Ainsi l'aigle en son nid, sous sa tranchante serre,
Tient un lièvre timide, enlevé de la terre [1] :

---

[1] Il y a peu de poètes aussi riches en comparaisons

Le captif ne peut plus éviter son destin ;
Le ravisseur tranquille observe son butin.
 Cependant de la Thrace on touche le rivage.
Térée en une tour, au fond d'un bois sauvage,
Entraîne Philomèle, où, pâle de frayeur,
Elle cherche en pleurant, et demande sa sœur.
C'est-là que, déclarant le feu qui le dévore,
Le ravisseur enferme, outrage, et déshonore
Une vierge qui seule en vain implore, hélas!
Et son père et sa sœur, qui ne l'entendent pas.
Elle tremble et frémit : telle une tourterelle
Echappe demi-morte à la serre cruelle,
Ou telle une brebis, teinte encor de son sang,
Palpite loin du loup qui déchira son flanc.
 O barbare! dit-elle, exécrable adultère,
Ni la foi des sermens, ni les larmes d'un père,
Ni l'hymen de ma sœur, la pitié, le devoir,
Ni tous les droits du sang, rien n'a pu t'émouvoir!
Tu les as tous souillés dans ta rage infernale.
De ma sœur, malgré moi, je me vois la rivale ;
Et de l'une et de l'autre époux incestueux,
Tu me rends, malgré moi, complice de tes feux.

---

qu'Ovide. Observez que les siennes font ressortir l'objet,
sans distraire de l'intérêt du récit, et sans en ralentir la
marche.

Achève ; ta fureur peut-elle être assouvie ?
Tu m'as ravi l'honneur, arrache-moi la vie.
Que ne l'ai-je perdue avant ton crime, hélas !
L'honneur eût chez les morts accompagné mes pas.
S'il est des dieux vengeurs, si ces dieux que j'atteste
Ont vu tes attentats, s'ils punissent l'inceste,
Tremble ; je publierai ton crime et mon affront.
Sans soin de ma pudeur, la honte sur le front,
J'irai de tes forfaits épouvanter le monde ;
Ou si tu me retiens dans ma prison profonde,
Les rochers, les forêts, et les dieux m'entendront ;
Et ces dieux, s'il en est, ces dieux me vengeront.

   Le coupable, agité des horreurs de son crime,
Saisit par les cheveux l'innocente victime,
Lui tord les bras, l'enchaîne, et tire un coutelas.
Elle lui tend la gorge, et ne résiste pas.
Elle espère la mort ; mais ce tigre farouche,
Pour étouffer les cris qu'exhale encor sa bouche,
Dans un transport de rage et de crainte à-la-fois,
Saisit dans son gosier l'organe de sa voix.
Sa langue est arrachée ; elle tombe et palpite.
Mutilé par le fer, tel un serpent s'agite.
Il fit plus ; il osa, bourreau dans ses plaisirs,
Sur sa victime encore assouvir ses desirs.

   Térée incestueux, ravisseur, homicide,
Ose revoir Progné, qui d'une voix timide

Demande si sa sœur ne l'accompagne pas.
Le perfide se trouble, et pleure un faux trépas,
Que sa bouche sait feindre, et que ses pleurs font croire.
La reine, sur la foi de cette fausse histoire,
Change ses voiles d'or en des voiles de deuil;
Et sa douleur, hélas! élève un vain cercueil
Aux manes d'une sœur qui vit déshonorée.

Depuis plus de six mois des humains séparée,
Que fait-elle? comment dévoiler ses revers?
Comment fléchir sa garde, ou sortir de ses fers?
Mais enfin le malheur la rend ingénieuse.
Instruite par ses doigts, l'aiguille industrieuse,
Par un art qu'elle invente au fond de sa prison,
Ecrit sur un tissu toute la trahison;
Et ses signes, du geste empruntant le langage,
Adressent à Progné l'envoi de son ouvrage.

Progné prend le tissu, le déroule, et ses yeux
Y lisent du tyran les forfaits odieux.
Elle frémit, se tait; l'horreur ferme sa bouche.
Aucun cri ne se mêle à sa pitié farouche.
Pour un crime si grand, c'est trop peu que des pleurs
C'est du sang, c'est du sang qu'il faut à ses douleurs.

C'était les tems sacrés où les femmes d'Abdère
Célébraient de Bacchus le nocturne mystère.
L'airain frappe l'airain, et résonne à grand bruit.
Au milieu du tumulte, à l'ombre de la nuit,

Progné sort du palais, le pampre sur la tête,
Ceint une peau de tigre, appareil de la fête,
Et le thyrse à la main, court au fond des forêts.
Terrible, et du délire imitant les accès,
Hurlant de sa douleur, la fureur la transporte.
Elle arrive à la tour, elle brise la porte;
Elle enlève sa sœur dans ce trouble confus;
Et lui couvrant le front des lierres de Bacchus,
La déguise en bacchante, et l'emmène avec elle.
 On arrive au palais; les pas de Philomèle
S'arrêtent sur le seuil, et reculent d'horreur.
Progné calme ses sens, rassure sa terreur,
La mène en un lieu sûr, et des feuilles du lierre
Débarrassant son front, l'embrasse la première.
Elle baisse les yeux de honte et de douleur;
Elle fut, malgré soi, complice envers sa sœur;
Elle veut le jurer, et sa main qui l'atteste,
Au défaut de la voix, s'exprime par son geste.
Philomèle pleurait: Progné blâme ses pleurs;
Et son cœur s'abandonne à toutes ses fureurs.
Non, non, c'est par du sang, c'est par le fer, dit-elle[1],
Puisqu'il manque à nos mains une arme plus cruelle,

---

[1] Voici encore un discours plein de feu, d'énergie et de passion. Ovide, les tragiques grecs exceptés, est peut-être de tous les poètes anciens celui qui offre le plus de modèles

Que je dois te venger du tyran que je hais.
Je veux, pour les punir, surpasser ses forfaits.
Je veux, la torche en main, lui servir de furie,
Sous ses toits embrasés consumer cet impie,
Arracher à ce tigre et la langue et les yeux,
Eteindre dans son sang son amour odieux,
Et de mes propres mains perçant son cœur barbare,
Le condamner vivant aux tourmens du Tartare.
Enfin j'ignore encor, ma sœur, ce que je veux ;
Mais je sens que Progné ne veut rien que d'affreux.

 Elle parlait : Itys se présente à sa mère,
Et de ce qu'elle peut avertit sa colère.
Sa mère le regarde : Oui, voilà son portrait ;
Oui, c'est lui, c'est Térée. Elle dit, et se tait,
Roule un regard farouche, et médite un grand crime;
Et sa rage en secret a choisi sa victime.
Cependant il s'approche, et pour la caresser [1]
L'enfant lève ses bras tendus pour l'embrasser.

---

d'éloquence dramatique. Si la partie fabuleuse des métamorphoses ne convient guère qu'à l'opéra, il n'en est pas moins vrai que les auteurs tragiques peuvent trouver de grands secours dans ce poëme. Ovide y prête à ses héros fabuleux le langage le plus vrai, le plus passionné, et souvent le plus théâtral.

[1] Observez avec quel art habile le poète mêle le touchant au terrible. Comme ces détails sont vrais ! comme ils intéressent ! comme ils sont l'expression de la nature ! Nos

Sa mère est attendrie; et son âge et ses charmes,
De ses yeux courroucés ont arraché des larmes.
Soudain de sa pitié condamnant ce retour,
Regardant et sa sœur et son fils tour-à-tour;
Il me nomme sa mère, il me nomme, dit-elle,
Et je n'entendrai plus la voix de Philomèle ¹ !
Fille de Pandion, vois quel est ton époux.
Tu crains un crime, après qu'il les a commis tous.
Le crime est piété, quand le crime nous venge.
  Telle qu'une tigresse, aux rivages du Gange,
Emporte un faon de biche au fond d'un bois épais;
Elle entraîne son fils au fond de son palais;

---

grands maîtres ont senti tout le prix de ces traits de vérité qui distinguent particulièrement les anciens. Voyez dans la Henriade la description de la famine, au siége de Paris. Voyez ce bel épisode d'une mère réduite, par la faim et le désespoir, à égorger son propre fils ! Vous y trouverez des beautés de ce genre. On peut comparer le désespoir furieux de cette mère avec le farouche égarement de Progné.

¹ Il y a dans le latin:
  Cur admovet, inquit,
Alter blanditias, raptâ silet altera linguâ?
Cur vocat hic matrem? cur non vocat illa sororem?

C'est-à-dire : «Pourquoi faut-il que l'un me dise des paroles caressantes, et que l'autre se taise, privée de sa langue ? pourquoi l'un nomme-t-il sa mère ? pourquoi l'autre ne peut-elle nommer sa sœur»? Ce n'est pas ainsi que parle la passion ; elle ne fait point d'antithèses ingénieuses. J'ai conservé la pensée d'Ovide, en substituant un mouvement de l'ame à cette recherche du bel-esprit.

Et sourde aux tendres cris répétés par sa bouche,
Un poignard à la main, cette mère farouche
Le perce dans le flanc, sans détourner les yeux [1].
Un seul coup a suffi pour ce meurtre odieux.
Mais Philomèle encor, non moins barbare qu'elle,
Achève, en l'égorgeant, sa vengeance cruelle.
Quand elle eut déchiré ses membres palpitans,
Leurs mains près d'un foyer les apportent sanglans,
Mets affreux que leur rage apprête pour Térée!
Dans ces jours d'une fête à Bacchus consacrée,
Invité par la reine, et sur la pourpre assis,
Tranquille, il se repaît des membres de son fils.
Il ne soupçonne pas que ce mets funéraire,
Des entrailles d'un fils nourrit la faim d'un père ;
Et dans ce moment même, ô souhaits! ô destin!
Il cherche Itys, il veut qu'on l'appelle au festin.
Progné ne contraint plus une barbare joie.
Un sourire cruel sur son front se déploie.
Tu veux Itys, dit-elle ; Itys est avec toi.
Il regarde ; et tandis qu'il cherche autour de soi,

---

[1] *Nec vultum vertit.* Un poète ordinaire n'eût pas manqué de mettre, *en détournant les yeux*. Quelle différence ! Dans la situation violente où se trouve Progné, elle n'est plus mère ; elle ne voit dans son fils que le fils de Térée. En égorgeant Itys, c'est, en quelque sorte, Térée lui-même qu'elle égorge.

Philomèle survient, de meurtre dégouttante,
Et lui jette d'Itys la tête encor sanglante.
O qu'elle aurait voulu parler en ce moment,
Et du fiel de sa joie ulcérer son tourment!
 Il s'écrie, et d'horreur il repousse la table;
Il détourne les yeux de ce mets exécrable,
Et voudrait l'arracher de ses flancs entr'ouverts.
Il appelle à grands cris les filles des enfers.
O mon fils! quoi? ta tombe est le sein de ton père,
Dit-il; et veut au moins le venger sur sa mère.
Sur elle et sur sa sœur il poursuit leur forfait:
Elles semblent voler; et volent en effet.
L'une et l'autre à son glaive échappe épouvantée,
Et leur plume est encor de meurtre ensanglantée.
Hirondelle, Progné voltige sous nos toits:
Et Philomèle au loin va gémir dans les bois.
Pressé par la vengeance, emporté par la rage,
Leur ennemi lui-même est un oiseau sauvage[1].
En aigrette d'azur son casque est transformé,
Et d'un dard assassin son long bec est armé.

---

[1] *Nomen Epops volucri.* C'est la hupe, oiseau de la grosseur d'une grive, qui a la tête pointue, et ornée d'une touffe de plumes en forme d'aigrette. Il a les ailes noires, l'estomac roux et le dos cendré.

XIV. *Borée enlève Orythie.*

Cependant Pandion, accablé de tristesse,
Ne voit point les longs jours de l'extrême vieillesse.
Sa mort laisse Ericthée héritier de ses droits,
Chéri par sa justice et grand par ses exploits.
Il mit au jour cinq fils, tous dignes de leur père,
Et cinq filles aussi, non moins dignes de plaire.
Deux d'entr'elles sur-tout, Orythie et Procris,
Pouvaient de la beauté se disputer le prix.
Céphale a dans Procris une épouse fidelle;
Borée aime Orythie, aussi fière que belle.
La Thrace où, comme lui, Térée a vu le jour,
Offre un terrible exemple, et nuit à son amour.
Les refus d'une amante irritent sa colère;
Il s'indigne, il reprend son fougueux caractère.
Elle me fuit, dit-il; elle a raison : pourquoi,
Quand la force et l'audace ont dû parler pour moi,
Des soins respectueux ai-je connu l'usage ?
Plus de soumission; la force est mon partage.
Par elle, devant moi le nuage est chassé,
L'Océan est ému, le chêne renversé,
Les champs battus de grêle, ou durcis par la glace.
Si, mes frères et moi, nous luttons dans l'espace,
Le nuage qui crève, étincelle d'éclairs,
Le ciel tonne, et la foudre éclate dans les airs.

Si dans les antres creux, soupiraux de la terre,
Mon souffle impétueux pénètre et se resserre,
Quand mon dos se soulève, indigné de ses fers,
Sa secousse profonde ébranle les enfers.
C'est ainsi qu'à l'hymen Borée a dû prétendre,
Triompher d'Ericthée, et lui donner un gendre.
  Il dit, et furieux de colère et d'amour,
De torrens de poussière il obscurcit le jour,
Et par le battement de ses ailes bruyantes,
Il balaye en sifflant les feuilles tournoyantes :
Sa robe à plis flottans traîne dans les sillons,
Et dans les champs poudreux roule des tourbillons :
Au milieu d'un nuage, il enlève Orythie ;
Tremblante entre ses bras, il l'emporte en Scythie.
Là, reine, amante, épouse, et mère tour-à-tour,
A deux jumeaux chéris elle donne le jour.
Zéthès et Calaïs, aussi beaux que leur mère,
Joignent à ses attraits les ailes de leur père.
Ce don, comme aux oiseaux, ne naît pas avec eux :
Mais quand la puberté, qui les rend plus nerveux,
Eut d'un léger duvet cotonné leur visage,
Leur dos se revêtit d'un superbe plumage ;
C'est alors qu'on les vit sur les mers de Colchos
Partager de Jason la gloire et les travaux.[1]

---

[1] Ce dernier vers prépare le lecteur à l'histoire des Argo-

nautes, par où va commencer le septième livre. Il y a dans le latin:

> Vellera cùm Minyis nitido radiantia succo
> Per mare non notum primâ petiêre carinâ.

Ovide, comme tous les poètes anciens, donne aux Argonautes le nom de Minyens. Voici ce qu'on trouve à ce sujet dans Hygin : *Hi omnes autem Minyiæ sunt appellati, vel quòd plurimos eorum filiæ Minyiæ pepererunt, vel quòd Jasonis mater, Clymenes Minyiæ filiæ filia erat.* C'est-à-dire: « Tous ces héros furent appelés Minyiens, ou parce que plusieurs d'entr'eux étaient nés des filles de Minyas, ou parce que la mère de Jason était fille de Clymène, fille de Minyias. Festus appuie de son opinion l'interprétation de Hygin.

Au surplus, on aurait tort de croire que l'Argo fut le premier navire connu en Grèce. Ovide, par ces mots, *primá petiére cariná*, veut faire entendre que ce fut le premier vaisseau construit en forme de galère, navire dont la carène est très-alongée. Les vaisseaux grecs avaient été jusqu'alors d'une forme presque ronde, et n'étaient pas propres à une navigation de long cours.

Hercule enchaîne Cerbère.

LIVRE VII.

PREMIÈRE FABLE.

Arrivée des Argonautes à Colchos. Médée aime Jason.

La poupe de Jason fend les mers de Scythie ;
Elle a touché la Thrace, où les fils d'Orythie,
De l'aveugle Phinée, écartent sans retour [1]
Ces obscènes oiseaux, moitié femme et vautour,
Dont l'essaim famélique assiégeait sa vieillesse.
Enfin vainqueurs des flots, les héros de la Grèce,
Partis avec Jason des rives d'Iolchos,
Abordent sur le Phase aux rives de Colchos.
　Ils demandent au roi de cette cour sauvage
Le trésor de Phryxus, promis à leur courage [2] ;

---

[1] Phinée, roi de Thrace, qui était doué du don de la divination, coupable d'en avoir usé avec indiscrétion, et d'avoir révélé avec imprudence les secrets des dieux, en fut puni par la perte de sa vue et par le supplice des harpies.

[2] Phryxus, fils d'Athamas et de Néphélé, que ce prince

Et tandis qu'Aëtès impose à ces héros
La loi la plus terrible, et les plus durs travaux,
Médée a vu Jason : un feu soudain l'enflamme.
Elle combat long-tems le penchant de son ame.
Ah ! je résiste en vain : que me sert ma raion?
Dit-elle. Un dieu commande : oui, je sens pour Jason,
Je sens un mal plus doux que tous les biens ensemble.
Ce mal est de l'amour, ou du moins y ressemble.
Car enfin d'Aëtès que m'importe la loi ?
Loi trop dure en effet ! Mais d'où vient mon effroi ?
Quelle pitié s'élève en mon ame attendrie?
Je le connais à peine, et je crains pour sa vie !
Tu nourris dans ton cœur un penchant dangereux;
Hâte-toi de le vaincre, hélas ! si tu le peux.
Ah ! si je le pouvais je serais vertueuse !
Mais d'un pouvoir fatal esclave malheureuse,

---

thébain répudia pour épouser Ino, persécuté par sa marâtre, fut obligé de s'expatrier avec sa sœur Hellé, sur un bélier à toison d'or qu'il avait reçu de Mercure. Arrivé à Colchos, il le sacrifia au dieu Mars, et appendit sa toison dans une forêt sacrée.

Aëtès, roi de la contrée, lui donna pour femme Calciope sa fille aînée. Il en eut des enfans, et mourut quelque tems après. Son ombre apparut en songe au roi de la Colchide, et lui révéla que la destinée de l'empire était attachée à la toison d'or. Aëtès, pour en rendre la conquête impossible, eut recours à la magie de Circé sa sœur, et de Médée sa fille.

J'écoute la raison, je lui cède, et l'amour
S'oppose à ses conseils, et l'emporte à son tour.
J'aime, et je fuis le bien ; je hais, et suis le vice [1].
Un étranger te plaît ! veux-tu dans ton caprice,
Brisant ici les nœuds les plus saints, les plus doux,
Dans un monde inconnu mendier un époux ?
Fille d'un roi, veux-tu tout quitter pour le suivre ?
Laisse aux dieux décider s'il doit mourir ou vivre.
Qu'il vive toutefois ! au moins est-il permis
De vouloir que Jason ait les dieux pour amis.
Et qu'a donc fait Jason ? Où donc est le barbare
Qui compterait pour rien son mérite si rare,
Sur-tout tant de beauté jointe à tant de valeur ?
Je ne m'en défends pas : il a touché mon cœur.

Mais que lui sert l'amour qui me tient asservie ?
Il meurt sans mon secours ; c'en est fait de sa vie ;
Tout conspire à sa perte : et les taureaux de Mars,
Et leur soc homicide, et leur moisson de dards,

---

[1]   Video meliora, proboque,
  Deteriora sequor.

Ces paroles de Médée expriment une vérité bien triste, mais si bien reconnue, qu'elles ont passé en proverbe. Ovide et l'apôtre saint Paul tiennent là-dessus le même langage. *Non quod volo bonum, hoc facio ; sed quod nolo malum, hoc ago :* pensée que Racine a fidèlement traduite dans un de ses cantiques sacrés.

  Je ne fais pas le bien que j'aime,
  Et je fais le mal que je hais.

Et les fils de la terre, et le dragon terrible.
Et je le souffrirais ! Une tigresse horrible
M'a donc avec le jour donné la soif du sang ?
J'ai donc un cœur de bronze enfermé dans mon flanc ?
Ne faut-il pas encor, témoin de son supplice,
Que j'en souille mes yeux, que j'en sois la complice,
Que j'arme contre lui le dragon, les taureaux,
Que des sillons de Mars j'enfante ses bourreaux ?
Ah ! dieux, veillez plutôt sur sa tête charmante !
Mais c'est plus que des vœux que lui doit son amante.

Eh ! quoi ? trahir mon père, exposer ses vieux jours,
Afin qu'un inconnu, sauvé par mes secours,
Peut-être en aime une autre, et, partant avec elle,
M'abandonne au tourment de le voir infidèle [1] ?

---

[1] Le latin dit : *Pœnæ Medea relinquar*. Les interprètes entendent ce passage de deux manières. *Aut dolori quo afficiar ex illius amore ; aut supplicio quod de me pater sumet :* ou de la douleur de voir Jason infidèle, ou du châtiment que le père de Médée tirera d'elle. J'ai suivi le premier sens, comme le plus convenable à la passion. Le plus grand supplice pour une amante est l'infidélité de son amant. Toutes ces incertitudes de Médée expriment au naturel les fluctuations orageuses d'un cœur, que son penchant entraîne malgré lui. C'est dans Ovide que Racine dut apprendre à peindre la passion de l'amour. Si vous en exceptez la Phèdre d'Euripide, les tragiques grecs ne lui en offraient point de modèle.

S'il payait mes bienfaits par cette lâcheté,
Qu'il périsse l'ingrat! il l'a trop mérité.

Pourquoi ces vains soupçons? ils lui font trop d'injure.
Ce héros généreux peut-il être un parjure?
Non, il n'est point ingrat; si je suis son appui,
Un serment solemnel me répondra de lui.
J'aurai pour moi les dieux garans de sa parole.
Hâte-toi donc, bannis une crainte frivole :
Ce héros si charmant tiendra tout de tes mains;
Ta foi va l'enchaîner par les nœuds les plus saints;
Il vivra par toi seule; et dans toute la Grèce
Ton nom sera béni par des chants d'alégresse.

Ainsi tu vas quitter tes dieux que tu trahis,
Et ton frère, et ta sœur, ton père et ton pays!
Que puis-je regretter, lorsque je m'en sépare?
Mon père est inhumain, ma patrie est barbare,
Calciope ma sœur approuve mon dessein [1],
Et j'obéis au dieu que je porte en mon sein.
Qu'est-ce que j'abandonne? Ah! j'emporte la gloire
De sauver des héros fameux dans la mémoire,

---

[1] Calciope, fille d'Aëtès, avait épousé Phryxus. Inquiète sur l'héritage paternel de ses enfans, elle s'intéressait aux Grecs, et avait prié Médée de les secourir dans leur entreprise. Médée répond aux objections qu'elle s'est faites à elle-même, et, dans son délire, se persuade que Jason seul lui donne bien plus qu'elle ne perd. Patrie, parens, gloire,

De voir un nouveau peuple et de nouveaux états,
Et leurs arts si vantés, même dans nos climats.
Je verrai sous mes pas la mer courber son onde;
Et ce qui m'est plus cher que les trésors du monde,
Ce qui m'égale aux dieux, de mon bonheur jaloux,
Je suivrai mon amant, je suivrai mon époux.
La mer est, je le sais, un élément perfide;
Des écueils sont cachés sous le flot homicide;
Charybde ouvre aux vaisseaux des gouffres tournoyans;
Scylla les livre en proie à ses chiens aboyans.
Mais je brave la mer, ses écueils et sa rage :
Dans les bras de Jason je défierai l'orage;
Et je ne craindrai rien que de perdre un époux.
Un époux! qu'ai-je dit? en vain d'un nom si doux
Tu voudrais honorer ta flamme illégitime [1] :
Ouvre les yeux, Médée, évite et fuis le crime.

---

félicité, elle trouve tout en lui. Voilà comme la passion raisonne. Mais, ce qui est bien dans la convenance, malgré l'amour qui la subjugue, elle finit par écouter un dernier avis de sa raison, et conclut par la résolution de vaincre son penchant et de fuir le crime.

[1] Ce monologue est long, et ne le paraît pas, tant la logique de la passion y est bien observée, tant ce que dit Médée est particulièrement approprié à sa situation. Rien n'y sent l'amplification de rhétorique; les beautés poétiques y sont des beautés de sentiment.

Elle dit, le devoir, la raison, la pudeur
Reprennent par degrés l'empire de son cœur :
Déjà sa passion est forcée à se taire.
Elle va dans un bois obscur et solitaire,
D'Hécate son aïeule interroger l'autel [1].
Plus forte contre un dieu, tyran doux et cruel,
Elle sent ralentir le feu qui la consume.
Mais elle voit Jason ; son ardeur se rallume.
Une prompte rougeur a coloré son teint.
Ainsi que sous la cendre un brasier mal éteint
Forme un embrasement d'une faible étincelle,
Et prend au moindre souffle une chaleur nouvelle :
Son amour, amorti par la froide raison,
S'est renflammé soudain à l'aspect de Jason.
Eh! qui ne plaindrait pas une amante excusable?
Hélas! jamais Jason ne parut plus aimable.
Surprise à sa rencontre, immobile, sans voix,
Elle semble le voir pour la première fois [2],

---

[1] Diane, sœur d'Apollon, père d'Aëtès. On l'invoquait sous trois noms, Diane sur la terre, Phœbé dans le ciel, Hécate dans les enfers. *Diva triformis.*

[2] Médée avait résolu de vaincre son penchant. Elle allait prier Hécate, qui la protège comme sa prêtresse. Elle rencontre Jason : sa résolution s'est évanouie. Voilà le cœur humain. Ovide le connaissait bien, et le peint en grand poète.

Contemple comme un dieu le héros qu'elle adore,
Le regarde, l'admire, et le regarde encore.

  Mais quand cet étranger, embrassant ses genoux,
Implora son secours comme amant, comme époux,
Et lui soumit un cœur esclave de ses charmes ;
Ses yeux brillans d'amour se remplirent de larmes :
Je sais ce que je fais, je le vois ; mais, Jason,
J'écoute mon amour, et non pas ma raison.
Je réponds de vos jours ; combattez sans rien craindre :
Si vous êtes ingrat, je suis la seule à plaindre.
Elle achevait à peine ; il atteste trois fois,
Et la terrible Hécate, et les dieux de ce bois,
Le soleil qui voit tout, aïeul de la princesse,
Et sur-tout ses périls, garans de sa promesse,
Qu'il veut jusqu'au trépas adorer ses bontés.
On le croit ; et muni de ses sucs enchantés,
Il la quitte, rempli d'alégresse et d'audace.

II. *Jason s'expose aux Taureaux, aux Soldats et au Dragon de Mars, et enlève la Toison d'or.*

  Déja le jour succède à l'ombre qui s'efface.
Un grand peuple s'assemble au champ sacré de Mars,
Et couvre au loin les monts, les toits et les remparts
Décoré de la pourpre et de son diadême,
Au milieu de sa cour le roi s'assied lui-même.

Voilà que les taureaux, aux piés armés d'airain,
Ont vomi de leurs flancs les flammes de Vulcain [1];
De leurs naseaux brûlans la vapeur enflammée
Dessèche la verdure autour d'eux consumée.
Comme dans la fournaise, on voit des feux ardens
Rugir dans leur prison, indignés et grondans:
Comme un amas de chaux, qui, par l'onde arrosée,
Fume, frémit, bouillonne, avant d'être appaisée:
Les foudres que Vulcain renferma dans leurs flancs,
Roulent en mugissant dans leurs gosiers brûlans.
Jason marche contre eux d'un pas ferme, intrépide.
Ils présentent les dards de leur tête homicide;
Leurs piés frappent la terre, et leurs naseaux fumans
Epouvantent les airs de longs mugissemens.

Tous les Grecs ont pâli: Jason seul est sans crainte.
Des feux de leur haleine il dédaigne l'atteinte,
Tant ses sucs enchantés ont des charmes puissans!
Il flatte leurs fanons sur leurs genoux pendans;

---

[1] Cette description des taureaux de Vulcain est pleine de force et de précision. Les deux comparaisons qui l'embellissent sont aussi neuves que justes, et rendent présent à l'imagination le merveilleux de la fable. Le style répond à l'énergie de l'image. Ce vers spondaïque,

Fumicisque locum mugitibus implevêre,

imite les mugissemens par son harmonie prolongée. Rien n'était si difficile à bien rendre, même en prose.

Il s'en fait obéir comme un maître paisible,
Sous le joug ordonné courbe leur front terrible,
Et plonge un soc hardi dans ces champs étonnés
Que la charrue encor n'avait point sillonnés.
Colchos frémit : les Grecs, témoins de son ouvrage,
Par mille cris de joie animent son courage.
Dans un casque d'airain l'intrépide héros [1]
Prend les dents du serpent, dans les sillons nouveaux
Les sème ; et du venin la féconde puissance
Dans les flancs de la terre amollit la semence :
Elle s'enfle, elle croît ; un corps en est formé.
Comme au sein d'une mère un enfant renfermé,

---

[1] Galeâ tùm sumit ahenâ
Vipereos dentes, et aratos spargit in agros.
Semina mollit humus valido prætincta veneno :
Et crescunt, fiuntque sati nova corpora dentes.
Utque hominis speciem materno sumit in alvo,
Perque suos intus numeros componitur infans,
Nec nisi maturus communes exit in auras :
Sic ubi visceribus gravidæ telluris, imago
Effecta est hominis, fœto consurgit in arvo.
Quodque magis mirum est, simùl edita concutit arma.

Les dents du serpent de Mars avaient été envoyées à Aëtès, par la déesse Pallas. Ovide avait à décrire ici la semence de ces dents, déjà décrite dans la fable de Cadmus. Comparez les deux descriptions, observez combien elles diffèrent, et admirez la prodigieuse fécondité de son génie. Remarquez encore combien ces détails étaient difficiles à rendre, et que, pour exprimer le prodige décrit par Ovide, il fallait, en quelque sorte, un prodige de style.

Ebauché par degrés dans sa prison féconde,
Se montre avec sa forme à la clarté du monde;
Quand la semence accrue eut façonné ses traits,
Une moisson d'humains croît et sort des guérets.
Prodige encor plus grand ! tous ces fils de la terre
Naissent couverts d'acier, enfantés pour la guerre.

A l'aspect de leurs dards contre Jason tournés,
Tous les Grecs ont frémi, tremblans et consternés:
Tous ont perdu courage; et Médée elle-même
Craint, malgré son secours, pour le héros qu'elle aime.
Contre un seul à l'envi tant d'ennemis armés
Glacent d'effroi son cœur et ses sens alarmés;
Des secrets de Circé la vertu si puissante
Ne peut plus rassurer une timide amante;
Et murmurant trois fois des mots mystérieux,
Au secours de son art elle appelle les dieux.
Dans les rangs ennemis Jason lance une pierre;
C'est ainsi que contre eux il détourne la guerre.
Ces frères belliqueux que la terre a produits
Se percent de leurs dards, l'un par l'autre détruits.

Tous les Grecs à grands cris célèbrent sa victoire,
Le serrent dans leurs bras, et partagent sa gloire.
Que ne peux-tu, Médée, obéir à tes vœux [1],
Te joindre à son triomphe, et l'embrasser comme eux!

---

[1] Les craintes de Médée sur le danger de Jason, et sa joie

Si l'honneur de ton sexe et de ta renommée
Dissimule ta joie au-dedans renfermée,
Tu t'applaudis d'un art qui sauva ses beaux jours,
Et tu rends grace aux dieux dont tu tiens ces secours.
   Il lui fallait encor pour merveille dernière
Du dragon vigilant assoupir la paupière.
Qui pourrait, sans frémir, voir ce dragon de Mars,
Sa crête, ses anneaux, sa langue aux triples dards,
Sa gueule aux dents de fer, sa prunelle enflammée?
Il garde la toison, et vaut seul une armée [1].
Jason répand sur lui des sucs assoupissans,
Et prononce trois fois de magiques accens,
Qui pourraient appaiser le tumulte de l'onde,
Et calmer la fureur de l'aquilon qui gronde.
Un sommeil inconnu se glisse dans ses yeux.
Jason prend la toison, trésor de ses aïeux;
De son or précieux il couronne sa tête,
Et ramène en triomphe une double conquête.

---

secrète lorsqu'il en triomphe, sont les nuances de la passion, saisies et exprimées avec beaucoup de vérité, et non moins de convenance.

[1] Cette peinture du dragon est courte, mais n'en est pas moins belle. Elle termine avec énergie une suite merveilleuse de tableaux frappans.

III. *Eson rajeuni par Médée.*

Les mères, les vieillards dans les murs d'Iolchos
Célèbrent le retour des héros de Colchos.
On prodigue aux autels les dons, les sacrifices,
Les parfums de l'encens, et le sang des génisses.
Mais sous le poids des ans penché vers le tombeau,
Eson ne peut jouir d'un triomphe si beau.
 O d'un époux chéri déité tutélaire,
Que puis-je desirer que vous ne puissiez faire,
Dit Jason? Vos bienfaits à peine seront crus.
Oui, je vous dois beaucoup; mais j'attends encor plus.
Mon père, hélas! succombe au faix des destinées.
Retranchez de mes jours pour joindre à ses années.
 Des larmes à ces mots s'échappent de ses yeux.
La fille d'Aëtès, à ce discours pieux [1],
Dissimule en son cœur le remords qui la touche.
Ah! quel mot, répond-elle, est sorti de ta bouche?
Cher époux! quoi! tu veux, qu'aux dépens de tes jours,
Des jours d'un autre, moi! je prolonge le cours?

---

[1] Ce remords de Médée est une touchante leçon de morale, et rappelle cette belle pensée de Perse, sur la mauvaise conscience:

Virtutem videant, intabescantque relictâ.

O vertu! que le vice
Te regarde, t'admire, et de honte rougisse.

Hécate m'en préserve, et prévienne ce crime !
Tu ne peux t'offenser d'un refus légitime.
Mais si cette déesse exauce encor mes vœux,
J'espère te donner bien plus que tu ne veux.
Sans abréger le cours de tes belles journées,
Je veux du vieil Eson rajeunir les années.

IV. *Préparatifs de Médée pour un Sacrifice magique.*

Quand la Nuit qui trois fois recommence son cours
Eut de l'orbe lunaire arrondi les contours ;
Elle sort du palais, et la robe flottante [1],
Un pié nu, les bras nus, seule, et dans l'ombre errante,
Elle marche en silence en des lieux écartés.
Tous les hôtes des bois, des airs et des cités,
Goûtaient le plein repos que la nuit donne au monde.
L'haleine du zéphyr, le murmure de l'onde,

---

[1] Tous les traducteurs ont rendu *vestes induta recinctas*, « avec sa robe retroussée ». C'est un contre-sens. *Recingi* signifie, ôter sa ceinture, se déceindre. Voyez au livre IV, vers 511. *Sumptumque recingitur anguem*, « et dénoue le serpent qui lui servait de ceinture ». (Tisiphone.) *Recinctus, recincta, recinctum*, « qui n'est pas ceint, qui n'est pas ceinte ». Consultez le Dictionnaire de Danet, qui s'appuie de l'autorité d'Ovide.

Tout se tait, tout sommeille : et seuls les yeux ouverts,
Les astres au front d'or veillent dans l'univers.
Terrible, l'œil hagard, la tête échevelée,
Elle lève les bras vers la voûte étoilée,
Tourne en cercle trois fois, pousse trois cris affreux,
Trois fois de l'eau d'un fleuve arrose ses cheveux,
Met un genouil en terre, et s'écrie : O nuit sombre [1],
Témoin de mes secrets confiés à ton ombre,
Etoiles, feux sacrés, qui succédez au jour,
Et toi, terrible Hécate, O toi qui tour-à-tour
Règnes dans les enfers, au ciel, et sur la terre,
Toi des enchantemens déité tutélaire !
O fleuves ! ô vallons ! ô terre ! qui produis [2],
Les sucs qui tant de fois ont montré qui je suis,

---

[1] En prose, *genou* est plus usité. Mais les poètes doivent se garder de laisser tomber en désuétude les variations des mêmes termes. Ils doivent en rajeunir l'emploi, selon le besoin. C'est leur privilége. Ces variations ne sont que trop rares dans notre langue, et la versification n'a que trop d'entraves. La poésie a conservé *labeur*, synonyme de travail, et *loyer*, synonyme de récompense, qui est trivial en prose.

[2] Toute cette évocation de Médée respire le double enthousiasme et du poète et de la magicienne. Les mouvemens en sont si rapides, qu'ils ne donnent pas le tems de prendre haleine. Aussi, quoique l'énumération qu'elle renferme soit très-détaillée, on ne peut pas dire qu'elle ait des longueurs.

Vents légers, lacs profonds, antres creux et funèbres,
Et vous, dieux, qui des bois habitez les ténèbres,
Dieux de l'antique nuit, je vous appelle tous;
Agissez, il est tems. Je commande, et par vous
Les fleuves étonnés remontent vers leur source :
Je déchaîne les vents, ou j'enchaîne leur course :
L'onde gronde ou se calme; et le ciel le plus pur
Se couvre d'un nuage, ou reprend son azur;
Je gonfle, et fais périr les vipères béantes;
Je transporte les monts, et les forêts mouvantes;
Je fais mugir la terre, et dans leurs monumens
Je ranime des morts les pâles ossemens;
En dépit de l'airain sonnant pour te défendre,
O Lune! de ton char je te force à descendre;
Je fais pâlir l'Aurore au visage vermeil,
Et reculer d'horreur les coursiers du Soleil.
Par vous, j'ai des taureaux amorti le tonnerre;
Par vous, leur front d'airain a sillonné la terre.
Par vous, nés du serpent, les bataillons de Mars
Ont contre eux à l'envi tourné leurs propres dards:
Le dragon assoupi courba sa triple tête,
Et Jason dans la Grèce emporta sa conquête.
Faisons plus : il me faut, par des charmes puissans,
Ramener un vieillard à la fleur de ses ans,
Et rendre à son vieux sang une chaleur nouvelle.
On m'exauce. Un feu pur dans les cieux étincelle;

Et ce n'est pas en vain que des champs étoilés [1]
Descend un char traîné par des dragons ailés.

Elle y monte, et du frein prend le tissu flexible,
Caresse des dragons le col fier et terrible,
S'élève sur Tempé par la route des airs,
Parcourt la Thessalie et ses monts toujours verds.
Là, de sa faux d'airain déracine les herbes [2],
Détache ici la fleur de leurs tiges superbes,
Descend aux prés d'Amphryse, y moissonne avec soin
Les végétaux puissans dont son art a besoin,
Cueille aux bords du Pénée, aux bords de l'Epidène,
La feuille du laurier, la fleur de la verveine [3],

---

[1] C'est un beau trait d'imagination d'avoir fait descendre du ciel le char de Médée : mais, par un trait plus beau peut-être encore, le poète l'annonce dans le discours de Médée, et ne le dit pas lui-même en récit. On ne peut trop admirer ces grandes beautés qui ne s'enseignent pas : c'est la verve qui les donne.

[2] L'airain était le métal particulièrement consacré à la magie ; l'airain était d'usage pour couper et faire bouillir les herbes enchantées. C'est sur l'airain que l'on frappait pour chasser les spectres, et pour venir au secours de la lune en souffrance.

[3] La verveine et le laurier étaient particulièrement consacrés aux enchantemens. *Voyez* la Magicienne de Théocrite, idylle seconde ; la Magicienne de Virgile, églogue huitième ; et la Canidie d'Horace, satire huitième, livre premier.

Jusqu'au lac de Bébès fait voler ses dragons,
Y prend l'herbage aigu qui croît parmi les joncs,
Et les sucs dont Glaucus, à la queue écailleuse,
A depuis éprouvé la vertu merveilleuse.

La nuit revient neuf fois; neuf jours sont écoulés
Depuis qu'elle fend l'air sur ses dragons ailés.
Rajeuni par l'odeur de ces sucs pleins de vie,
Leur dos a dépouillé son écaille vieillie.

V. *Sacrifice magique de Médée.*

Revenue au palais, loin des profanes yeux,
Elle n'a d'autre abri que la voûte des cieux.
De mousse et de gazon, à la triple déesse
Elle élève un autel, un autre à la Jeunesse,
Entrelace en festons des branches d'arbrisseaux,
Les orne de verveine et d'agrestes rameaux,
Creuse autour deux bassins, et d'une brebis noire
Epanche à gros bouillons le sang expiatoire,
Mêle aux vases de lait et de vin répandus
Des mots mystérieux de l'Erèbe entendus,
Et demande à Pluton, demande à son épouse,
D'arrêter le ciseau de la Parque jalouse.

Quand elle eut, par des vœux et longs et répétés,
Appaisé de l'Enfer les sombres déités;
Elle fait apporter près des autels magiques
Le vieillard endormi par des sucs léthargiques,

Sommeil qui de la mort imite le repos,
Et le place étendu sur un lit de rameaux.
Elle écarte Jason du terrible mystère,
Et crie à haute voix : Loin, profane vulgaire [1] !
On s'éloigne : et Médée, en longs cheveux épars,
Autour des deux autels marche les yeux hagards,
Teint de sang des brandons de poix et de bitume,
Au feu des deux autels tout sanglans les allume,
Et trois fois sur Eson promenant un flambeau [2],
Trois fois répand sur lui le feu, le soufre et l'eau.

Les herbes cependant que les feux amollissent,
Dans l'airain bouillonnant d'écume se blanchissent.
Aux sucs qu'elle a cueillis sur les monts, dans les bois,
Elle joint d'autres sucs, la gomme de la poix,
La nocturne rosée, une poudre vitale [3],
Le germe des poissons, la perle orientale,

---

[1] Dans les mystères sacrés, on avait soin d'écarter les profanes, c'est-à-dire, ceux qui n'étaient pas initiés, et qui auraient pu être indiscrets. *Vulgus procul este profanum* était la formule usitée. *Voyez* la Sibylle de l'Enéïde, livre sixième.

[2] Ces trois sortes de purifications étaient employées dans les sacrifices expiatoires des anciens Grecs et Romains.

[3] Ovide a nommé les montagnes et les fleuves de la Thessalie que Médée parcourt, et les herbes qu'elle y cueille, comme il nomme ici les divers spécifiques qu'elle y ajoute pour composer son filtre. Cette double énumération poé-

Les entrailles d'un loup que l'on vit autrefois
Prendre, en hurlant, d'un homme et la forme et la voix,
Les ailes d'un hibou, la peau d'une vipère,
Et le bec d'un corbeau, dépouille séculaire.
  Un bois d'olivier mort, aux rameaux secs et nus,
Lui sert à mélanger tous ces sucs inconnus.
La branche dans le vase à peine s'est plongée,
Elle en sort de verdure et d'olives chargée.
Par-tout même où l'écume en surmontant ses bords
S'élève à gros bouillons, et retombe dehors,
Couronnée à l'entour de fleurs et de verdure
La terre du printems étale la parure.

---

tique n'est point un étalage déplacé d'érudition, comme dans la Médée de Sénèque, qui fait une description hyperbolique de tous les insectes et de tous les serpens venus à son ordre en un instant des bouts de l'univers, et des herbes venimeuses qu'elle y emploie, sans oublier un seul de tous les pays où il en croît. Le théâtre, selon la remarque judicieuse du P. Brumoi, jésuite, n'est point fait pour ces détails de géographie et de pharmacie; et d'ailleurs Sénèque les pousse jusqu'au dégoût. Il n'en est pas de même d'Ovide. Le sujet qu'il traite exige la description détaillée des préparations magiques de Médée, et il ne l'eût pas rempli, si, rebuté par la difficulté de ces détails, il les eût vaguement esquissés. Il les peint avec agrément, et sans passer la mesure. On peut dire même que sa brillante imagination transforme une magie dégoûtante en féérie poétique; et l'on voit que son pinceau délicat répand sur un fond aride les fleurs les plus riantes du printems.

A ce signal, Médée, à l'aide d'un poignard,
Ouvre sans hésiter la gorge du vieillard ;
Et prompte à réparer sa débile nature,
Dans les canaux du sang sorti par sa blessure,
Répand avec ses sucs la vie et la chaleur.
Son front chauve a perdu son antique pâleur.
Sa maigreur disparaît ; ses cheveux se noircissent :
De son teint déridé les couleurs refleurissent.
Eson s'étonne ; il voit ses vieux ans effacés,
Et se retrouve au tems de ses beaux jours passés.

Bacchus a vu du ciel cette grande merveille.
Il veut que de Médée une faveur pareille [1],
Aux nymphes de Nysa, pour prix de leurs bienfaits,
Rende, et leur premier âge, et leurs premiers attraits.

VI. *Pélie égorgé par ses Filles.*

MAIS il faut que son art serve à sa perfidie.
Elle feint qu'en partant Jason la répudie,

---

[1] J'ai suivi, comme la meilleure, la leçon de Burman, qui met en cet endroit : *Petit hoc a Colchide munus*, au lieu de *petit hoc a Thetye munus*. Car quelle apparence que Bacchus se fût adressé à Thétis pour obtenir le rajeunissement des nymphes qui l'avaient nourri dans son enfance, puisqu'il venait de voir opérer ce prodige par Médée en faveur d'Eson ?

Des filles de Pélie implore la pitié,
Et trompant leurs soupçons par sa fausse amitié,
Captive de ces sœurs la crédule tendresse,
Leur étale d'Eson la nouvelle jeunesse,
Et leur donne l'espoir de voir par son secours
De leur père vieilli refleurir les beaux jours.
Leur amour filial invoque sa puissance,
Et ne met point de borne à leur reconnaissance.
Son silence un moment avec art concerté
Tient leurs cœurs en suspens par un doute affecté.
Elle promet enfin. Je veux d'abord, dit-elle,
Vous donner de mon art une preuve nouvelle [1],
Je veux qu'un vieux bélier devienne un jeune agneau.
On amène un bélier, le plus vieux du troupeau :
Ses cornes et ses piés, noués par la vieillesse,
Attestent de ses ans la caduque faiblesse.
Le couteau que Médée enfonce dans son flanc
Est à peine rougi par un reste de sang.
Déjà le bain magique a reçu la victime.
Par les sucs tout-puissans le bélier se ranime.

---

[1] Le privilége de la poésie est de traiter avec succès des sujets au-dessus de toute croyance. Telle est cette métamorphose d'un vieux bélier en jeune agneau ; et le pinceau d'Ovide l'embellit de ces agrémens, qu'il répand sur tout ce qu'il touche.

Un tendre bêlement sort du creux de l'airain.
On s'étonne, et l'on voit du magique bassin
Sortir, le front armé de sa corne nouvelle,
Un agneau qui bondit, et cherche la mamelle.

Des filles de Pélie un prodige si grand
Emerveille la vue; et plus il les surprend,
Plus chacune redouble et promesse et prière.

Le soleil a trois fois, dans les flots de l'Ibère,
Rafraîchi ses coursiers, de leur joug détélés :
La nuit a rallumé ses flambeaux étoilés.
Déjà sur un brasier la perfide prépare
De sucs fallacieux un mélange barbare.
Un sommeil léthargique, image du trépas,
Endort autour du roi sa garde et ses soldats.
Ses filles, à la voix de leur guide cruelle,
Environnent son lit : Que tardez-vous ? dit-elle ;
Armez-vous de poignards, frappez, ouvrez son flanc,
Afin qu'un sang plus pur remplace son vieux sang.
Vous tenez en vos mains sa jeunesse et sa vie [1].
Si toujours des effets ma promesse est suivie,
Par amour filial, quittez un faux respect.
Osez avec le fer chasser un sang infect ;

---

[1] In manibus vestris vita est, ætasque parentis.

Quelle énergie dans cette pensée et dans toute l'exhortation de Médée ! Quel tableau dramatique ! Comme l'hor-

Osez avec le fer attaquer sa vieillesse.

Ses filles, à ces mots, barbares par tendresse [1],

---

reur du sujet est tempérée par l'illusion des couleurs poétiques! Quelle vérité de sentiment dans les traits les plus ingénieux!

Et ne sit scelerata, facit scelus.

Ce n'est point là un jeu de mots ; c'est l'expression fidèle de ce qui a dû se passer dans le cœur des filles de Pélie, la situation donnée.

[1] Corneille, dans sa tragédie de Médée, où, comme le remarque Voltaire, on peut entrevoir déjà le germe des grandes beautés qui brillent dans ses autres pièces, a traduit ce passage d'Ovide avec cette force de style qui lui est propre :

> A force de pitié ces filles inhumaines,
> De leur père endormi vont épuiser les veines.
> Leur tendresse crédule, à grands coups de couteau,
> Prodigue ce vieux sang, et fait place au nouveau.
> Le coup le plus mortel s'impute à grand service:
> On nomme piété ce cruel sacrifice ;
> Et l'amour paternel, qui fait agir leurs bras,
> Croirait commettre un crime à n'en commettre pas.
> Médée est éloquente à leur donner courage.
> Chacune toutefois tourne ailleurs son visage :
> Une secrète horreur condamne leur dessein,
> Et refuse leurs yeux à conduire leur main.

L'énergique précision de ces vers annonce tout le talent du grand Corneille. «Rien n'est plus difficile, observe Voltaire, que de traduire les vers latins en vers français rimés. On est presque toujours obligé de dire en deux lignes ce que les anciens ont dit en une. Il y a très-peu de rimes dans le style noble : aussi le poète est rarement maître de ses expressions. J'ose affirmer qu'il n'est point de langue dans laquelle la versification ait plus d'entraves».

LIVRE VII. 335

D'un glaive parricide arment leurs bras pieux;
Et la crainte du crime est un crime à leurs yeux.
Mais nulle en ce devoir ne se sent assez forte
Pour voir jaillir le sang sous les coups qu'elle porte.
Leurs yeux sont détournés; leur main frappe au hasard.
Le malheureux, percé de cent coups de poignard,
S'écrie, étend les bras, sur son lit se soulève;
Et voyant dans leurs mains étinceler le glaive:
Mes filles, leur dit-il, hélas! que faites-vous?
Quel dessein contre un père a pu tourner vos coups?
De leurs mains à ces mots le fer échappe et tombe:
Glacé par la pitié, leur courage succombe.
Pour étouffer ses cris, Médée au même instant
L'achève, et dans l'airain le jette palpitant.

VII. *Voyage de Médée à Corinthe.*

Elle part, elle fuit, et loin de sa victime [1]
Echappe au châtiment que mérite son crime,

---

[1] On ne peut trop admirer l'art infini d'Ovide dans la composition de son poëme, et dans la variété des tons qu'il sait prendre. Ce voyage de Médée lui donne occasion d'étaler une érudition géographique, très-bien placée dans un poëme entrepris de dessein formé pour instruire et pour plaire. Ce n'est point une digression, et encore moins un hors-d'œuvre. Il ne s'écarte point de son sujet, puisque les divers lieux par où Médée passe sont désignés par diverses

S'élève dans les airs sur ce mont renommé,
Où l'on dit que Cérambe en oiseau transformé,
Dans les tems reculés de l'antique déluge,
Grace aux Nymphes des eaux, trouva seul un refuge.
Elle apperçoit Pitane, et le roc alongé
De ce serpent qu'en pierre Apollon a changé,
Et la forêt qui vit sous son ombre étonnée
Changer en cerf un bœuf, larcin de Thionée,
Le sable où gît Pâris, la plaine qu'autrefois
Mœris épouvanta de ses nouveaux abois,
Le rivage où de Cos les folles habitantes
Virent leur front s'armer de cornes menaçantes,
Rhodes chère à Phœbus, Jalyse où Jupiter
En poissons transforma dans la profonde mer
Ces enchanteurs fameux, dont le regard immonde
Empoisonnait des champs la richesse féconde,
L'île antique de Cée, et la célèbre tour
Où, vieil Alcidamas, tu devais voir un jour
Une douce colombe éclose de ta fille
Des oiseaux de Vénus augmenter la famille,

---

métamorphoses. Croirait-on que, dans la version en prose attribuée à Malfilâtre, on a retranché la description entière de ce voyage; c'est-à-dire que, par un dédain affecté pour des beautés savantes, on s'est débarrassé des difficultés que la matière présente, et qu'Ovide avait su vaincre ?

Plus loin, le lac d'Hyrie, et ce roc sourcilleux
Qui vit naître jadis un cygne merveilleux.

On dit que Phillius, pour plaire au fils d'Hyrie,
Adoucit d'un lion la sauvage furie [1] :
Il sut même à la proie instruire deux vautours.
Toujours plus complaisant, mais rebuté toujours,
Il lui fallut encor vaincre un taureau terrible.
Il le fit : mais lassé d'un orgueil inflexible,
Il garde sa conquête, et s'obstine au refus.
Tu voudras me l'offrir, et ne le pourras plus,
Lui dit le bel ingrat que ce refus indigne.
Il s'élance d'un roc, et soudain, nouveau cygne,
Il déploie en son vol un plumage argenté.
Sur le destin d'un fils si cher, si regretté,
Sa mère gémit, pleure ; elle le croit sans vie.
Ses pleurs ont de son nom formé le lac d'Hyrie.

Non loin est cette ville, où la fille d'Ophis
Echappa dans les airs aux glaives de ses fils.
Médée apperçoit l'île, où l'Alcyon fidèle
De deux époux amans retrace le modèle,

---

[1] Admirez encore ici l'adresse de la composition d'Ovide. Quelque poétiques que soient les détails géographiques qu'il se permet, il craint que leur continuité ne fatigue. Il interrompt de simples indications de fables, par un récit plus attachant, et qui forme, en quelque sorte, un petit poëme à part. La perfection dans l'art de distribuer les matières et de varier les couleurs, ne peut aller plus loin.

Cyllène, où Ménéphron, par un coupable amour,
Doit profaner le flanc qui lui donna le jour,
Et le Céphise en pleurs, qui d'un phoque difforme
A vu son petit-fils prendre le corps énorme,
Et le palais en deuil, où le triste Eumélus
Vit changer en oiseau sa fille qui n'est plus.
Sur ses dragons ailés, aux remparts de Corinthe
Elle arrive, et descend près de la source sainte,
Où de légumes creux fécondés par les eaux,
On dit qu'aux premiers tems les hommes sont éclos.

VIII. *Médée se venge de Créuse et de Jason, et se refugie à la cour d'Egée, où elle veut empoisonner Thésée.*

Quand de Jason parjure épouse infortunée,
Créuse eut revêtu la robe empoisonnée ;
Quand les flots de la mer, que l'Isthme a divisés,
Eurent vu de Créon les palais embrasés ;
Médée, épouse impie, impitoyable mère,
Sur ses propres enfans se venge de leur père.
Son char ailé l'emporte aux remparts de Pallas,
Où vous, juste Phinée, et vous, vieux Périphas,
Vous aussi, jeune Algire, on vous vit sur des ailes
Fendre l'air étonné de vos plumes nouvelles.
Egée est son refuge ; il l'accueille à sa cour :
Il fait plus ; il l'épouse, aveuglé par l'amour.

Son fils Thésée arrive : après que son courage [1]
Eut purgé de brigands l'Isthme au double rivage,
Il vient fils inconnu, mais illustre héros.
Cependant contre lui l'épouse de Colchos
Prépare ce poison destructeur de la vie,
L'aconit qu'elle-même apporta de Scythie,
Né du venin subtil que le chien des enfers
Vomit de son gosier écumant dans les fers.

Sous la voûte d'un roc, ténébreuse caverne [2],
S'enfonce un chemin creux, descente de l'Averne,
Où de la nuit profonde Hercule de retour,
Traîna l'affreux Cerbère à la clarté du jour.
Sa triple tête en vain rejetée en arrière,
Du soleil odieux repoussa la lumière.
Un hurlement de rage épouvanta les airs :
Une écume de rage infecta ces déserts ;

---

[1] Etra, fille de Pithée, roi de Trezène, avait eu un commerce secret avec Egée. Obligé de la quitter, il lui remit une épée, afin que le fils qui naîtrait d'elle pût un jour être reconnu à ce signe.

[2] Voyez avec quel art, ou, pour mieux dire, avec quel bonheur Ovide entremêle au fil toujours continu de sa narration la fable de Cerbère, traîné hors des enfers par Hercule. Cette peinture est un ornement, mais un ornement nécessaire, qui se place, pour ainsi dire, de lui-même dans l'histoire de Thésée.

Et du suc infernal de ce venin livide,
Germa de l'aconit la semence homicide.

Egée, à son vengeur noirci d'un faux soupçon,
Comme à son ennemi, présente le poison.
Sa main, sans défiance, accepte le breuvage.
Mais soudain sur l'épée, arme de son courage,
Son père a reconnu quelques signes écrits :
Il renverse la coupe, il embrasse son fils ;
Et d'un nuage obscur Médée enveloppée,
En fuyant dans les airs, échappe à leur épée.

IX. *Réjouissance publique en l'honneur de Thésée.*

Au milieu de sa joie, Egée avec horreur
Voit le crime à demi commis par son erreur.
Il prodigue aux autels l'encens et les offrandes,
Et le sang des taureaux couronnés de guirlandes.
Jamais jour n'annonça de plus heureux destins ;
On ne voit que des jeux, des danses, des festins ;
Le vin échauffe, inspire ; et mille voix bachiques,
En l'honneur de Thésée, entonnent des cantiques.
O héros ! si le sang du taureau des Crétois [1]
A vengé Marathon, c'est un de tes exploits ;

---

[1] Ce n'est pas le Minotaure que Thésée tua depuis dans le labyrinthe : c'est un taureau de Crète, qu'Hercule apporta

Si l'Isthme est en repos, on te le doit encore.
Sous tes coups est tombé le géant d'Epidaure.
Aux rives du Céphise, aux plaines d'Eleusis,
Tu défis Cercyon, et Procuste, et Sinnis;
A des pins recourbés, instrumens de ses crimes,
Sinnis, bourreau farouche, attachait ses victimes;
Et par l'effort soudain des arbres redressés,
Déchirait en lambeaux leurs membres dispersés.
Scyron n'est plus : ton bras qui dompta ce barbare,
A rendu libre et sûr le chemin de Mégare ;
Et les dieux en rochers ont transformé ses os,
Par la terre vomis, revomis par les flots.
Son nom sur ces rochers, monumens de ta gloire,
A l'immortalité condamne sa mémoire.
Tu punis les brigands, et tu venges les rois.
Certes, si nous comptons tes jours par tes exploits,

---

sur ses épaules par l'ordre d'Euristhée, qui le fit lâcher dans les plaines de Marathon, où il exerça d'horribles ravages. Mais observez sous combien de formes le style d'Ovide se diversifie pour raconter les diverses histoires fabuleuses. Ici ce n'est ni un récit, ni un discours, ni un monologue. C'est un hymne chanté en chœur; et cependant la narration n'est pas interrompue ; elle n'a fait que changer de forme, puisque le poète expose dans cet hymne les exploits de Thésée. Ici, l'enthousiasme du poète me gagne, et je m'écrie malgré moi : O fécondité ingénieuse ! ô variété infinie d'un talent heureux et facile !

Le nombre de tes faits surpasse tes années.
Puissent les justes dieux, moteurs des destinées,
Ces dieux qu'un vœu public invoque pour tes jours,
Long-tems à l'univers conserver tes secours !

Ainsi de chants pieux résonne le portique ;
Par-tout c'est une fête, une ivresse publique.

X. *Eacus, allié des Athéniens, refuse contre eux à Minos les secours que ce roi lui demande.*

Jamais un bonheur pur ne comble nos desirs [1],
Et toujours quelque peine altère nos plaisirs.
Egée en fait l'épreuve. Il se livre à la joie
De retrouver un fils que le ciel lui renvoie ;
Et voilà que Minos menace ses états.
C'est peu qu'il soit puissant en vaisseaux, en soldats ;
Alors qu'il venge un fils, il peut bien davantage.
Il va de tous côtés, de rivage en rivage,

---

[1] La transition prend ici la forme d'une sentence qui, par sa gravité, appaise la joie bruyante qui retentissait encore, en quelque sorte, à l'oreille de l'esprit, et le dispose à sentir l'importance de ce qui va suivre. Cette figure coule aisément de la plume de ceux qui pensent beaucoup. Elle est le fruit de la réflexion ; et quand elle est bien placée, elle est un grand ornement du discours.

Des princes ses voisins solliciter l'appui.
Les îles de la mer se déclarent pour lui [1] ;
Anaphé par promesse, Astipalé par crainte.
Il gagne par prière, il gagne par contrainte,
Citne, l'humble Micone, et l'altière Sciros,
Cimole aux champs pierreux, et Sériphe, et Paros,
Et la ville d'Arné, dont l'avarice impie
Jadis au poids de l'or a vendu sa patrie :
Elle aime l'or encor, transformée en oiseau,
Aux piés noirs, au bec noir, aux plumes de corbeau.
 Mais la flotte crétoise aborde en vain Gyare,
Didime, Andros, Ténos, Péparète, Oliare;
Dans ces îles, Minos n'obtient que des refus.
Il va dans l'Enopie, où régnait Eacus,
L'Enopie autrefois sous ce nom renommée,
Et que du nom d'Egine Eacus a nommée.
Le peuple court en foule au-devant de Minos :
On s'empresse, on veut voir un si fameux héros.
Télamon et Pélée, et le troisième en âge,
Phocus, tous fils du roi, s'avancent au rivage;

---

[1] Dans la version en prose attribuée à Malfilâtre, cette énumération détaillée des îles que parcourt Minos, est entièrement omise. Il s'en faut bien néanmoins qu'elle fasse longueur. Observez, au contraire, comme le récit marche vîte. La sagesse majestueuse de Virgile est bien lente, comparée à la vivacité ingénieuse d'Ovide.

Eacus, de qui l'âge a retardé les pas,
Vient savoir quel sujet l'amène en ses états.

Ce roi de cent cités, soutiens de son empire [1],
Se rappelle son deuil, et son grand cœur soupire.
Déclarez-vous, dit-il, pour un père affligé,
Qui s'arme pour un fils, et veut qu'il soit vengé.
Ne vous refusez pas au soin si légitime
De consoler la tombe, et de punir le crime.

Ce que vous demandez n'est pas en mon pouvoir,
Lui répond Eacus : respectez mon devoir :
Avec vos ennemis une antique alliance
M'oblige contre vous à prendre leur défense.

Ils vous coûteront cher, ces traités odieux,
Reprend Minos. Il part, il pense qu'il vaut mieux
Menacer que d'agir, et de sa renommée
Craint d'exposer la gloire, ainsi que son armée.

XI. *Les Députés d'Athènes demandent et obtiennent des secours d'Eacus.*

On distinguait encor les pavillons crétois [2],
Quand, poussé par la rame et la voile à-la-fois,

---

[1] Quelle douleur noble ! quelle convenance dans le discours de Minos ! Voilà le langage d'un père et d'un roi. La réponse d'Eacus n'a pas moins de dignité et de précision. Ovide sait être concis quand il le faut.

[2] Voilà une transition d'un genre bien différent de la pré-

LIVRE VII. 345

Un navire où flottait une bannière amie,
Aborde avec Céphale aux remparts d'Enopie.
Céphale, au nom d'Athène et de ses citoyens,
Vient de ses alliés réclamer les soutiens.
Les trois fils d'Eacus, malgré l'âge et l'absence,
Se rappellent ses traits connus de leur enfance;
Et lui tendant la main, le mènent au palais.
Son front se pare encor de ses premiers attraits;
Il porte dans ses mains l'olivier pacifique,
Et respire en marchant une grace héroïque.
Cliton avec Butès, plus jeunes députés,
Tous deux fils de Pallas, marchent à ses côtés.

　Admis près d'Eacus, les envoyés d'Athène
Exposent les premiers l'ordre qui les amène;
Et réclamant la foi des antiques traités,
Ajoutent à l'appui de ces droits respectés,
Que du roi des Crétois l'ambition altière
Menace le salut de l'Achaïe entière.

　C'en est assez, prenez, et ne demandez pas [1],
Leur répond Eacus: vaisseaux, armes, soldats,

---

cédente. Elle est tirée de la circonstance du lieu et du tems. On dirait que ce que le poète raconte se passe sous ses yeux. C'est le comble de l'art.

　[1] Ovide soutient bien le caractère d'Eacus. Sa réponse aux Athéniens respire cet esprit de justice qui le fit nommer juge des enfers, et prouve le zèle généreux d'un allié fidèle.

Tout est prêt à vous suivre, et vous pouvez les prendre.
Grace aux faveurs du ciel, j'ai de quoi me défendre :
Mes sujets sont nombreux, mes états florissans;
Je ne puis m'excuser sur le malheur des temps.

L'Athénien répond : O que puisse votre île
Voir ce peuple nombreux en guerriers si fertile,
Fleurir un siècle entier sous un roi tel que vous !
J'en conviens, j'ai joui d'un spectacle bien doux,
Quand j'ai vu vos sujets courir sur mon passage,
Tous jeunes, pleins de force, et tous égaux en âge.
Mais mon œil cherche encore, et ne retrouve pas
Ces héros qu'autrefois je vis dans vos états.

XII. *Description de la Peste d'Egine.*

Ah ! répond Eacus, qui s'afflige et soupire,
C'est du malheur qu'est né le bonheur de l'empire;
Et je gémis encor d'un fléau qui n'est plus.
Vous cherchez les héros que vous avez connus;
Vous les cherchez en vain; ils ne sont plus que cendre.
Tour-à-tour au cercueil je les ai vu descendre:
Quelle foule nombreuse avec eux a péri !

Junon vit à regret que mon peuple chéri [1],

---

[1] L'île d'Enopie fut surnommée Egine, du nom de la mère d'Eacus, qui avait été tendrement aimée de Jupiter, transformé en flamme pour lui plaire.

Du nom de sa rivale eût nommé l'Enopie :
C'est pour elle une injure ; et mon peuple l'expie.
D'un fléau désastreux nous ressentons les coups ;
On en cherche la cause, et nous l'ignorons tous.
L'art aux progrès du mal oppose le remède ;
Mais le mal lui résiste, et l'art vaincu lui cède.

 L'horizon se voila de nuages obscurs [1],
Et l'air s'appesantit chargé de feux impurs.

---

[1] Je suppose qu'on donne pour sujet de composition à de jeunes rhétoriciens une description de la peste : comme ils ont dû dans les autres classes, et dans les auteurs qu'ils ont expliqués, faire une bonne provision de pensées, de tours et d'expressions choisies, ils trouveront facilement de quoi amplifier une matière qui est à leur portée. Mais si on ne leur trace pas de plan, sauront-ils bien distribuer leurs idées, et les bien lier ensemble ? Il n'y a pas d'apparence. Pour instruire les jeunes gens dans l'art de disposer, le meilleur moyen est de leur apprendre à examiner avec méthode la composition des modèles qu'ils lisent, à considérer séparément chaque partie d'une narration ou d'un discours, comme s'il n'y avait que celle-là ; et, après l'avoir saisie, à passer à une autre, et ainsi de suite. Sans cela, une multitude confuse d'idées se présente : l'esprit veut les embrasser toutes ; il n'en embrasse aucune ; il s'agite, il se fatigue, il travaille souvent en vain. Examinons donc par ordre la description de la peste par Ovide ; et nous admirerons à-la-fois, et l'habileté infinie de sa composition, et les richesses inépuisables de son imagination.

 En premier lieu, le poète décrit les vapeurs pestilentielles répandues dans les airs, dans les champs et dans les fleuves,

Trois fois on vit des mois la courrière inconstante
Arrondir, rétrécir sa lumière changeante;
Depuis qu'incessamment l'haleine des Autans
De semences de mort empoisonna nos champs.
Combien vit-on alors de vipères immondes
Souiller la terre inculte, et le cristal des ondes.
 Un mal contagieux d'abord frappe à-la-fois
La brebis au bercail, et le loup dans les bois.

---

par les vents brûlans du midi, qui soufflent pendant trois mois sans interruption. C'est par-là que la contagion commence; et c'est, en quelque sorte, l'exorde de la description.
 En second lieu, il passe aux effets du mal sur les êtres vivans; et d'abord il expose ses ravages sur les animaux sauvages et domestiques. Mais il ne se borne pas à cette idée générale; elle eût glissé légèrement sur l'esprit, et n'eût pas produit son effet. Dans une énumération détaillée, il peint la maladie de chacun des animaux sous une image intéressante, et selon le caractère qui leur est propre. Il conclut cette énumération en disant que tous périssent, et que leurs cadavres épars çà et là portent dans l'air de nouveaux germes de corruption.
 En troisième lieu, le mal gagne les habitans des hameaux et des villes; et c'est sur-tout dans ce tableau effrayant des douleurs de l'homme, que le pinceau du poète développe toute son énergie. Il expose les premiers symptômes de la maladie, ses progrès terribles, les secours inutiles de la médecine et de l'amitié, qui sont les victimes de leurs soins, les souffrances frénétiques des malades désespérés, qui, sans recourir à ce qui peut leur être salutaire, ne

LIVRE VII. 549

Le chien meurt près de l'homme, et l'oiseau sous la nue.
Le triste laboureur, courbé sur sa charrue,
Voit le bœuf sans vigueur tomber dans le sillon.
L'agneau bêle, maigrit, sèche, et perd sa toison.
Regrettant les combats, la palme et la carrière,
Le coursier généreux, couché sur la litière,
S'indigne de mourir d'une mort sans honneur.
Le sanglier féroce a perdu sa fureur.

---

cherchent plus à leurs maux qu'un soulagement nuisible ; il les peint se plongeant nus dans les puits et dans les fleuves, où leur soif ne s'éteint qu'avec leur vie, ou bien fuyant avec horreur leurs maisons, et se traînant dans les places publiques, où ils expirent dans les convulsions.

En quatrième lieu, il passe de-là dans l'intérieur des temples ; et la religion lui fournit de nouvelles teintes à répandre sur ces scènes douloureuses. Il représente les malheureux supplians expirant l'offrande dans les mains, les victimes qui tombent mortes avant d'être frappées, l'impiété du désespoir qui jette des cadavres hideux sur les autels des dieux, comme des présens dignes de leur barbarie, ou qui termine ses souffrances par le suicide.

Enfin les obsèques des morts et les devoirs funèbres qui leur sont dus, et qu'on ne leur rend plus, terminent tous ces tableaux par un tableau frappant par le fond même, et par les accessoires touchans et poétiques que l'imagination d'Ovide a su y joindre. Tel est l'ordre qu'il a suivi dans sa narration ; et c'est sur-tout par-là que sa description est très-supérieure à la description de la peste d'Athènes par Lucrèce, qui pèche par la diffusion et l'arrangement un peu confus des images.

L'ours affreux des troupeaux ne trouble plus l'empire.
Le cerf ne bondit plus : tout languit, tout expire.
Dans les champs, dans les bois, sur les chemins, par-tout,
On ne voit que la mort, l'horreur et le dégoût.
Que dis-je? les vautours, les chiens, les loups avides
N'osent même approcher de ces restes livides ;
Et ce venin de mort, par les vents emporté,
Répand dans l'air infect un air plus infecté.

 De la contagion l'homme a senti l'atteinte,
Et des vastes cités elle habite l'enceinte.
Le visage est d'abord rouge de feux ardens,
Symptômes du venin qui s'allume au-dedans.
La langue se dessèche, et la bouche avec peine
Aspire en haletant une fiévreuse haleine.
Le lit irrite encor ce feu contagieux.
O que le moindre voile est un poids odieux !
Nu, couché sur la dure, on s'étend sur la terre,
Et, sans se rafraîchir, on échauffe la pierre.

 Rien n'arrête le cours de ce fléau fatal :
Le médecin lui-même est victime du mal.
L'ami, pour prix des soins de l'ami qui lui reste,
Lui laisse du tombeau l'héritage funeste.
Plus d'espoir de salut : tous dans leur dernier sort,
Pour remède à leurs maux, n'attendent que la mort.
Ils se permettent tout ; nul ne veut se contraindre ;
Comme ils n'espèrent plus, ils ne peuvent plus craindre.

LIVRE VII.

Ils vont nus, sans pudeur, près des sources conduits,
Se plonger dans un fleuve, ou sur le bord des puits
Pencher avidement leur tête appesantie.
Là, leur soif à la fin s'éteint avec leur vie ;
Et l'onde, où, las de boire, ils tombent expirans,
De flots chargés de morts abreuve des mourans.
Le repos de leur lit est pour eux un supplice :
Comme si de leurs maux leur maison fut complice,
Ils quittent furieux leur couche de douleurs,
Se roulent sur la terre, et vont mourir ailleurs.
Hélas ! vous eussiez vu ces spectres frénétiques
Errer à pas tremblans dans les places publiques ;
Vous eussiez vu les uns, sans haleine et sans voix,
Rouler des yeux éteints pour la dernière fois ;
D'autres lever en vain, vers un ciel implacable,
Leurs bras appesantis, que la langueur accable ;
Et tous amoncelés, comme de vils troupeaux,
Attendre que la mort les frappe de sa faux.

Ah ! j'enviais leur sort ; je détestais la vie.
Je voyais moissonner la fleur de la patrie ;
Je voyais sur les morts s'entasser les mourans,
Tels que des fruits trop mûrs abattus par les vents.
Voyez ce temple auguste où Jupiter réside :
Là, qui n'apporta pas son offrande timide ?
Là, tandis qu'à l'autel on priait à genoux,
Le père pour le fils, l'épouse pour l'époux,

Combien n'en vit-on pas, surpris du mal funeste,
De l'encens dans leurs mains tenir encor le reste?
Combien de fois vit-on les bœufs ornés de fleurs,
Au moment où la main des sacrificateurs
Epanchait sur leur front la coupe solemnelle,
Tomber avant le coup de la hache mortelle!

 Moi-même pour mes fils, pour mon peuple, et pour moi,
J'offrais un sacrifice, et vis avec effroi
La victime expirer avant d'être frappée.
La hache d'un sang noir fut à peine trempée;
Et la fibre que ronge un mal contagieux
A perdu ses avis sur les secrets des dieux.

 J'ai vu même, j'ai vu par des mains frénétiques
Des morts amoncelés sous les sacrés portiques;
Des cadavres hideux jetés sur les autels
Reprocher leur ouvrage à des dieux trop cruels.
On en a vu hâter la fin de leur souffrance,
Et courir au-devant du trépas qui s'avance:
Le nœud qu'ils ont tissu pour terminer leur sort,
Les délivre en mourant de la peur de la mort.

 Plus de funèbre deuil: les portes des murailles
Ne s'ouvrent pas assez pour tant de funérailles.
Les morts à l'abandon ne sont plus inhumés:
Le bûcher n'attend plus les dons accoutumés.
L'un est mis sur des feux que pour l'autre on prépare;
La tombe est le sujet d'une rixe barbare.

Le bois manque aux bûchers, et la terre aux tombeaux:
Et le Styx, étonné de tant de morts nouveaux,
Des manes oubliés voit les ombres plaintives,
Amis, parens, époux, errantes sur ses rives.

XIII. *Fourmis changées en Hommes.*

Accablé sous le poids des maux que j'ai soufferts,
Je m'écrie à genoux : O roi de l'univers !
Jupiter, s'il est vrai qu'Egine a su te plaire,
Si tu ne rougis point de t'avouer mon père,
Ou rends-moi mes sujets, ou donne-moi la mort.
Le ciel tonne ; un éclair annonce un meilleur sort;
Et je m'écrie : O dieu ! confirme ce présage,
Confirme tes bontés, j'en accepte le gage.

Non loin de là s'élève un chêne révéré,
Au dieu que j'invoquais arbre cher et sacré.
Là, je vois par milliers la fourmi diligente,
Soigneuse à prévenir la saison indigente,
Des rides du vieux tronc suivre les longs sentiers,
Et des grains qu'elle y traîne enrichir ses greniers.
J'en admire le nombre, et soudain je m'écrie :
O père des humains ! arbitre de la vie,
Rends aux murs dépeuplés de ton malheureux fils,
Un peuple égal en nombre au peuple des fourmis.

Dans le calme des airs, le chêne au front auguste
Ebranle et ses rameaux et sa tige robuste.

D'une immobile horreur tous mes sens sont glacés.
Je baise avec respect, et je tiens embrassés,
Et la terre, et le tronc, vieux enfant de Dodone;
Et mon cœur en tremblant à l'espoir s'abandonne.
J'espère toutefois. Mais l'ombre est de retour;
Le sommeil assoupit les longs chagrins du jour.
Tandis que je dormais, un songe à mon idée
Retrace le vieux chêne à l'écorce ridée.
Je vois de ses rameaux, d'eux-mêmes agités,
D'innombrables fourmis pleuvoir de tous côtés;
Et tout-à-coup l'insecte à la taille menue,
S'accroître par degrés, et grossir à ma vue.
Redressé sur deux piés, il a deux bras, deux mains;
Ce peuple de fourmis est un peuple d'humains.
Mais le réveil jaloux dissipe ce mensonge;
Et je me plains des dieux qui, dans l'erreur d'un songe,
Ont à mes vœux trompés promis un vain secours.
J'entends dans le palais frémir un grand concours:
Un bruit confus de voix étonne mon oreille.
Je me lève, j'écoute, et doute si je veille.
On entre; c'est mon fils. O mon père! accourez,
Me dit-il, venez voir plus que vous n'espérez.
Je sors, je reconnais dans la place publique
Ces hommes que m'a peints un songe prophétique.
Tels que je les ai vus, tels encor je les voi
Tous se ranger en ordre, et saluer leur roi.

Je rends graces au dieu qui répare nos pertes,
Et repeuple les murs de nos cités désertes.
Je partage les champs à ces nouveaux colons,
De leur simple origine appelés Mirmidons,
Vous avez vu ce peuple, et sa mâle stature :
Sa vie atteste encor sa première nature;
Econome, frugal, il aime à réserver,
Ardent pour acquérir, soigneux de conserver.
Tous égaux en valeur, et tous égaux en âge,
Ils iront avec vous signaler leur courage,
Aussi-tôt que l'Eurus, qui vous mit dans le port,
Permettra que l'Autan vous éloigne du bord.

XIV. *Céphale et Procris.*

Ces récits ont du jour occupé la durée :
Aux plaisirs de la table on donne la soirée ;
Et la nuit se consacre au repos du sommeil.
L'Eurus, qui souffle encore au retour du soleil,
Du départ incertain prolonge l'intervalle.
Les deux fils de Pallas, au lever de Céphale
Se rendent, et tous trois, introduits par Phocus,
Vont attendre au palais le réveil d'Eacus :
Et tandis qu'au-dehors la phalange assemblée,
Occupe à d'autres soins Télamon et Pélée;
Dans un salon superbe, aux trois ambassadeurs,
Phocus, d'un noble accueil accorde les honneurs ;

Il s'assied auprès d'eux, et l'entretien commence.
Un dard à lance d'or, que Céphale balance [1],
Du prince qui l'admire étonne les regards.
J'aime les bois, dit-il, et l'usage des dards ;
Je sais, dans les forêts, les teindre de carnage :
Mais je ne puis savoir de quel rameau sauvage
Est né le javelot qu'en vos mains vous portez,
Et dont rien à mes yeux n'égale les beautés.
Le frêne est moins poli, l'épine est plus noueuse :
De grace, éclaircissez ma recherche douteuse.

Prince, de sa beauté si vous êtes surpris,
Dit Butès, son usage est bien d'un autre prix :
Sans hasard, sans adresse, il va droit à sa proie,
Et revient tout sanglant dans la main qui l'envoie.
Phocus, à ce discours, plus curieux encor,
Veut savoir et d'où vient et quel est ce trésor.
Céphale, en soupirant, répond avec tristesse [2] :
Qui le croirait? ce dard, ô fils d'une déesse !

---

[1] Observez par quelle circonstance simple et naturelle le poète amène l'histoire de Céphale et de Procris ; observez avec quel art il cède tour-à-tour la parole à ses personnages, ou la reprend lui-même. Céphale, en racontant sa propre aventure, donne un motif d'intérêt de plus à la narration, qui, selon qu'il retrace son premier bonheur ou les disgraces qui l'ont suivi, est tour-à-tour consolante ou attendrissante.

[2] Toute l'habileté des interprètes n'a pu éclaircir le sens

LIVRE VII.   357

M'a coûté bien des pleurs, m'en coûtera long-tems,
Si long-tems le destin prolonge encor mes ans.
Oui, du sort ennemi cette faveur jalouse,
Oui, ce dard a perdu Céphale et son épouse.
  Si le nom d'Orythie est venu jusqu'à vous,
Nom fameux par le rapt de son fougueux époux,
Procris était sa sœur; beauté plus achevée,
Et plus qu'elle cent fois digne d'être enlevée.
Je l'adorai : mon cœur fut payé de retour;
J'eus l'aveu de son père, et celui de l'amour.
On me nommait heureux; je l'étais, et peut-être,
Sans le destin jaloux, je devais toujours l'être.
A peine nous goûtions les premières douceurs
Que donnent de l'hymen les innocentes fleurs;
C'était l'heure où jamais un chasseur ne sommeille :
J'avais tendu mes rets, quand l'Aurore vermeille,
Sur l'Hymette, où l'abeille exprime son nectar [1],
Me voit, et, malgré moi, m'enlève sur son char.

---

de ces paroles du texte, que je n'ai point rendues, parce que je ne les ai pas comprises.

> Sed quæ narrare pudori est,
> Quâ tulerit mercede silet.

Puisque Céphale dit tenir ce javelot de Procris, on ne voit pas pourquoi il rougirait d'avouer à quel prix.

[1] Hymette, montagne de l'Attique, abondante en fleurs

Je dois en convenir : l'Aurore est immortelle ;
Sa bouche a la fraîcheur de la rose nouvelle :
Entre l'ombre et le jour son empire incertain,
Des couleurs de la pourpre embellit le matin.
Mais j'étais à Procris ; elle seule me touche [1] :
Procris est dans mon cœur, Procris est dans ma bouche.
J'alléguais à l'Aurore, et la foi des sermens,
Et d'un nouvel hymen les saints embrassemens :
Je plaignais et Procris et son inquiétude,
Et de son lit désert la triste solitude.
La déesse s'indigne : Ingrat, cesse tes cris ;
Je ne te retiens plus ; retourne à ta Procris :
Va, tu voudras un jour ne l'avoir pas revue.
Elle dit, et soudain me chasse de sa vue.

Je reviens, et cent fois je repasse en suspens
De sa prédiction et les mots et le sens.
Le doute m'inquiette, et ma crainte jalouse
Commence à soupçonner la foi de mon épouse.

---

et en abeilles. Le miel du mont Hymette est encore célèbre dans la Grèce moderne.

[1]   Ego Procrin amabam ;
 Pectore Procris erat, Procris mihi semper in ore.

Y a-t-il une expression plus vraie, plus touchante du sentiment, que cette répétition si tendre et si gracieuse ? Cette figure est effacée dans la version en prose attribuée à Malfilâtre.

Son âge, sa beauté permettent le soupçon ;
Sa vertu le défend. Mais quoi ? de ma maison
Je venais d'être absent ; mais l'Aurore elle-même
M'offre un fâcheux exemple : on craint tout quand on aime.
Je me résous moi-même à faire mon malheur ;
Je veux, par des présens, séduire sa pudeur.
L'Aurore s'applaudit de mon chagrin frivole :
Elle change mes traits, ma taille, ma parole.
Je reviens inconnu dans les murs de Pallas.
J'entre dans ma maison. Que m'offre-t-elle, hélas !
Le solitaire ennui, le deuil de mon absence.
Procris consent à peine à souffrir ma présence.
Cent fois à mon dessein je voulus renoncer,
Tomber à ses genoux, tout dire, et l'embrasser.
Je le devais sans doute : une langueur fidelle
Exprimait ses regrets, sans la rendre moins belle :
Jugez de sa beauté, jugez de ses attraits,
Si même la douleur sied si bien à ses traits.
Combien de mes aveux sa pudeur s'effarouche !
Combien de fois ces mots sortent-ils de sa bouche ?
Pour un seul je me garde, un seul a mes soupirs ;
C'est d'un seul que j'attends ma gloire et mes plaisirs.
Qui n'eût été content d'une si tendre épreuve ?
Mais quoi ? j'étais jaloux ; je veux une autre preuve :
Je veux aigrir encor le mal que je me fais.
Les présens peuvent tout : j'offre, donne, promets,

Promets tant, qu'à la fin je crois l'avoir vaincue.
Perfide! dis-je alors, te voilà convaincue.
Voilà donc cette foi dont j'étais si jaloux!
Ouvre les yeux, parjure, et connais ton époux.

   Procris ne répond rien; elle avait trop à dire;
Et l'indignation que l'innocence inspire,
De honte et de dépit semble étouffer sa voix.
Elle va loin de moi s'enfoncer dans les bois,
Fuit de tous les humains le commerce profane,
Et loin d'eux se retire à la cour de Diane.

   L'absence de Procris me rend ses nœuds plus chers,
Et je sens mieux le prix des charmes que je perds.
Je vais la retrouver; moi-même je m'accuse;
J'implore mon pardon, je la plains, je l'excuse.
Comme elle, tant de biens, de dons, et de trésors
Auraient pu me tenter; je confesse mes torts.
Cet aveu d'un époux suffit à sa vengeance.
Pour nous, l'amour, l'hymen, le bonheur recommence.
Elle me rend son cœur; c'est peu d'un bien si doux:
Ce dard que vous voyez, toujours sûr de ses coups,
Fut un gage nouveau de son amour fidèle.
Ce ne fut pas assez; je reçois encor d'elle [1]

---

[1] Procris donne à Céphale un javelot et un chien: le javelot, emblème de querelle et de discorde, est un signe allégorique de réconciliation; le chien, symbole de fidélité; un gage de son amitié fidèle.

Le plus beau des limiers que Diane a nourris.
Rien n'égala jamais sa vîtesse et son prix.
Ecoutez un prodige, et non pas une fable.

XV. *Histoire du Chien de Procris.*

Quand, pénétrant le Sphynx long-tems impénétrable,
Œdipe eut vu ce monstre aux détours captieux,
Précipité du roc, expirer à ses yeux ;
Fléau non moins terrible, une Hyenne sauvage
Remplit les champs thébains de meurtre et de carnage,
Et venge de Thémis les oracles obscurs.
La jeunesse à l'envi s'assemble hors des murs ;
Un long tissu de rets, sinueux labyrinthe [1],
Autour de l'ennemi forme une triple enceinte.
Mais l'Hyenne bondit, s'élance, et nos regards
L'ont vu franchir d'un saut les filets et les dards.
On lance les limiers ; elle échappe, et plus vîte,
Plus prompte qu'un oiseau, les trompe et les évite.
On demande Lélape, on l'appelle à grands cris ;
C'était le nom du chien donné par ma Procris.

---

[1] Cette histoire du chien de Procris est un modèle de narration poétique. Elle se trouve encadrée sans art dans le récit de Céphale, et suspend la curiosité, qui attend avec intérêt la fin de son aventure, c'est-à-dire, la fin tragique de sa chère Procris.

Déjà le cou tendu, luttant contre sa chaîne,
Lélape impatient la souffrait avec peine.
Il part, l'œil suit, le cherche, et ne le trouve pas.
On devine sa course aux traces de ses pas.
Une pierre à la fronde échappe moins rapide;
Moins rapide est le vol d'une flèche numide.

Il est une hauteur d'où l'œil domine au loin :
Là, de leur course agile immobile témoin,
Je me plais à les voir avec même vîtesse,
L'un poursuivre toujours, l'autre éviter sans cesse.
Elle saute, il bondit; elle tourne, il revient;
Elle échappe, il la presse; on dirait qu'il la tient;
Il ne tient rien. Cent fois il tend sa gueule avide,
Ne saisit que du vent, et ne mord que du vide.
J'ai recours à mon dard : au moment que mes doigts
Sont prêts à le lancer, je regarde, et je vois
En marbre transformés et Lélape et sa proie :
On dirait que toujours l'une fuit, l'autre aboie :
En adresse, en vigueur, un dieu les juge égaux.
Ainsi parla Céphale : il se tut à ces mots.

XVI. *Mort de Procris.*

MAIS, de grace, reprend le prince magnanime,
Ce dard, qu'a-t-il donc fait? apprenez-moi son crime.
L'Athénien répond : Hélas ! de ma douleur
La source a découlé de mon premier bonheur.

O jours ! où tendre époux d'une épouse fidelle,
Je la rendais heureuse, et fus heureux par elle !
Qu'êtes-vous devenus ? un mutuel amour
Brûlait nos cœurs payés d'un mutuel retour.
Procris, fidelle au vœu prononcé par sa bouche,
Au lit de Jupiter eût préféré ma couche.
Aux charmes de Junon, et même de Cypris,
Céphale eût préféré sa fidelle Procris.
A peine le soleil redorait les montagnes,
Je courais à travers les bois et les campagnes.
Assez fort de mon dard, sans limiers, sans filets,
J'allais faire la guerre aux hôtes des forêts.
Enfin las de carnage et d'un butin sans nombre,
Je cherchais le repos que l'on respire à l'ombre,
Et ce frais des vallons, délices des chasseurs.
J'appelais le Zéphyr, j'implorais ses faveurs.
Je chantais : Je t'attends, viens sous l'ombre incertaine,
Viens, ô fille d'Eole ! Aure à la douce haleine [1] !
Glisse-toi dans mon sein, passe jusqu'à mon cœur,
Soulage, appaise, éteins, ce que j'y sens d'ardeur.

---

[1] Aure, en latin *Aura*, signifie un vent frais. C'est aussi le nom d'une femme, tel que Laure, Aurore, Flore. Cette équivoque, qui trompe Procris, occasionne la catastrophe.

Que sais-je ? en ce moment on aurait cru m'entendre
Soupirer les douceurs de l'amour le plus tendre.
Mon destin le voulait. Souvent encor je dis :
O charme de mes sens ! c'est par toi que je vis ;
Toi, pour qui des forêts j'aime la solitude,
Je sens ta douce haleine, et perds ma lassitude.

On m'écoute, et l'on croit qu'appelé tant de fois,
Ce nom d'Aure est le nom d'une nymphe des bois ;
Et sur ce faux indice, un témoin téméraire
Va conter à Procris mon crime imaginaire.
Que le cœur est crédule, et sur-tout en amour !
Procris s'évanouit ; son œil se ferme au jour ;
L'infortunée enfin revenue à soi-même,
Accuse un cœur ingrat qui la trompe et qu'elle aime :
Elle accuse l'hymen : sa jalousie, hélas[1] !
Croit voir ce qu'elle craint, et craint ce qui n'est pas.

Cependant elle doute, et me cherche une excuse ;
Elle se flatte encor qu'un faux rapport m'accuse,
Et ne veut pour témoins en croire que ses yeux.
L'aube du lendemain avait blanchi les cieux :

---

[1] La Fontaine a exprimé en vers charmans la leçon morale qui résulte de cette fable.

O triste jalousie ! ô passion amère !
Fille du fol amour, que l'erreur a pour mère !
Ce qu'on voit par tes yeux cause assez d'embarras,
Sans voir encor par eux ce que l'on ne voit pas.

Je sors, et las enfin de fatigue et de proie,
Je chante assis sur l'herbe : O toi qui fais ma joie !
Aure, viens me donner le prix de mes travaux.
Je parle, et crois entendre à travers les rameaux
Je ne sais quels soupirs répondre à ma parole.
Je poursuis : Viens, ô viens, douce fille d'Eole !
Je languis. Un rameau qui s'agite à l'écart
Me promet une proie, et j'y lance mon dard ;
C'était Procris. Je meurs, et c'est toi qui me tue,
Me dit-elle. A ce cri d'une voix si connue,
Je cours ; ô désespoir ! je vois, je vois son flanc
Percé d'un coup mortel, et baigné de son sang.
Je la vois retirer de ce cœur si fidèle
Ce dard, ce même dard que j'avais reçu d'elle.
D'une épouse chérie innocent assassin,
Je la prends dans mes bras, la soutiens sur mon sein,
J'arrache ses tissus, je ferme sa blessure ;
Je la presse de vivre, et cent fois la conjure
De ne pas me laisser le crime de sa mort.
Procris, pour me parler, fait un dernier effort.
Ah ! par les dieux du ciel, par ceux de l'hyménée,
Par ceux du sombre Erèbe, où je suis entraînée,
Par cet amour enfin, cause de mon trépas,
Qui, même quand je meurs, ne m'abandonne pas,
Ah! du moins que jamais cette Aure, ma rivale,
Ne souille, après ma mort, ma couche nuptiale.

Elle dit, et je vois, trop tard pour mon malheur[1],
Qu'un vain nom a causé mon crime et son erreur.
Que me sert-il, hélas! que je me justifie?
Procris, avec son sang, perd un reste de vie.
Elle me voit encor; c'est son dernier plaisir[2] :
J'eus son dernier regard, j'eus son dernier soupir;

---

[1] Ovide, dans son Art d'Aimer, avait déjà traité ce sujet avec ce charme et ces graces brillantes qui ne l'abandonnent jamais. Mais ici il s'est surpassé lui-même. Dans l'Art d'Aimer, Procris reconnaît son erreur avant d'en être si cruellement punie. « L'inquiète Procris se cache. Céphale, selon sa coutume, se couche sur l'herbe : il appelle, pour le rafraîchir, Aure et les Zéphyrs. Procris reconnaît son erreur. Son esprit se calme : sa pâleur fait place à ses couleurs naturelles. Elle se lève, agite le feuillage qui l'environne, et se précipite pour embrasser son époux. Céphale croit entendre une bête féroce, et bande son arc avec le feu de son âge. Malheureux! que fais-tu? Ce n'est point une bête féroce : jette là tes traits. Hélas! la flèche est déjà dans le sein de Procris ». Ici elle n'est détrompée qu'au moment où elle expire; et cette circonstance est bien plus délicate et plus intéressante. Quel mélange délicieux de tendresse, de reproches et de tristesse dans les dernières paroles de Procris! Les plaintes de l'amour fidèle et les soupirs d'une bouche expirante ont-ils jamais eu une expression plus attendrissante? Où trouver dans Virgile, ou dans tout autre poète, ce je ne sais quoi plein de charme, cette grace ingénieuse qui embellit le sentiment?

[2] Veut-on juger par un seul endroit combien j'ai été difficile pour moi-même? Voici une autre manière qui me

LIVRE VII.

Et sûre que du moins pour elle je respire,
Avec moins de regret dans mes bras elle expire.
  Le héros en pleurant racontait ses malheurs,
Et ceux qui l'écoutaient versaient aussi des pleurs.
Cependant Eacus, Télamon et Pélée,
Amènent la phalange au palais rassemblée.
Céphale, nouveau chef de ces nouveaux soldats,
Se prépare avec eux à voler aux combats.

---

paraît bien, mais qui ne m'a pas empêché de desirer et de chercher un mieux. La perfection, dans l'expression du sentiment, tient à des nuances délicates et imperceptibles.

> Elle tombe, et sur moi tourne ses yeux mourans ;
> Et ses derniers soupirs sur ses lèvres errans,
> Semblent pour son époux exhaler sa belle ame.
> Elle meurt ; mais du moins elle emporte ma flamme.

FIN DU TOME PREMIER.

ANNOTATIONS SUPPLÉMENTAIRES.

LIVRE PREMIER.

Exposition du Poëme, page 1.

On a reproché à Ovide de dire précisément le contraire de ce qu'il voulait dire :

> In nova fert animus mutatas dicere formas
> Corpora.

A la lettre : « J'entreprends de chanter les formes changées en de nouveaux corps » : Pour « les corps changés en de nouvelles formes ». Vossius, à l'exemple de beaucoup de savans qui trouvent tout dans un auteur, excepté ce qu'il y a mis, prétend que le poète, annonçant qu'il va décrire les changemens des choses, a changé à dessein, et par analogie, la construction naturelle des mots.

« Hypallagem esse, sed studio ab Ovidio positam, quia de
» conversione corporum acturus, eleganter etiam verborum
» conversionem fecit ».

Si cela était, il faudrait présumer que l'idiome poétique de la langue latine ne réprouvait pas cette espèce d'hypallage. Scaliger, au contraire, a été si choqué de ce qui paraît une beauté à Vossius, qu'il a osé refaire l'exposition d'Ovide.

« Principium operis admodùm infelix censeri potest ; idcircò
» sic ausi sumus ».

C'est-à-dire, en propres termes : « Le début de l'ouvrage

nous a paru tout-à-fait malheureux; et voilà comment nous avons hasardé de le refaire ».

> Quas mutata novas immotis corpora formis
> Induerint facies, se ut mirarentur in illis,
> Tectà fide veterum canimus miracula vatum.
> Di quibus imperium hoc rerum variare figuras,
> Et fluxo reparare orbi sua semina, cœptis
> Aspirate meis.

Si l'exposition d'un poëme doit être simple; si elle doit n'avoir rien d'affecté, rien d'inutile, cette correction n'est assurément pas heureuse. Elle est bien loin de justifier l'espèce de mépris que Scaliger affiche dans cet endroit pour notre poète.

« Igitur cùm multa liceret nobis aut reprehendere, aut
» tollere, aut addere, aut castigare, aut immutare; paucis
» contenti erimus, ne penitus eum contempsisse videamur ».

La tournure de cette correction est verbeuse, traînante, embarrassée. Il y a une recherche d'érudition minutieuse à faire consister la pensée du premier vers, dans la légère différence qui se trouve entre deux termes synonymes, *facies* et *formis*. Je ne puis admettre l'interprétation de Vossius, et encore moins la critique de Scaliger, qui corrige Ovide, comme La Beaumelle a corrigé la Henriade. Le premier vers des Métamorphoses me paraît avoir un sens plus simple et plus naturel; et c'est peut-être la véritable raison pour laquelle il a échappé aux commentateurs. Il me semble qu'Ovide ne considère ici les corps que comme des formes de la matière, et qu'ainsi il a voulu dire : « J'entreprends de chanter les formes changées en de nouvelles formes »; ou, ce qui est la même chose : « les corps changés en de nouveaux corps ».

Saint-Sorlin, auteur du poëme de Clovis, détracteur des anciens comme Perrault, et qui se met lui-même sans façon au-dessus d'Homère et de Virgile, fait ici une observation curieuse et bien digne d'un rimeur visionnaire. « Le vrai Dieu, dit-il, avec un sérieux tout-à-fait édifiant en parlant d'Ovide,

SUPPLÉMENTAIRES. 371

lui renversa la cervelle quand il invoquait ses faux dieux ».
C'est de cet auteur dépourvu de sens et de goût, que Despréaux
a dit dans l'Art Poëtique :

> Mais en vain le public, prompt à le mépriser,
> De son mérite faux le veut désabuser :
> Lui-même applaudissant à son maigre génie,
> Se donne par ses mains l'encens qu'on lui dénie.
> Virgile auprès de lui n'a point d'invention ;
> Homère n'entend point la noble fiction.
> Si contre cet arrêt le siècle se rebelle,
> A la postérité d'abord il en appelle.
> Mais attendant qu'ici le bon sens de retour
> Ramène triomphans ses ouvrages au jour,
> Leurs tas au magasin cachés à la lumière,
> Combattent tristement les vers et la poussière.

FABLE PREMIÈRE, *page* 2.

Le poëte Rousseau qui, à l'exemple de Despréaux et de
Racine, était nourri de la lecture des anciens, a imité dans une
de ses allégories le chaos d'Ovide.

> Avant que l'air, les eaux et la lumière,
> Ensevelis dans la masse première,
> Fussent éclos par un ordre immortel
> Des vastes flancs de l'abîme éternel,
> Tout n'était rien. La nature enchaînée,
> Oisive et morte avant que d'être née,
> Sans mouvement, sans force, sans vigueur,
> N'était qu'un corps abattu de langueur,
> Un sombre amas de principes stériles,
> De l'existence élémens immobiles.

Veut-on voir encore comment d'Assouci, appelé à si juste
titre le singe de Scaron, a parodié ses idées dans son *Ovide en
belle humeur*. Je ne citerai qu'un seul échantillon de cette

parodie burlesque, où l'on trouve mille platitudes et mille grossièretés dégoûtantes pour une passable bouffonnerie.

> Si bien qu'en cette nuit obscure,
> La bonne femme de nature
> Allait tâtonnant, ce dit-on,
> Comme un aveugle sans bâton ;
> Donnant tantôt comme une bête,
> Ici du nez, là de la tête,
> Deçà, delà, sans savoir où,
> Au hasard de son pauvre cou.

> Quàque erat et tellus, illîc et pontus et aër ;
> Sic erat instabilis tellus, innabilis unda,
> Lucis egens aër.

Ces deux vers et demi ne sont pas exactement rendus dans ma traduction. En voici le sens : « De sorte que, où étoit la terre, là était l'eau et l'air. La terre n'était point stable ; l'onde n'était point navigable ; l'air était sans lumière ». Mais s'il est permis de resserrer quelquefois Ovide qui, dans son style ingénieux, revient trop souvent sur la même pensée, et qui malgré ses redites a une brièveté rapide dont notre langue n'est pas susceptible, il me semble que c'était le cas d'user de la permission ; à moins qu'on n'aimât mieux ressembler à l'Anguillara qui, écrivant dans une langue faite pour les concettis, s'amuse à coudre des jeux de mots et de rime aux jeux de pensée de l'original ; et qui est enfin à Ovide ce que Brébœuf est à Lucain. En voici un exemple remarquable :

> Pria che'l ciel fosse, il mar, la terra e'l foco ;
> Era il foco, la terra, il cielo, e'l mare.
> Ma'l mar rendea il ciel, la terra e'l foco,
> Deforme il foco, il ciel la terra e'l mare.
> Che ivi era la terra, e cielo, e mare, e foco ;
> Dove era e cielo, e terra, e foco, e mare.
> La terra, il foco, e'l mare era nel cielo ;
> Nel mar, nel foco, e ne la terra il cielo.

Les mots *ciel*, *mer*, *terre*, *feu*, combinés de la manière la plus singulière composent presque seuls tous les vers de la stance italienne; et toutes ces combinaisons symétriques n'expriment qu'une même chose; savoir, que les élémens étaient confondus.

FABLE VII, *page* 7.

L'homme élève un front noble et regarde les cieux.

Si j'ai restitué à Ovide ce vers de Racine le fils, c'est que j'ai consulté la satisfaction du lecteur, plus que l'intérêt de ma vanité poétique, et nullement pour m'épargner la peine de traduire les vers latins. En voici la preuve:

> Sous le joug de l'instinct les animaux penchés,
> Tous baissent leurs regards à la terre attachés:
> L'homme lui seul debout, la tête redressée,
> Elève jusqu'au ciel sa vue et sa pensée.
> Ainsi donc le limon changeant ses vils destins
> S'étonna de former les premiers des humains.

Je ne sais même, en y réfléchissant, si cette version ne vaut pas au moins l'autre.

FABLE VIII, *page* 8.

Eut gravé sur l'airain la menace des loix.

On a préféré la leçon
> Nec verba minantia fixo
> Ære legebantur,

comme plus intelligible et plus poétique, à celle-ci, quoique plus communément suivie.

> Nec vincla minantia fixo
> Ære ligabantur.

On avoue même qu'on ne sait pas trop ce qu'elle signifie; à moins que le poète n'ait voulu désigner quelque chose de semblable à ces poteaux de justice où pend à une chaîne un carcan de fer. Au surplus, Rousseau semble avoir imité ce passage dans une strophe, où il s'agit des premiers hommes rassemblés en société.

> Pour assurer entr'eux la paix et l'innocence,
> Les loix firent alors éclater leur pouvoir :
> Sur des tables d'airain l'audace et la licence
> Apprirent leur devoir.

FABLE X, *page* 12.

Fluctibus ignotis insultavêre carinæ.

Cette même idée a été rendue d'une manière si heureuse par Tibulle, que la citation ne peut manquer d'en être agréable :

> Nondum cæruleas pinus contempserat undas,
> Effusum ventis præbueratque sinum.

C'est-à-dire : « Le pin n'avait point encore appris à mépriser le courroux des flots, ni livré la voile déployée à la merci des vents.

Page 13.

Entre les frères même on ne voit plus d'ami.

Le rondeau de Benserade sur l'âge de fer, a une chute assez délicate.

> Quel train d'horreurs! jusqu'aux tendres amours,
> Comme tout va!

FABLE XV, *page* 24.

Quel tableau que celui du Poussin qui représente le déluge, et qui orne la galerie du muséum des arts! Ce grand peintre a compris que de petits détails nuiraient à l'effet terrible que doit produire la submersion de l'univers. Il n'offre aux yeux qu'un petit nombre de personnages :

> Apparent rari nautes in gurgite vasto.

mais il n'y en a pas un dont l'attitude ne soit touchante. On voit une mère prête à périr, qui s'efforce de soulever son enfant au-dessus des eaux qui vont l'engloutir. Voilà ce qui frappe, émeut, intéresse. Cette peinture est précisément la seule qu'Ovide, qui n'épargne pas les images accessoires, a oubliée dans sa description beaucoup plus ample et plus détaillée.

FABLE XVII, *page* 30.

Ramassent des cailloux qu'ils jettent derrière eux.

Benserade a donné à cette idée une tournure assez plaisante.

> Ils firent là ce qu'on ne voit plus faire
> A coups de pierre.

FABLE XVIII, *page* 32.

Apollon prend son arc, ses traits long-tems oisifs.

Les poètes ont souvent expliqué, par une histoire fabuleuse, des effets que la physique expliquerait par une cause naturelle. La fable du serpent Python, percé par les flèches d'Apollon, dieu de la lumière, n'est visiblement qu'un emblème dont l'explication est trop simple pour n'être pas vraie. Après le déluge, la chaleur solaire dissipa les exhalaisons pestilentielles produites par l'humidité de la terre; et de-là vient sans doute l'allégorie de cette fable.

FABLE XIX, *page* 33.

Daphné du dieu des vers fut le premier amour.

Daphné, selon l'étymologie grecque, signifie laurier. On pourrait croire que Pétrarque a voulu faire allusion à l'amante d'Apollon, en célébrant sa maîtresse sous le nom de Laure.

Selon la Fable, Daphné était fille du Pénée, parce que le laurier croissait en abondance sur les rives de ce fleuve. On dit qu'elle fut aimée et poursuivie par Apollon, parce que le laurier est l'emblême de la gloire, comme Apollon est celui du génie, et que le génie aime la gloire, et la poursuit avec ardeur. Cette fiction est charmante; on voit combien était riante l'imagination des anciens qui ont inventé les songes poétiques de la mythologie. Mais il serait absurde de vouloir expliquer toutes les allégories de la Fable. Beaucoup sont inexplicables. Ovide, en cherchant à les embellir, n'a pas songé au sens qu'on devait leur donner un jour. Sans doute elles ont tour-à-tour un sens ou physique, ou moral, ou historique. Bannier les explique toutes par l'histoire, et il interprète souvent un mensonge par un autre. Rien de moins digne d'exciter la curiosité d'un homme qui cherche une instruction utile ou agréable. Car que sait-on de ces temps reculés, où l'historien n'apperçoit que de l'incertitude et de la confusion ?

Sénécé, poète ingénieux, précis et correct, a raconté, ou plutôt abrégé, cette fable d'une manière assez originale dans son poëme intitulé les Travaux d'Apollon.

> L'Amour, juste vengeur d'un injuste reproche,
> Lui fait sentir l'effet des flèches qu'il décoche.
> En vain pour émouvoir l'insensible Daphné,
> Phœbus peint les talens dont les dieux l'ont orné ;
> Et faisant de soi-même un éloge bien ample,
> Donne à ses successeurs un dangereux exemple,
> Qu'avec moins de mérite, et plus de vanité,
> Ils ont, et moi comme eux, si souvent imité :
> Rien ne peut attendrir la belle fugitive.
> Du fleuve paternel ses piés pressent la rive.
> Long-tems ses pas légers à la fuite obstinés,
> Laissent loin derrière eux les zéphyrs étonnés.
> Hors d'haleine à la fin, pour éviter la force,
> Elle met sa pudeur à l'abri d'une écorce.

Ce sujet a fourni encore à Fontenelle un sonnet imprimé

dans tous les recueils, mais presque toujours défiguré; en voici la leçon véritable :

> Je suis, criait jadis Apollon à Daphné,
> Lorsque tout hors d'haleine il courait après elle,
> Et lui contait pourtant la longue kirielle
> Des rares qualités dont il était orné ;
>
> Je suis le dieu des vers, je suis bel-esprit né :
> Mais les vers n'étaient point le charme de la belle.
> Je sais jouer du luth ; arrêtez. Bagatelle !
> Le luth ne pouvait rien sur ce cœur obstiné.
>
> Je connais la vertu de la moindre racine :
> Je suis par mon savoir dieu de la médecine.
> Daphné courait plus vite à ce nom si fatal.
>
> Mais s'il eût dit : voyez quelle est votre conquête ;
> Je suis jeune, amoureux, et sur-tout libéral :
> Daphné, sur ma parole, aurait tourné la tête.

Page 59.

> Mais le dieu que l'amour emporte sur ses pas,
> Tout prêt à la saisir, étend déjà les bras.

C'est le sujet du fameux groupe d'Apollon et Daphné du Bernin. Ce chef-d'œuvre de sculpture, qu'il fit à dix-huit ans, pour le cardinal Barberin, fut si vanté dans Rome, que le pape vint le voir dans l'atelier de l'artiste. Sa Sainteté trouva les contours trop nus; mais Barberin composa un distique latin qui excuse le procédé du sculpteur par une allégorie morale très-ingénieuse :

> Quisquis amans sequitur fugitivæ gaudia formæ,
> Fronde manus implet, bacchas seu carpit amaras.

En voici le sens :

> Qui court après des appas suborneurs,
> N'embrasse enfin qu'une feuille stérile,
> Jouet d'Éole ; ou du moins ne recueille
> Qu'un fruit amer, le poison de nos cœurs.

FABLE XXIX, *page* 40.

Du palais des Césars protégeront l'entrée.

Les anciens s'imaginaient que le laurier n'était jamais frappé du tonnerre. C'est pour cela, dit-on, que Tibère portait toujours une couronne de laurier. C'est dans ce sens encore, mais à tort, que Corneille, dans le Cid, fait dire par Dom Arias au comte de Gormas :

Avec tous vos lauriers craignez encor la foudre.

On ne doit pas faire parler un castillan comme un habitant de l'ancienne Rome.

FABLE XX, *page* 41.

Pline le naturaliste fait une description de Tempé différente de celle d'Ovide, mais non moins belle dans son genre. L'un décrit en poète, l'autre en philosophe. Des voyageurs qui ont visité ce beau lieu dans la Grèce, m'ont assuré que Pline avoit tracé un tableau fidèle de ce site agreste.

« Peneus inter Ossam et Olympum nemorosâ convalle de-
» fluens quingentis stadiis, dimidio ejus spatii navigabilis. In
» eo cursu Tempe vocantur quinque millia passuum longitu-
» dine, et fermè sesqui jugeri latitudine; ultrà visum hominis
» sese attollentibus dextrâ lævâque leniter jugis. Intùs sub luco
» viridante adlabitur Peneus, viridis calculo, amœnus circà
» ripas graminc, canorus avium concentu ».

Il faudrait la plume de Buffon ou de Lacépède pour retracer l'élégance énergique de ce peintre de la nature. La version que j'en donne est au moins exacte.

« Entre l'Olympe et l'Ossa, dans une vallée ombragée d'un bois touffu, coule le Pénée, dans la longueur de cinquante stades, navigable seulement dans la moitié de cet espace. On appelle Tempé un intervalle compris dans le cours de ce fleuve, de cinq mille pas de longueur, et à peu près d'un *jugerum*[1] et demi de largeur. A droite et à gauche, des montagnes s'élèvent par une pente douce à perte de vue. A leurs pieds, sous un bocage épais, roule le Pénée sur un gravier verdâtre, entre des bords fleuris, et peuplés de chantres ailés ».

FABLE XXI, *page* 49.

Inter Hamadryadas celeberrima Nonacrinas
Naïas una fuit : nymphæ Syringa vocabant.

Celebris signifie tour-à-tour célèbre ou fréquenté. *Via celebris*, un chemin fréquenté. C'est dans ce dernier sens qu'il faut l'entendre ici. Dans le premier, la fable de Syrinx serait absurde; car il serait hors de vraisemblance, qu'une naïade, c'est-à-dire, une nymphe des eaux, fût arrêtée par l'obstacle d'un fleuve.

Rien n'est beau que le vrai ; le vrai seul est aimable.
Il doit régner par-tout, et même dans la fable.

Les commentateurs qui s'occupent plus de restituer les mots que d'éclaircir le sens, ne font aucune remarque sur ce passage. « Je n'aime point ces doctes, dit Saint-Evremond, qui emploient toute leur étude à restituer un passage dont la restitution ne nous plaît en rien. Ils se piquent de savoir ce qu'on pourrait bien ignorer, et n'entendent pas ce qui mérite véritablement d'être entendu. Pour ne rien sentir, pour ne rien penser délicatement, ils ne peuvent entrer dans la délicatesse du sentiment, ni dans la finesse de la pensée ».

Dans le seizième chant de son poëme des Fastes, Lemierre

---

[1] On traduit assez communément *jugerum* par arpent ; mais cela n'est pas dans la rigoureuse exactitude. On appelle *jugerum* un espace de terrein qui peut être labouré en un jour avec une paire de bœufs.

a traduit cette fable de Syrinx à sa manière, c'est-à-dire, avec plus de force que de grace ; mais la grace et l'élégance brillent éminemment dans l'imitation que Parny en a faite dans une pièce intitulée l'Origine de la flûte. Je vais la citer en l'abrégeant :

>Dans ces beaux lieux où, paisible et fidèle,
>L'heureux Ladon coule parmi les fleurs,
>Du dieu de Gnide une jeune immortelle
>Fuyait, dit-on, les trompeuses douceurs :
>C'était Syrinx : Pan soupira près d'elle,
>Et pour ses soins n'obtint que des rigueurs.
>Au bord du fleuve, un jour que l'inhumaine
>Se promenait au milieu de ses sœurs,
>Pan l'apperçoit, et vole dans la plaine,
>Bien résolu d'arracher ces faveurs
>Que l'amour donne, et ne veut pas qu'on prenne.
>A cet aspect, tremblant pour ses appas,
>La nymphe fuit ; et ses piés délicats,
>Sans la blesser, glissent sur la verdure.
>Ses longs cheveux flottent à l'aventure.
>Tremblez, Syrinx ; vos charmes demi-nus
>Vont se faner sous une main profane ;
>Et vous allez des autels de Diane
>Passer enfin aux autels de Vénus.
>Dieu de ces bords, sauve-moi d'un outrage !
>Elle avait dit : sur l'humide rivage
>Son pié léger s'arrête et ne fuit plus.
>Au fond des eaux l'un et l'autre se plongent ;
>Sa voix expire ; et dans l'air étendus
>Déjà ses bras en feuilles se prolongent.
>Son sein caché sous un voile nouveau
>Palpite encore, en changeant de nature.
>Ses cheveux noirs se couvrent de verdure ;
>Et sur son corps qui s'effile en roseau,
>Des nœuds pareils, arrondis en anneau,
>Des membres nus laissent voir la jointure.
>Le dieu saisi d'une soudaine horreur,
>S'est arrêté ; sous la feuille tremblante
>Ses yeux séduits et trompés par son cœur,
>Cherchent encor sa fugitive amante.

Par le zéphyr le roseau balancé,
Forme dans l'air une plainte mourante.
Ah! dit le dieu, ce soupir est pour moi:
Trop tard, hélas! son cœur devint sensible.
Nymphe chérie, et toujours inflexible,
J'aurai du moins ce qui reste de toi.
Parlant ainsi, du roseau qu'il embrasse,
Ses doigts tremblans détachent les tuyaux;
Il les polit, et la cire tenace
Unit entr'eux les différens morceaux.
Bientôt sept trous de largeur inégale,
Des tons divers ont fixé l'intervalle.
Reste adoré de ce que j'aimais tant,
S'écria-t-il, résonne dans ces plaines;
Soir et matin tu rediras mes peines,
Et des amours tu seras l'instrument.

LIVRE II.

FABLE IV, *page* 66.

Despréaux, dans le traité du Sublime de Longin, a traduit un fragment du Phaëton d'Euripide, qui a beaucoup de rapport à cet endroit d'Ovide.

Phaëton, à ces mots, prend les rênes en main:
De ses chevaux ailés il bat les flancs agiles.
Les coursiers du Soleil à sa voix sont dociles;
Ils partent: le char vole, et plus prompt que l'éclair,
Pénètre en un moment les vastes champs de l'air.
Le père cependant, plein d'un trouble funeste,
Le voit rouler de loin sur la plaine céleste,
Lui montre encor sa route, et du plus haut des cieux
Le suit autant qu'il peut de la voix et des yeux.
Va par-là, lui dit-il, reviens, détourne, arrête.

Ne diriez-vous pas, observe Longin, que l'imagination du poète monte sur le char de Phaëton, qu'elle partage tous ses périls, et qu'elle vole dans l'air avec les chevaux?

Page 67.

Pour la première fois, l'ourse au pôle du monde
Brûle et s'efforce en vain de se cacher dans l'onde.

Ovide en cet endroit n'observe pas l'ordre des temps. Calisto n'avait point encore été changée en astre, puisque nous voyons dans la suite de ce livre que Jupiter ne prit de l'amour pour elle, que lorsqu'il vint réparer dans l'Arcadie les désordres que l'embrasement du monde y avait causés.

FABLE XX, page 96.

Sénécé, en racontant d'un style plus familier l'aventure de Coronis, assaisonne son récit du sel piquant de la plaisanterie et de la critique.

A peine pour Daphné ses regrets sont finis,
Que l'Amour à ses yeux présente Coronis,
A la constance près en mérite complète,
Plus belle que Vénus, et plus fine coquette.
Il vit à peu de frais, au gré de ses desirs,
Voler la récompense au-devant des soupirs.
Mais cet astre sans pair fut mis en parallèle,
Et ne put être unique aux yeux de cette belle.
De deux rayons nouveaux un mortel insolent
Orna du blond Phœbus le front étincelant ;
Et l'indiscret corbeau, rustiquement fidèle,
Lui conta comme un sot la choquante nouvelle.
Flattez-vous du secret, inconstantes beautés,
Les oiseaux publîront vos infidélités.
Apollon rétrograde, aveuglé de colère,
Quitte le capricorne, et rentre au sagittaire,
D'où son courroux trop prompt et trop bien obéi
Perce d'un coup mortel ce cœur qui l'a trahi :
Malheureux par l'affront dont on le déshonore !
Dans la punition plus malheureux encore !
Pour adoucir l'aigreur de son mortel ennui,
Il prend soin d'un enfant qu'il croyait être à lui ;

SUPPLÉMENTAIRES.

A sa mère expirante il arrache ce gage,
L'emporte, et le confie aux nymphes du bocage.
Par elles chez Chiron secrètement conduit,
Le Centaure fameux dans sa grotte l'instruit.
Croissez, jeune Esculape, et dans la solitude,
Méditez ce grand art digne de votre étude,
Cet art si respecté, dont le puissant secours
Commande à la douleur, et prolonge les jours.

LIVRE III.

FABLE III, *page* 122.

Corneille qui semble avoir agrandi la poésie, en l'élevant à la hauteur de ses idées, et qui, dans ses beaux vers est au-dessus de tout, exprime avec énergie la naissance des soldats produits par la semence des dents du serpent de Mars. Médée, dans les reproches qu'elle fait à Jason, après avoir parlé des taureaux de Vulcain, ajoute :

> Eux domptés, on entrait dans de nouveaux hasards.
> Il fallait labourer les tristes champs de Mars,
> Et des dents d'un serpent ensemencer la terre,
> Dont la stérilité fertile pour la guerre,
> Produisait à l'instant des escadrons armés
> Contre la même main qui les avait semés.

FABLE VIII, *page* 136.

La fable de Tirésias, d'Echo et de Narcisse a fourni à Malfilâtre le fond d'un poëme d'une simplicité antique. Nulle prétention philosophique dans les pensées, nulle recherche, nulle affèterie dans les expressions. C'est la nature, mais la nature dans sa fleur. A ne juger que par sa manière d'écrire du temps où il écrivait, on le croirait contemporain de Racine et de La Fontaine. Son style respire cette sensibilité douce et vraie qui répand tant de charmes dans la prose de Fénélon et dans les vers de Virgile. Ce poète, enlevé par une mort prématurée, n'a pu voir le succès de son ouvrage. Les gens de lettres avec lesquels il fut lié ne sentirent qu'à demi son mérite, ou du moins ne s'empressèrent pas de lui rendre une justice bien éclatante. Il vécut presqu'ignoré, et mourut dans la misère. J'ai ouï dire au savant et vertueux Turgot, qu'il avoit assisté à une lecture du poëme de Narcisse chez son ami Watelet, de l'académie française, et que cette lecture n'y avait fait qu'un plaisir médiocre. Gens de lettres, gens du monde, vous prônez, vous ne louez point; vous faites les succès, mais non pas la réputation; ce ne sont pas les talens proprement dits que vous encensez, mais ceux que l'intrigue et la mode ont mis en vogue. L'homme né pour l'immortalité qui ne vous cherche point, mais qui vous rencontre quelquefois, ne paraît dans vos cercles que pour vous observer. Il a le sentiment de ses forces : il connaît les motifs qui vont déterminer votre opinion sur son compte ; il sait d'avance quelle sera la mesure de vos éloges. Ce n'est pas lui qui est couru, fêté; mais c'est en sa faveur que s'élève la voix de ce public juste et éclairé, qui approuve ce qui est louable, et qui loue ce qu'il approuve, et dont les arrêts retentissent enfin jusques dans vos tribunaux de bel-esprit, qui en deviennent, malgré vous, les échos.

FABLE X, page 142.

Cette fable a été mise en vers par l'auteur du poëme de la Déclamation théâtrale. C'est un des meilleurs morceaux sortis de sa plume, et c'est assez en faire l'éloge ; mais sa copie brille d'un coloris trop moderne. Il n'est presque jamais fidèle au costume de la poésie antique. La description de la fontaine, si fraîche, si agréable, si neuve encore dans Ovide, malgré tout ce qu'on a écrit depuis en ce genre, est médiocre et commune dans le poëte moderne.

> Dans ces lieux une source et transparente et pure
> S'échappait sur un lit de fleurs et de verdure.

Là jamais les bergers ne menaient leurs troupeaux.
Rien n'altérait jamais la beauté de ses eaux.
D'une épaisse forêt l'obscurité sacrée
Aux rayons du soleil en défendait l'entrée.

Le premier défaut de ces vers, d'ailleurs bien tournés, c'est qu'on les a lus par-tout. De plus, *s'échappait sur un lit de fleurs*, présente une image qui manque de justesse. C'est au bord d'un ruisseau, et non dans son lit, que les fleurs naissent. Le vers qui suit est un peu prosaïque. Ces remarques, que je pourrais étendre beaucoup plus loin, m'ont déterminé à retraduire cette fable. Ce n'est pas que dans quelques détails Dorat n'ait rencontré très-heureusement ; j'ai même été forcé quelquefois d'avoir avec lui des ressemblances inévitables. Comment, par exemple, traduire ce vers de deux manières différentes ?

Quid videat nescit : sed quod videt, uritur illo.

Il ne sait ce qu'il voit : mais ce qu'il voit l'enflamme.

J'ai donc adopté quelques hémistiches de ce poète agréable, parce que je me suis vu dans l'impossibilité de rendre mieux certains traits ; et j'en fais ici un entier hommage à sa muse légère.

FABLE XII, *page* 152.

Tel j'ai vu dans des champs ouverts à son passage.

Passerat, auteur très-pur et très-correct pour son temps, et qui, comme Régnier,

Dans son vieux style encore a des graces nouvelles,

a fait un bel emploi de la même comparaison. Tout ce morceau, plein de sens, de précision et de naïveté, est dans la manière de La Fontaine ; on pourrait s'y méprendre :

Mal est gardé ce que garde la crainte,
Quand le corps est au logis par contrainte,

L'esprit s'échappe au-dehors, et prétend
Exécuter tout ce qu'on lui défend.
C'est la coutume : il se pique, il s'offense
Plus aigrement de plus aigre défense.
Ainsi voit-on les villageois troublés,
Contre un torrent qui vient gâter leurs blés,
Dresser remparts de fagots et d'argile,
Se travaillant d'une peine inutile :
Cela ne sert sinon que d'irriter
Le fier torrent qui ne veut s'arrêter.
Il pousse avant son onde courroucée :
Puis quand il a mis à bas la chaussée,
A gros bouillons, de plus grande fureur,
Il va noyer l'espoir du laboureur.

LIVRE IV.

Fable première, *page* 163.

La fable des filles de Minée, par La Fontaine, est presqu'entièrement tirée des Métamorphoses d'Ovide. Il est vrai que ce poète, si original lors même qu'il copie, l'a plutôt imitée que traduite. Voilà ce qui m'a obligé à la refaire. Il y change plusieurs circonstances, en retranche quelques-unes, et en ajoute d'autres selon le libre caprice de son imagination. Le ton de ses vers est beaucoup moins soutenu. Il se rapproche malgré lui de cette familiarité du conte, si naturelle à son génie, et que sans doute il aurait eu beaucoup de peine à quitter pour se conformer au style d'Ovide. Mais cette simplicité familière et négligée ne nuit point à l'intérêt du récit. On a observé que la lettre de madame de Sévigné, sur la mort de Turenne, était plus touchante que l'Oraison funèbre de Fléchier. D'ailleurs, la naïveté du bonhomme, ses incorrections et ses négligences ne lui ôtent rien de ces images et de ces expressions brillantes qui distinguent si fort la poésie du discours ordinaire. Voilà ce qui lui fait pardonner des fautes contre la langue, la structure du vers et l'élégance poétique.

> La Fontaine me charme, et son style inégal,
> Dans son désordre même imitant la nature,
> Me plaît malgré la règle, et brave ma censure.

Vous trouvez dans sa fable de Pyrame et Thisbé plusieurs traits charmans qui ne sont pas dans le latin; celui-ci par exemple:

> La défense est un charme : on dit qu'elle assaisonne
> Les plaisirs, et sur-tout ceux que l'amour nous donne.

Vous y remarquez aussi des endroits moins expressifs et très-négligés. Ce parallèle est instructif et agréable. Il y a un secret plaisir à suivre dans le poète français les traces du poète latin, à distinguer les endroits où il s'en écarte, enfin à découvrir les traits heureux qu'il ne doit qu'à lui-même, et qui font de sa copie un autre original; car du reste, pour l'élégance continue, la marche de la narration, le nombre de la versification, Ovide est infiniment supérieur à La Fontaine.

Page 166.

De Dercète d'abord dira-t-elle l'histoire ?

Divinité des Syriens, moitié femme, moitié poisson. Elle était ennemie de Vénus. On dit que pour s'en venger, la déesse lui fit tendre, par un jeune étranger, les pièges d'une séduction inévitable. Elle mit au jour une fille : c'est Sémiramis. Dercète, accablée de honte et de repentir, exposa sa fille sur la cime d'un rocher, et de désespoir se précipita elle-même dans un étang de la Palestine. Des colombes vinrent sur cette roche nourrir Sémiramis. Elle devint reine de Babylone et fit périr Ninus, son époux. On dit que dans sa vieillesse, troublée par les remords, et forcée de céder la couronne à son fils, elle fut elle-même changée en colombe.

Page 167.

Coctilibus muris cinxisse Semiramis urbem.

On voit par ce vers d'Ovide que la superbe Babylone fut bâtie en brique. La nature semble avoir indiqué la pierre pour la construction des premiers édifices, puisque dans beaucoup de pays nous voyons une ressemblance frappante entre la projection des rocs, et quelques-uns de nos monumens les plus admirés. Cependant, au rapport de l'anglais Bannister, dans son tableau des arts et des sciences depuis les tems les plus reculés jusqu'au siècle d'Alexandre, il est probable que la brique fut en usage long-temps avant la pierre. En effet les machines et les instrumens nécessaires pour la tirer de la carrière, la tailler et la mettre en œuvre, supposent l'invention d'un grand nombre d'arts. La fabrication de la brique, au contraire, a dû être toute simple dans certains pays comme dans la Chaldée. Ce n'est pas que souvent les anciens n'aient employé la brique de préférence à la pierre. Un passage de Vitruve, liv. II, chap. 8, le prouve assez.

« Il y a beaucoup de villes où les édifices publics et particuliers, et même les maisons royales, ne sont que de brique. A Athènes, le mur qui regarde le mont Hymette et le Pentélèse, les murailles du temple de Jupiter et les chapelles de celui d'Hercule sont de brique, quoique par-dehors les architraves et les colonnes soient de pierre. A Sparte, on a ôté des peintures de dessus un mur de brique pour les enchâsser dans du bois, lesquelles ont été apportées à Rome pour orner le lieu de l'assemblée, pendant la magistrature des Ediles Varron et Murena. A Sardes, la maison de Crésus est aussi de brique. Le palais du roi Mausole a des murailles de brique, quoiqu'il soit orné par-tout de marbre de Proconèse ; et l'on voit encore aujourd'hui ces murailles fort belles et fort entières, couvertes d'un enduit si poli qu'il ressemble à du verre. Cependant on ne peut pas dire que ce roi n'ait pas eu le moyen de faire des murailles d'une matière plus riche, lui qui était si puissant, et qui commandait à toute la Carie ».

FABLE VI, *page* 183.

Un poète moderne, qui passa long-temps pour un émulateur d'Ovide, ou du moins qui se piqua de l'être, a mis en vers cette Fable. Son esprit, entraîné par un goût vif pour tout ce qui avait un air de volupté, ne put résister sans doute à la séduction du sujet. Il n'en vit que l'agrément; il n'en sentit pas les difficultés : il sentit encore moins le mérite de les vaincre. Y a-t-il rien de plus gracieux que la fable de Salmacis? C'est un tableau de l'Albane. Mais y a-t-il rien de plus opposé au ton et au coloris d'Ovide, que le vernis et l'enluminure du poète moderne? Son style ingénieux, sans qu'il fût jamais celui de la chose, a pu faire illusion dans ses productions légères et superficielles; mais il ne peut soutenir le parallèle de ce beau simple, qui nous ramène sans cesse, par un nouveau charme, à la lecture des poètes de la Grèce et de Rome. Prenons dans son imitation quelques exemples au hasard et sans choix. S'agit-il de décrire la fontaine de Salmacis ? Il remplace par des locutions poétiques vagues et usées, des images vives et toujours neuves comme la nature.

> D'un ombrage éternel le printems la couronne,
> Et Flore n'y craint point le retour de l'automne.

Qu'est-ce que cela peint? Cette antithèse du printemps et de l'automne n'est point d'Ovide : elle est de Dorat, qui dans son style, à-la-fois commun et affecté, redit toujours la même chose.

> Et rebattant toujours ses insipides airs,
> Sans Flore et les Zéphyrs il n'eût point fait de vers.
> LA HARPE.

Ovide dit avec une belle simplicité :

> Non illic canna palustris,
> Non steriles ulvæ, nec acutâ cuspide junci.

ANNOTATIONS

Perspicuus liquor est : stagni tamen ultima vivo
Cespite cinguntur, semperque virentibus herbis.

Le poète français, qui avait l'ambition d'être le peintre des graces, ne réussit pas mieux à dessiner les charmes du jeune Hermaphrodite, au moment où il se plonge dans la fontaine. Il a recours à des traits d'emprunt, à ces contrastes puériles et usés qui n'expriment rien.

> Il découvre à la nymphe, en quittant ses habits,
> La jeunesse en sa fleur prête à donner des fruits.
> Ce ne sont point ces traits, cette expression mâle,
> Et ces muscles nerveux qui fatiguaient Omphale,
> Ni de nos demi-dieux les brillans attributs :
> C'est le jeune Adonis préféré par Vénus.

Y a-t-il rien d'un goût plus faux et plus affété que cette peinture ? Soyez bien persuadé qu'il n'est question dans Ovide ni d'Omphale, ni d'Hercule, ni de Vénus, ni d'Adonis. On n'y trouve point cette petite antithèse de *fleurs* et de *fruits*, si froide et si déplacée. On n'y trouve pas non plus les deux vers suivans, pour exprimer la métamorphose du jeune homme et de la nymphe en un seul individu qui réunit les deux sexes.

> Sur une même tige ainsi l'on voit deux roses
> Mourir en même tems, en même tems écloses.

Ovide n'a rien de semblable : son style n'offre aucune de ces mignardises. Voici comment il s'exprime :

> Velut si quis conducat cortice ramos
> Crescendo jungi, pariterque adolescere cernat.

Si l'original est ici défiguré par les faux agrémens d'un pinceau maniéré, qui surcharge la copie d'accessoires frivoles et de mauvais goût ; ailleurs, il est appauvri à contre-temps, lorsque sa palette prodigue toutes les richesses de ses couleurs. Le poète, après avoir décrit avec énergie et avec grace les étroits embrassemens de Salmacis et d'Hermaphrodite qui se débat vainement contr'elle, termine sa peinture par trois comparaisons également belles par leur justesse, leur précision et leur vivacité.

> Denique nitentem contrà, elabique volentem
> Implicat, ut serpens quem regia sustinet ales,
> Sublimemque rapit: pendens caput ille, pedesque
> Alligat et caudâ spatiantes implicat alas.
> Utque solent hederæ longos intexere truncos ;
> Ut ve sub æquoribus deprensum Polypus hostem
> Continet, ex omni dimissis parte flagellis.

Toutes ces images sont effacées dans l'imitation. Dorat choisit précisément la moins neuve pour la conserver ; encore l'exprime-t-il d'une manière commune et défectueuse.

> Tel le lierre en naissant sur la terre couché
> Serpente autour du chêne, et s'y tient attaché.

Qu'importe ici la circonstance du lierre *en naissant sur la terre couché* ? Qui ne sent que c'est un remplissage inutile et hors de place (1) ?

On voit que Dorat ne fut presque jamais capable de ce vrai beau qui seul mérite les suffrages des bons juges et de la postérité. Abandonné à une chaleur factice d'imagination, il se livre à cette facilité malheureuse qui ne permet ni le temps de la correction, ni l'usage du choix. Il a l'expression riante, le vers aisé : en le lisant, vous commencez par le plaisir ; vous continuez par la satiété ; vous finissez par le dégoût. Son exemple doit servir de leçon à ceux de nos jeunes poètes trop épris de ce que l'on appelle fleur de bel-esprit et de galanterie.

En comparant les modernes avec les anciens, on apprend à les apprécier ; on se forme le goût ; on sent combien l'étude de

---

[1] Voulez-vous voir un heureux emploi de cette même image ? lisez ces vers de Despréaux :

> Comme on voit dans les champs un arbrisseau débile,
> Qui, sans l'heureux appui qui le tient attaché,
> Languirait tristement sur la terre couché.

Rien ne prouve plus un faux esprit et un faux goût, que de prendre une beauté pour la travestir en défaut.

l'antiquité est précieuse. De combien de fictions délicieuses ne nourrit-elle pas l'imagination ? Combien d'allusions heureuses ne fournit-elle pas au génie ?

Le mensonge et les vers de tout tems sont amis.

Plutarque pensait à cet égard comme La Fontaine. « On connaît, dit-il, des fêtes sans danse et sans musique ; mais on ne connaît pas de poésie sans fable ». Depuis le poëme épique jusqu'à la chanson, tout est de son ressort : elle peut tout embellir. Voyez avec quel agrément le chansonnier l'Attaignaut a su mettre en œuvre la fable d'Hermaphrodite.

  Belle Thémire, à voir en vous
  Tant de grace et tant de mérite,
  Je vous crois, soit dit entre nous,
  Une espèce d'hermaphrodite.

  Le terme pourrait vous choquer ;
  Je n'ai dessein que de vous plaire.
  J'ai donc besoin, pour m'expliquer,
  D'un petit mot de commentaire.

  Vous avez tous les agrémens
  Dont brille une femme adorable :
  Vous y joignez les sentimens,
  Et tout l'esprit d'un homme aimable.

  En amour comme en amitié,
  Je ne vois rien qui vous ressemble ;
  Homme ou femme n'a que moitié
  De ce qu'en vous nature assemble.

  J'imagine qu'elle pêtrit,
  En vous formant, un corps de femme ;
  Et qu'ensuite elle se méprit,
  D'un philosophe y mettant l'ame.

  C'est donc avec raison, je crois,
  Qu'hermaphrodite je vous nomme,
  Puisque vous êtes à-la-fois
  Femme jolie et galant homme.

Au surplus, au rapport de Vitruve, liv. II, chap. VIII, la

fable de Salmacis n'est qu'une allégorie. En voici l'explication:

« A la pointe de la colline, Mausole bâtit le temple de Vénus et de Mercure, auprès de la fontaine de Salmacis, qu'on dit rendre malades d'amour ceux qui boivent de son eau ; ce qui est une chose si peu vraie qu'elle mérite bien d'être expliquée, afin qu'on sache pourquoi cette fausse opinion s'est répandue dans le monde.

» Il est certain que ce qu'on dit de la force que cette fontaine est réputée avoir pour rendre les hommes efféminés, n'est fondé que sur ce que son eau est fort claire et fort agréable à boire ; car lorsque Mélas et Arénavias amenèrent une partie des habitans d'Argos et de Trézène pour s'établir en ce lieu, ils en chassèrent les barbares Cariens et les Lélèges qui, s'étant retirés dans les montagnes, se mirent à faire des courses sur les Grecs, et à ravager tout le pays par leurs brigandages. En ce temps-là, un des habitans ayant reconnu la bonté de cette fontaine, y bâtit une cabane, dont il fit une espèce de cabaret garni de tout ce qui est nécessaire, dans l'espérance d'y faire quelque gain. En effet, il réussit si bien dans son exercice, que les barbares y vinrent comme les autres, et s'accoutumèrent, en vivant avec les Grecs, à la douceur de leurs mœurs. Leur naturel farouche s'amollit volontairement et sans contrainte ; de sorte que ce qu'on dit de la vertu de cette fontaine ne doit point s'entendre d'une mollesse qui corrompt les ames, mais de la douceur qui a été inspirée dans celles des barbares à son occasion ».

FABLE VII, *page* 188.

Le pinceau de Voltaire, dans son conte si plaisant et si philosophique des filles de Minée, a esquissé leur métamorphose de la manière suivante :

> Aussi-tôt de nos trois recluses
> Chaque membre se raccourcit :

Sous leur aisselle il s'étendit
Deux petites ailes velues.
Leur voix pour jamais se perdit :
Elles volèrent dans les rues,
Et devinrent oiseaux de nuit.

LIVRE V.

FABLE VI, *page* 259.

Aux charmes d'un beau lieu les charmes de l'étude.

Les muses sont amies de la retraite. Leurs favoris sont rarement inspirés au milieu de la pompe des cours et du luxe des cités. Le poète, comme le sage, se prête au monde ; il se livre à la solitude. C'est-là que son imagination se recueille, s'échauffe et se féconde. Vida, dans son art poétique, en fait un précepte.

> Nec quisquam, nisi curarum, liberque laborum,
> Inchoet egregium quidquam : verùm procul urbis
> Attonitæ fugiat strepitus, et amœna silentis
> Accedat loca ruris, ubi Dryadesque puellæ,
> Panesque, Faunique, et monticolæ Sylvani.
> Hîc læti haud magnis opibus, non divite cultu
> Vitam agitant vates : procul est sceleratus habendi
> Hinc amor, insanæ spes longè, atque impia vota ;
> Et nunquam diræ subeunt ea limina curæ.
> Dulcis et alma quies, et paucis nota voluptas.

« N'entreprenez jamais un ouvrage d'imagination que vous n'ayez l'esprit libre et dégagé de tout autre soin. Fuyez le tumulte des villes : retirez-vous dans la solitude des campagnes et dans le silence des bois, où se plaisent les nymphes bocagères, Pan, les Faunes et les Sylvains. C'est-là que les poètes, sans beaucoup d'apprêts, mènent une vie heureuse et non riche, que l'on ne connaît ni les passions avides, ni les espérances frivoles, ni les desirs injustes, que les tristes soucis n'osent paraître, qu'habitent le repos profond et la douce volupté ignorée du vulgaire des hommes ».

FABLE VII, *page* 239.

Des vierges sans défense, amantes de la paix.

Il faut avoir dans l'ame la cruauté d'une bête féroce et la dureté d'une pierre brute, pour maltraiter et outrager les favoris d'Apollon, ces hommes privilégiés, ces amis de la paix, que leurs talens rendent sacrés.

> At nimiùm trux ille, ferisque è cautibus ortus,
> Qui sanctos, genus innocuum, populumque deorum,
> Aut armis audet vates, aut lædere dictis.

« Quel est l'homme assez inhumain, quel est le monstre né dans les flancs des durs rochers, assez féroce pour attaquer, les armes à la main, ou la calomnie à la bouche, les poètes sacrés, nation d'origine céleste et amie de la douce paix » ?

C'est à ces ennemis des muses et des talens, dévoués par Vida à la vengeance des dieux

> Ultores sperate deos,

que la fable de Pyrénée fait allusion. Le sens de l'allégorie est manifeste.

FABLE IX, *page* 239.

N'épouvante les morts dans l'éternelle nuit.

Cette idée sublime appartient à Homère. « Le roi des enfers, épouvanté sous la terre même, s'élance de son trône et s'écrie, dans la frayeur où il est que Neptune, d'un coup de son trident, n'entr'ouvre la terre qui couvre les ombres, et que cet affreux séjour, demeure éternelle des ténèbres et de la mort, abhorré des hommes et craint même des dieux, ne reçoive pour la première fois la lumière, et ne paraisse à découvert ». Cette traduction de la savante Dacier, quelqu'exacte et quelque noble qu'elle soit, ne peut pas rendre l'harmonie et la beauté des vers grecs. Despréaux a mis en vers ce passage cité par Longin dans le Traité du Sublime; mais cette traduction, où ce grand maître est resté au-dessous d'Homère et de lui-même, prouve l'extrême difficulté de ce genre d'écrire.

> L'enfer s'émeut au bruit de Neptune en furie.
> Pluton sort de son trône; il pâlit, il s'écrie :
> Il a peur que ce dieu, dans cet affreux séjour,
> D'un coup de son trident ne fasse entrer le jour,
> Et par le centre ouvert de la terre ébranlée,
> Ne fasse voir du Styx la rive désolée,
> Ne découvre aux vivans cet empire odieux,
> Abhorré des mortels, et craint même des dieux.

Ces vers sont très-beaux, mais beaucoup au-dessous du grec, remarque Rollin. Je n'en examinerai qu'un seul, continue-t-il.

> Pluton sort de son trône; il pâlit, il s'écrie.

Le mot de *sortir* qui conviendrait à Pluton, s'il descendait tranquillement de son trône, est ici froid et languissant. Ce dieu ne *pâlit* qu'après être sorti de son trône. La pâleur vient-elle si lentement, et n'est-elle pas le premier et le plus prompt effet de la crainte? Le grec a bien une autre vivacité : « Épouvanté, il s'élance de son trône et s'écrie ». Comment rendre dans une autre langue cette cadence suspendue : Δείσας δ'ἐκ θρόνυ ἆλτο, κ᾽ ἴαχε, qui seule marque le mouvement brusque et précipité du dieu? Virgile a essayé d'imiter ce bel endroit d'Homère; mais il s'en faut bien qu'il ait pu atteindre à la beauté de l'original.

> Non secus ac si quâ penitus vi terra dehiscens
> Infernas reseret sedes, et regna recludat
> Pallida, dîs invisa; superque immane barathrum
> Cernatur, trepidentque immisso lumine manes.
>
> EN. 8, 243.

« Comme si la terre profondément entr'ouverte par quelque violente secousse, découvrait les demeures infernales, et les pâles royaumes haïs des dieux même; et laissait voir les cachots immenses du Tartare, et les manes tremblans aux approches de la lumière ».

Outre beaucoup d'autres différences, dans Virgile ce n'est qu'une comparaison; au lieu que dans Homère c'est une action, ce qui est tout autrement vif et animé.

Fable XVII, *page* 258.

Les poètes racontent que les syrènes attiraient les navigateurs par la douceur de leurs chants, et les faisaient échouer contre des écueils. Elles fixaient leur séjour en Sicile près du cap Pélore. Orphée, par la puissance de sa lyre, sauva les Argonautes de leurs piéges. Ulysse s'en préserva par sa prudence. C'est un emblême allégorique des passions qui nous attirent par leurs séductions, et qui bientôt après, avec l'impétuosité d'un torrent, nous entraînent dans le précipice. Horace appelle l'oisiveté, cette mère de tous les vices, une syrène dangereuse :

>   Vitanda est improba syren
> Desidia.

Comme les syrènes encore, les flatteurs perdent ceux qui les écoutent. C'est dans ce sens que Voltaire a dit :

> Mon vaisseau fit naufrage aux mers de ces syrènes.

On a feint qu'elles étaient compagnes de la fille de Cérès ; c'est-à-dire, que la séduction des voluptés marche à la suite des richesses, et qu'elle ne demeure guères où l'abondance n'est plus. *Sine cerere et Baccho friget Venus.*

Sans Bacchus et Cérès, Vénus est languissante.

LIVRE VI.

FABLE IX, *page* 286.

On nous a conservé dans l'anthologie grecque une inscription sur la statue de Niobé. Elle a été traduite en français par Voltaire :

> Le fatal courroux des dieux
> Changea cette femme en pierre.
> Le sculpteur a fait bien mieux :
> Il a fait tout le contraire.

FABLE XIII, *page* 307.

Et Philomèle au loin va gémir dans les bois.

C'est en rossignol que fut changée Philomèle. L'Attaignant fait une allusion ingénieuse à cette métamorphose, dans un madrigal à une dame nommée Rossignol.

> Le nom de Rossignol vous convient à merveille,
> Jeune objet qui charmez mes yeux et mon oreille.
> Vous avez le gosier qu'il possède aujourd'hui,
> Et les charmes qu'avait autrefois Philomèle.
> Qui vous entend, croit que c'est lui ;
> Et qui vous voit, croit que c'est elle.

LIVRE VII.

Fable première, *page* 311.

Jason, fils d'Eson et d'Alcimède, fut élevé sous la tutèle de son oncle Pélias qui, pour retenir l'administration du royaume, l'excita à conquérir la toison d'or. Jason, qui aimait la gloire, saisit cette belle occasion de s'illustrer. Il entreprit ce voyage, et s'associa pour compagnons des héros, presque tous descendus des dieux comme lui. Pallas lui conseilla la construction et la forme du navire, dont le mât fut pris d'un chêne de la forêt de Dodone, où les arbres rendaient des oracles. Ce navire fut nommé Argo; de là vient le nom des Argonautes. Ils s'embarquèrent au cap de Magnésie, et parvinrent par le Pont-Euxin jusqu'à Colchos. Après avoir surmonté mille dangers, et conquis la toison d'or, ils revinrent dans leur patrie. Cette expédition précéda de trente-cinq ans la guerre de Troye.

L'histoire de la toison d'or est moins fabuleuse et moins frivole qu'on ne pense. C'est de toutes les époques de l'ancienne Grèce la plus brillante et la plus constatée. Il s'agissait d'ouvrir un commerce de la Grèce aux extrémités de la mer Noire. Ce commerce consistait principalement en fourrures : c'est de là qu'est venue la fable de la toison. Le voyage des Argonautes a fait connaître aux Grecs le ciel et la terre. Chiron, qui était de cette expédition, observa que l'équinoxe du printems était au milieu de la constellation du bélier ; et cette observation, faite il y a environ quatre mille trois cents ans, fut la base sur laquelle on s'est fondé depuis, pour constater l'étonnante révolution de vingt-cinq mille neuf cents années, que fait l'axe de la terre autour du pôle. Les habitans de Colchos, voisins d'une peuplade de Huns, étaient des barbares, comme ils le sont encore aujourd'hui. C'était la coutume des Grecs de tourner l'histoire en fable. La poésie seule célébrait les grands événemens. L'expédition des Argonautes fut chantée en vers ; et quoiqu'elle méritât d'être célèbre par le fonds qui était très-vrai, elle ne fut connue que par des mensonges poétiques.

TABLE DU TOME PREMIER.

Préface............................... *Page* j

LIVRE PREMIER.

Exposition du Poëme........................... 2
Fab. i. Le Chaos............................... 2
  ii. Les Elémens............................ 3
  iii. Formation du Monde..................... 4
  iv. Les Zônes.............................. 5
  v. Les Vents.............................. 6
  vi. Les Astres............................. *ibid.*
  vii. L'Homme.............................. 7
  viii. L'Age d'Or............................ 8
  ix. L'Age d'Argent......................... 10
  x. L'Age d'Airain et de Fer................. 11
  xi. Les Géans.............................. 13
  xii. Assemblée des Dieux.................... 14
  xiii. Crime de Lycaon et son Châtiment....... 17
  xiv. Jupiter veut foudroyer la Terre.......... 19
  xv. Description du Déluge................... 21
  xvi. Deucalion et Pyrrha sauvés du Déluge.... 25
  xvii. Ils réparent le Genre humain........... 29
  xviii. Reproduction des Animaux. Le serpent Python. 31
  xix. Daphné en Laurier...................... 33
  xx. Io en Génisse.......................... 41
  xxi. Io sous la garde d'Argus............... 44
  xxii. Syrinx changée en Roseaux............. 49
  xxiii. Io déesse sous le nom d'Isis.......... 51
  xxiv. Querelle d'Epaphus et de Phaéton...... 53

LIVRE II.

Fab. i. Description du Palais du Soleil. Phaéton demande à conduire son Char.................... 55

TABLE.

II. Le Soleil représente à Phaéton la témérité de sa demande.... 59
III. Le Soleil confie son Char à Phaéton, et lui donne des instructions inutiles. 62
IV. Phaéton conduit mal le Char du Soleil. Il abandonne les rênes. 66
V. Les Montagnes s'embrasent. 70
VI. Les Fleuves se dessèchent. Les Mers tarissent. . 72
VII. Plaintes de la Terre à Jupiter. 74
VIII. Jupiter foudroie Phaéton. 76
IX. Les Sœurs de Phaéton en Peupliers. 78
X. Cycnus en Cygne. 80
XI. Apollon refuse d'éclairer le Monde ; mais à la prière des dieux il remonte sur son Char. 81
XII. Calisto aimée de Jupiter. 83
XIII. Sa Métamorphose en Ourse. 87
XIV. Calisto et son fils Arcas changés en Astres. 88
XV. Junon prie les Dieux de la mer de ne jamais laisser descendre ces nouveaux Astres dans leur empire. 89
XVI. L'Aventure du Corbeau. 91
XVII. Ericton. 93
XVIII. Coronis en Corneille. 94
XIX. Nictimène en Hibou. 95
XX. Apollon tue Coronis son amante. .... ibid.
XXI. Le Centaure Chiron, Ocyroë, Esculape. 97
XXII. Battus changé en Pierre de touche. 100
XXIII. Hersé aimée de Mercure. 102
XXIV. Description de l'Envie et de son Antre. 105
XXV. Aglaure tourmentée par l'Envie, et changée en statue. 108
XXVI. Enlèvement d'Europe. 110

LIVRE III.

Fab. i. Cadmus exilé consulte l'Oracle d'Apollon....... 113
  ii. Cadmus tue le Dragon de Mars............... 117
  iii. Soldats nés de la semence des Dents du Serpent de Mars.. 120
  iv. Actéon changé en Cerf..................... 123
  v. Actéon dévoré par ses Chiens............... 128
  vi. Sémélé aimée de Jupiter.................... 131
  vii. Sémélé brûlée par la foudre. Naissance de Bacchus. 133
  viii. Jugement de Tirésias...................... 136
  ix. Echo changée en Voix..................... 139
  x. Narcisse amoureux de lui-même............. 142
  xi. Narcisse en Fleur.......................... 146
  xii. Penthée s'oppose au Culte de Bacchus....... 148
  xiii. Bacchus sous le nom d'Acétès............. 152
  xiv. Matelots changés en Dauphins............. 157
  xv. Penthée déchiré par les Ménades........... 159

LIVRE IV.

Fab. i. Les Filles de Minée...................... 163
  ii. Pyrame et Tisbé........................... 167
  iii. Les Filets de Vulcain..................... 175
  iv. Leucothoé ou l'Encens..................... 176
  v. Clytie ou l'Héliotrope...................... 181
  vi. Salmacis et Hermaphrodite................. 185
  vii. Les Filles de Minée en Chauves-Souris..... 188
  viii. Junon courroucée contre Ino............... 190
  ix. Junon descend aux Enfers.................. 191
  x. Tisiphone sort des Enfers................... 196
  xi. Athamas furieux........................... 198
  xii. Ino et Mélicerte en Dieux marins.......... 199
  xiii. Les Compagnes d'Ino en Rochers........... 201
  xiv. Cadmus et Hermione en Serpens............ 202

xv. Gouttes du Sang de Méduse en Serpens........ 204
xvi. Atlas en Montagne........................ 205
xvii. Andromède............................. 208
xviii. Origine du Corail........................ 216
xix. Persée épouse Andromède................ 217
xx. Les Gorgones............................ 218
xxi. Cheveux de Méduse en Serpens............ 220

LIVRE V.

Fab. i. Phinée, frère de Céphée, attaque Persée au milieu du Festin nuptial................. 221
ii. Pallas protège Persée...................... 225
iii. Persée change Phinée et tous ses Ennemis en Statues de pierre........................... 233
iv. Prétus................................... 236
v. Polydecte............................... 237
vi. Pallas visite les Muses..................... ibid.
vii. Elle apprend d'elles pourquoi elles se métamorphosèrent en Oiseaux..................... 239
viii. Les Piérides disputent aux Muses le prix du Chant................................... 241
ix. Chants de Calliope en l'honneur de Cérès...... 244
x. Enlèvement de Proserpine................. 247
xi. Cyane changée en Fontaine................ 248
xii. Cérès cherche sa Fille. Un Enfant changé en Lézard.................................. 250
xiii. Cérès revient en Sicile..................... 251
xiv. Aréthuse apprend à Cérès l'enlèvement de sa Fille................................... 253
xv. Cérès se plaint à Jupiter................... 255
xvi. Ascalaphe changé en Hibou................ 256
xvii. Les Sirènes.............................. 258
xviii. Alphée et Aréthuse....................... 259
xix. Triptolême enseigne l'Agriculture. Lyncus changé en Lynx................................ 263

TABLE.

LIVRE VI.

Fab. i. Arachné défie Minerve..................... 267
  ii. Minerve accepte le Défi.................... 270
  iii. Description de l'Ouvrage de Minerve......... 271
  iv. Description de l'Ouvrage d'Arachné.......... 273
  v. Arachné changée en Araignée................ 275
  vi. Niobé méprise Latone...................... 278
  vii. Latone se plaint à son Fils et à sa Fille......... 280
  viii. Apollon et Diane vengent Latone............ 281
  ix. Niobé en Statue............................ 285
  x. Rustres changés en Grenouilles par Latone... 287
  xi. Le Satyre Marsias puni par Apollon.......... 292
  xii. Epaule d'ivoire de Pélops.................... 293
  xiii. Térée, Philomèle et Progné................. 294
  xiv. Borée enlève Orythie....................... 308

LIVRE VII.

Fab. i. Arrivée des Argonautes à Colchos. Médée aime Jason............................... 311
  ii. Jason combat les Taureaux, les Soldats et le Dragon de Mars, et enlève la Toison d'or...... 318
  iii. Eson rajeuni par Médée..................... 323
  iv. Préparatifs de Médée pour un Sacrifice magique. 324
  v. Sacrifice magique de Médée.................. 328
  vi. Pélie égorgé par ses Filles................... 331
  vii. Voyage aérien de Médée.................... 335
  viii. Médée se venge de Créuse et de Jason. Elle se réfugie à la cour d'Egée, où elle veut empoisonner Thésée................................ 338
  ix. Réjouissance publique en l'honneur de Thésée... 340
  x. Eacus, allié des Athéniens; refuse à Minos les secours que ce roi lui demande pour venger contre eux la mort de son fils Androgée............ 342

TABLE.

XI. Les Députés d'Athènes demandent et obtiennent des secours d'Eacus.................................... 344
XII. Description de la Peste d'Egine.................. 346
XIII. Fourmis changées en Hommes appelés Myrmidons.. 353
XIV. Céphale et Procris............................... 355
XV. Histoire fabuleuse du Chien de Procris.......... 361
XVI. Mort de Procris.................................. 362
Annotations supplémentaires........................... 369

FIN DE LA TABLE.

La Bibliothèque ?

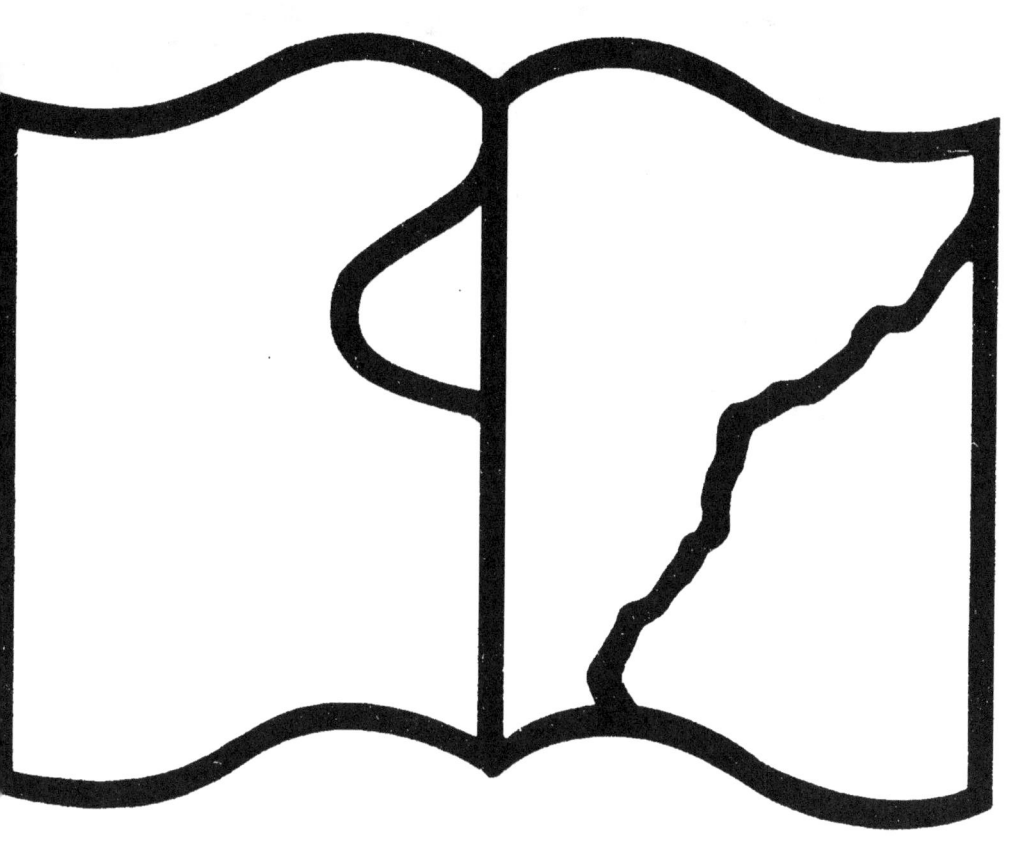

Texte détérioré — reliure défectueuse

NF Z 43-120-11

Contraste insuffisant

NF Z 43-120-14

www.ingramcontent.com/pod-product-compliance
Lightning Source LLC
Chambersburg PA
CBHW050253230426
43664CB00012B/1940